本书出版受以下项目资助：

国家自然科学基金项目（编号：71402042）

浙江省自然科学基金项目（编号：LQ14G020013）

浙江省社科规划课题（编号：14NDJC022YB ）

"跨世纪人才支持计划"（编号：NCET-10-0743）

ZHISHIXING FUWUYE
YU ZHIZAOYE HUDONG:
JILI YU LUJING

知识型服务业与制造业互动：
机理与路径

周 丹 魏 江 著

浙江大学出版社

前　言

我国经济已进入增速换挡、结构调整的新阶段。如何通过服务业与制造业的互动实现产业服务化,对促进我国整体产业竞争力的跨越式发展具有重要的意义。综观我国制造企业发展现状,随着企业竞争的加剧、产品生命周期的迅速缩短,以及产业专业化分工的日趋细化,跨领域、跨企业的合作、联盟及网络创新组织等相继出现,制造企业由单纯依赖于自身内部生产的封闭式模式逐步转向通过与外部知识型服务机构合作互动获取所需资源的开放式模式。企业所面临的主要困惑是选择与怎样的知识型服务机构合作以及如何与它们更好地互动,帮助企业提升绩效。以往研究较多地关注产业层面上服务业与制造业的互动发展关系,相对而言,关于微观企业层面的研究仍有待深入。现有研究虽已指出制造企业与知识型服务机构之间的互动对企业绩效有积极影响作用,但将重点放在了两者之间的直接影响关系之上,关于制造企业—知识型服务机构互动如何影响制造企业绩效的作用机理还未深入剖析,也缺乏系统、严谨的实证研究。

为此,本书聚焦于微观企业层面来研究服务业与制造业之间的互动关联机制。围绕"制造企业与知识型服务机构互动如何提升制造企业绩效"这一基本问题展开研究,力图打开此中作用机理的黑箱。本书将逐层深入地将这个基本问题分解为三个较为清晰的子问题:(1)制造企业与知识型服务机构互动对制造企业绩效的作用机理是怎样的?(2)制造企业与知识型服务机构的互动模式如何识别?(3)制造企业—知识型服务机构的不同互动模式对制造企业绩效的作用路径是怎样的?制造企业的先前互动经历对制造企业—知识型服务机构的互补型互动与资源重构之间的关系起到了怎样的调节作用?

本书的主要研究内容包括三方面:(1)通过验证性的多案例研究法识别制造企业—知识型服务机构互动的模式,并通过探索性因子分析、验证性因子分析与卡方差异性检验构建资源重构的测度量表。(2)通过探索性多案例研究法、文献分析法，构建制造企业—知识型服务机构互动作用于制造企业绩效的概念模型，并提出一系列的研究命题与假设。(3)运用多元线性回归模型检验资源重构(包括资源重组、资源重置两大维度)在制造企业—知识型服务机构互动与制造企业绩效关系之间的中介作用，并采用结构方程模型识别制造企业—知识型服务机构的不同互动模式对制造企业绩效的不同作用路径，同时，进一步分析了制造企业的先前互动经历在制造企业—知识型服务机构的互补型互动与资源重构之间的调节作用。

本书主要得到如下四点结论：(1)制造企业—知识型服务机构互动模式可以从互动所获取资源特征、互动目的、互动中沟通行为、互动后适应行为四方面划分为互补型互动与辅助型互动两种类型。(2)资源重构包括资源重组与资源重置两大构成要素。资源重组关注的是企业内外资源之间的互动关系，而资源重置则关注企业内外部资源如何分配的问题。资源重构在制造企业—知识型服务机构互动与制造企业绩效之间的关系中发挥了中介作用。(3)资源重组、资源重置在制造企业—知识型服务机构的不同互动模式与制造企业绩效之间关系中发挥了不同程度的中介效应。互补型互动通过资源重组作用于制造企业绩效的效果要大于其通过资源重置作用于制造企业绩效的效果。辅助型互动通过资源重置作用于制造企业绩效的效果要大于其通过资源重组作用于制造企业绩效的效果。(4)制造企业的先前互动经历在制造企业—知识型服务机构的互补型互动与资源重构之间的关系中起到了正向的调节作用。

本书在以下方面对现有研究进行了深化和拓展：(1)补充和发展了资源基础观、资源依赖理论对制造企业—知识型服务机构互动作用于制造企业绩效的机理解释。本书识别出资源重构在制造企业—知识型服务机构互动与制造企业绩效之间的中介效应，并基于资源重构的维度层面，通过比较分析不同模式下资源重组、资源重置的中介效应大小，揭示了其中的主要作用路径，进而更为深入地剖析其中的作用黑箱。(2)加强和奠定了资源基础观视角下相关构念的概念基础。本书基于相似构念的比较分析，从如何"重构"的视角，剖析了资源重构的内涵与构成维度，指出其拥有两大维度，即资源重组与资源重置，并依据科学的量表开发程序构建资源重构的测量量表，不但为资源基础观视角下的相关研究奠定了良好的概念基础，同时启发与激活了其他学者对辨析资源相关构念的内涵、外延等研究的兴趣与思路。(3)深化和拓展了制造业与服务业互动发展的相关研究。本书基于互补型与辅助型的现有研究基础，紧密结合制造企业—知识型服务机构互动过程的本质特征，采用验证性的多案例研究方法，构建了制造企业—知识型服务机构互动模式识别的分析框架。此外，本书识别出制造企业的先前互动经历在制造企业—知识型服务机构的互补型互动与资源重构之间的正向调节效应，进而丰富了制造业与服务业互动发展的相关研究。

本书的顺利完成得到了许多专家、领导和企业界朋友的指导和大力支持。

首先，本人要感谢浙江大学管理学院魏江教授，是他带我进入企业创新战略的研究领域。如果没有他的悉心指导，就没有本书的顺利完成。其次，要感谢芬兰坦佩雷大学的米卡·考托宁（Mika Kautonen）研究员对本书写作所提出的真知灼见。同时感谢浙江大学管理学院的张钢教授、郭斌教授、邬爱其副教授、张忠根教授、陆文聪教授与金少胜副教授对本书研究内容和构思的建议，它们使本书的理论贡献得到了进一步深化。

在此还要特别感谢国家自然科学基金项目（编号：71402042）、浙江省自然科学基金项目（编号：LQ14G020013）、浙江省社科规划课题（编号：14NDJC022YB）、"跨世纪人才支持计划"（编号：NCET-10-0743）对本研究工作的支持。感谢浙江天正电气股份有限公司、新发纺织印染有限公司、浙江中宁硅业有限公司、浙江泰普森控股集团等一大批接受我们调研和访问的企业，正是由于有他们的大力支持，我们才能得到丰富的第一手资料。

此外，感谢我所在的杭州电子科技大学管理学院的王核成院长、学院的各位领导以及战略与营销系各位同仁的帮助和支持。

最后，感谢我的家人，作为我温暖的后盾，使我能安心规划、安排我的工作，使本书顺利完稿。

由于时间、精力有限，书中难免存在不足与需改进之处，期待各位学者、专家和读者的批评指正。我们希望本书能为推进制造企业与服务机构互动发展、制造企业服务转型等相关研究尽一份绵薄之力。

周 丹

2015 年春于杭州电子科技大学

目　录

1

绪　论

1.1　研究背景及问题的提出

1.1.1　现实背景

1.1.1.1　知识型服务机构成为制造企业获取外部资源的重要来源

经济全球化浪潮的不断推进,促使跨领域、跨企业的合作、联盟、网络创新组织和虚拟企业等相继出现。企业内部资源的发展具有复杂性、耗时性与稀缺性三大特征,因此,对于高速发展行业中的制造企业而言,向外部获取资源成为制造企业一项具有吸引的、频繁使用的选择(Liebeskind,1996)。制造企业在成长发展的过程中,往往面临很多障碍,如资金稀缺、管理资源不足、技术信息获取困难等(Aslesen *et al.*,2007)。因此,很少有企业能独自通过内部努力在所有的新技术发展方面保持领先(Teece,1986;Subramanian *et al.*,2011)。而且,在现有竞争环境中,将所有核心活动放在企业内部进行的传统思想已成过去时(Elfring *et al.*,1994),剥离出企业的一部分活动(甚至是核心活动)转向外部更为专业的供应商成为诸多制造企业的必然选择(Kotabe,

2004）。因此，获取外部资源成为制造企业发展与维持竞争优势不可忽略的一步（Al-Laham *et al*.，2005；Carayannopoulos *et al*.，2010），外部资源对于制造企业而言变得越来越重要（Rajala *et al*.，2008）。很多制造企业开始将诸如研发、产品设计和工程设计等知识型服务活动进行外包（MacPherson *et al*.，2010）。

制造企业的外部资源通常来自于横向的同行企业、纵向的供应商或销售商，以及第三方机构，如公共或私有的研究机构、高校和中介组织等。由于同行企业之间容易产生竞争性资源稀缺、隔离机制作用显著等问题，制造企业依靠外部同行联盟构筑企业能力存在局限性，而制造产品供应商与销售商又容易形成前（后）向一体化行为，因此，知识型服务机构作为第三方机构成为目前制造企业获取外部资源的最佳选择。知识型服务机构以提供知识型服务与（或）有形资源为主要业务，通过与客户企业之间的互动来共同创造知识。知识型服务机构相对于其他组织而言，更易于毫不保留地将自身资源（知识）提供给制造企业，也更有可能为制造企业核心能力的构筑发挥作用。而且，从全球范围看，制造企业转向非竞争性的知识型服务机构获取技术与知识支持，已逐渐成为企业提升绩效的重要趋势（Lee *et al*.，2006）。

另外，制造产品已逐步由技术驱动向顾客导向转变（Machuca *et al*.，2007），制造企业的产品中添加了越来越多的服务成分（Valk，2008），因此，制造企业服务功能的外部化问题变得重要起来（Elfring *et al*.，1994）。例如，商业服务的获取成为制造企业获取外部商业资源的一项重要因素，咨询、营销、法律支持等知识型服务已经成为制造企业获取外部专业知识的实质性要素（Axelsson *et al*.，2002）。制造企业正逐步从纯产品购买转向服务购买，有些制造企业已经从重复的相对专业的工作中转向更复杂的技术与整个业务流程的外包（Greco，1997；Weigelt，2009）。总之，对于面临转型和升级压力的我国制造企业而言，把握全球制造业与服务业相互融合的趋势，以市场需求为导向，积极搜索与获取外部知识型服务机构提供的资源，不失为突破当前发展困境、获得竞争优势的战略选择。

1.1.1.2 与知识型服务机构互动成为我国制造企业实现价值链攀升的关键途径

改革开放以来，我国迅速崛起成为新的"世界工厂"。制造业是我国经济发展的主要增长力量。然而，我国制造业却存在着创新性不强、能耗高、附加值低等问题,同时面临着大而不强的尴尬境地。经全球性金融危机的冲击之后,制造业的弱势尤为突出。因此,如何实现制造企业价值链攀升,促使制造企业不断发展壮大成为亟待解决的问题之一。

知识型服务业作为一股新生力量在全球范围内悄然兴起,作为制造业的中间投入,已经对制造业的发展产生了重要影响。知识型服务业位于价值链高端,具有高附加值、低能耗等特点,其作为知识资源的提供者与传播者能促进企业创新,同时也推动了制造业向价值链的高端移动(Miles *et al.*,1995)。知识型服务机构向制造企业提供服务是一个共同生产(co-production)的过程(Edvardsson *et al.*,2005),也是知识型服务机构与制造企业之间的互动过程(Hipp,1999)。制造企业通过与知识型服务机构互动,一方面能够借助知识型服务机构的能力来开发与设计一些特定的产品,增加产品附加值;另一方面也能够以更低的成本生产标准化的产品(Hakansson,1982),从而得以将更多精力投入到自身价值的提升中。因此,通过构建与知识型服务机构的互动关系,有效地获取与使用外部服务,不断地获取、吸收与消化资源,从而促进企业的成长与转型升级,成为我国制造企业现阶段提升竞争力的关键途径。

1.1.2　理论背景

资源基础观为本书的研究工作提供了第一种理论见解。资源基础观将企业视为是独特资源与能力的集合,认为有价值的、稀缺的、难以模仿的、不可替代的资源是企业获取竞争优势的主要来源,企业特定能力、资产、隔离机制是企业绩效的决定因素(Penrose,1959;Wernerfelt,1984;Dierickx *et al.*,1989;Barney,1991)。资源基础观为研究资源到绩效的逻辑奠定了基础。但是,资源基础观强调了企业内部条件的重要性,却忽视了企业对外部环境的依赖与改变程度(Dierickx *et al.*,1989),因此无法从理论上论述制造企业为什么要与外部知识型服务机构互动。同时,由于资源基础观认为企业只要拥有了异质性资源就拥有了竞争优势,且聚焦于某一时间点上的资源识别,属于一种静态的分析(Teece *et al.*,1997),因而对资源到竞争优势的转化过程缺乏详细而具体的交代(Priem *et al.*,2001)。

资源依赖理论提供了第二种理论视角。资源依赖理论为理解组织间关系(包括战略联盟、购买者和供应商关系等)提供了主要的理论视角(Oliver,1990;

Barringer et al.,2000),资源依赖理论强调企业对外部环境的依赖,认为企业内部资源稀缺时,对外部掌握该资源的企业高度依赖(Pfeffer et al.,1978;Salancik,1979;Boyd,1990;Hayward et al.,1998)。资源依赖理论探索了购买者和供应商关系(组织间关系)如何协助组织获取资源,从而降低不确定性和相互依赖性(Pfeffer et al.,1978;Harrigan et al.,1990)。因此,资源依赖理论的观点为制造企业为什么与知识型服务机构互动的解释提供了丰富的理论背景,即制造企业与知识型服务机构互动,其实质为制造企业对知识型服务机构的资源依赖。但是,资源依赖理论对于资源到竞争优势(绩效)的作用机制仍然难以充分解释。

知识基础观成为第三种理论视角。知识基础观是多数学者解释知识型服务机构对绩效作用机制的常用视角。知识基础观起源于20世纪90年代初期,是资源基础观(Wernerfelt,1984)、组织学习(March,1991)、动态能力(Teece et al.,1997)、演化经济学(Nelson et al.,1982)、知识论(Polanyi,1966)、知识管理(Nonaka,1994)等理论相互碰撞、融合汇聚后逐步形成的。知识基础观在上述理论的支撑下,逐步发展形成自身特色,在围绕有关知识特征及其作用的研究过程中,形成了一系列的主要假设与观点:(1)知识是最具战略重要性的企业资源(Dierickx et al.,1989;Grant,1996b;Szulanski,2000;McEvily et al.,2002;Wiklund et al.,2003);(2)企业能够应用知识来生产产品与服务(Kogut et al.,1992;Spender,1992;Grant,1996a,1996b);(3)知识由个体创造与拥有(Nonaka,1994;Nonaka et al.,1995;Grant,1996b);(4)企业存在的原因是能够协调个体知识(Kogut et al.,1992;Grant,1996b,1996a;Grant,2006);(5)知识是企业动态性的基础(Grant,1996a;Spender,1996);(6)知识可以分为显性与隐性两类(Polanyi,1966;Kogut et al.,1992;Grant,1996b);(7)知识具有规模经济与范围经济(Grant,2006)。基于上述理论主张,知识基础观致力于解剖企业内部生产的黑箱(Spender,1996),认为企业的主要任务是创造与应用知识(Nonaka,1994;Bierly et al.,1996;Grant,1996b),企业开发与配置知识的能力不同往往导致其绩效也不同(Bierly et al.,1996)。服务创新研究领域的学者基于知识基础观,认为制造企业—知识型服务机构互动与绩效关系可以理解为是制造企业—知识型服务互动引发了制造企业内部的一系列的知识活动,而这些知识活动进而又影响了制造企业的创新。他们从不同的研究目的与背景出发,提出了多种多样能够解释作用机制的知识活动,包括知识提供、知识转变(Nonaka,1994;Hertog *et al*.,1998a)、知识重组(Müller *et al*.,2001)、知识创造(Nonaka *et al*.,1995)、知识获取、知识积累(Caloghirou *et al*.,2004)等,但研究结果较为分散,也未得到一致的结论。因此,知识基础观为本书分析制造企业与知识型服务机构互动对绩效的作用机理的解释提供了关键的理论见解,但知识型服务机构究竟是通过哪种知识活动(机制)作用于制造企业绩效,还有待进一步探讨与明确。

总体而言,资源基础观凸显了企业内部资源的重要性,为本书研究资源与绩效关系奠定了基本的理论基础,但是资源基础观却忽视了企业与外部环境的关系,且表现为一种静态分析方式,因此无法解释制造企业为什么要与知识型服务机构互动,以及该互动行为对制造企业绩效是如何发挥作用的。资源依赖理论强调企业外部资源的重要性,因此可将制造企业与知识型服务机构之间的互动行为视为对资源的相互依赖,为本书研究制造企业通过与知识型服务机构互动来获取资源提供了关键的理论支持,但是资源依赖理论仍无法解剖资源到竞争优势的作用黑箱。知识基础观是资源基础观的一种衍生视角,能够解剖企业内部生产的黑箱,为本书剖析制造企业—知识型服务机构互动对制造企业绩效的作用机制提供了充分的理论基础。然而,知识基础观只局限于知识这一资源,而忽视了其他类型资源的作用。本书中涉及的知识型服务机构本身不仅单纯提供无形知识,伴随着服务,也提供其他有形资源,如ICT服务机构无法脱离软件等实物设备来提供无形服务等。知识基础观只局限于知识这一无形资源有失偏颇。因此,解剖分析制造企业—知识型服务机构互动对制造企业绩效的作用机制,需要综合使用以上三大理论视角,且非常有必要对发挥中介效应的资源活动进行明确界定与科学测度,并在此基础上针对该类资源活动与绩效关系的实证研究进行探索。

1.1.3 研究问题

1.1.3.1 现有研究的不足

一是当前研究较多关注了制造企业对商品的获取,而对服务获取过程的探讨有待加强。随着全球化竞争的加剧,制造企业开始越来越多地依赖于外部提供的服务,这些服务大约耗费制造企业全部花费的一半以上(Bals *et al*.,

2009)。然而,目前相关研究仍主要关注制造企业对外部商品(good)的获取(Valk,2008),关于外部服务获取的学术性研究是相对有限的(Sheth,1996)。Ellram、Tate 和 Billington(2004)与 Nie 和 Kellogg(1999)指出,直接将制造业领域发展起来的技术与理论应用到服务业中是不够的,不能将商品购买的相关知识直接运用到服务购买中。Stock 和 Zinszer(1987)研究发现,对那些传统的以商品为导向的制造企业而言,(商业)服务的购买是完全不同于商品购买的,而且要比商品的获取更难。服务营销领域的学者们强调,产生这些困难的主要原因是外部服务的获取是在购买者与销售者之间的交互过程中生产与消费的。同时,大多数关于服务获取的研究聚焦于购买过程的初始阶段,而没有更多地关注后续过程(Valk,2008)。因此,如何剖析制造企业获取外部服务的过程与维度还有待进一步探讨。

二是现有研究提出了制造企业—知识型服务机构互动对绩效具有重要作用,而对作用机理的剖析明显不足。现有诸多研究提出制造企业—知识型服务机构互动对企业绩效具有重要的作用。如 Müller 和 Zenker(2001)指出,知识型服务机构与中小企业之间的互动均有助于双方创新能力的提升,提升的方式相同,但并非完全一致。Salvador 等(2001)研究发现,当企业与供应商关于材料流与产品质量进行互动时,企业能从产品的速度与传递准时性方面期待获取更好的运营绩效。Armistead 和 Mapes(1993)认为,企业与供应商之间通过互动进行信息交换,有利于改善产品质量、产品传递时间,同时能快速地改变产品数量与价格。Romijn 和 Albaladejo(2002)通过探索英国小型电子软件企业的创新能力(聚焦产品创新能力)的影响因素发现,供应商、顾客与服务提供商的互动在一定程度上影响着企业的创新能力。Carter 和 Ellram(1994)指出,供应商在企业的产品设计阶段的卷入有利于企业在随后的产品制造阶段降低产品缺陷率。企业通过恰当地管理与供应商之间的关系,能够从产品的可靠性、柔性、成本与质量方面改善企业的运营绩效(Narasimhan *et al.*,1998)。Caloghirou、Kastelli 和 Tsakanikas(2004)研究了企业现有内在能力及企业与外部知识源的互动水平对企业创新的影响,指出企业寻求创新观点的方式有网络,与外部组织之间的联盟,与高校、科研机构的研发合作等。然而,现有研究虽然明确了制造企业—知识型服务机构与企业绩效之间的关系,但该互动行为到底是如何影响制造企业绩效的还有待进一步深入研究。

1.1.3.2 本书拟解决的关键问题

在借鉴前人研究成果的基础上,本书将围绕"制造企业与知识型服务机构互动如何提升制造企业绩效"这一基本问题展开研究,力图打开此中作用机理的黑箱,并进一步深入剖析制造企业—知识型服务机构的不同互动模式对制造企业绩效的不同作用路径。具体而言,本书将逐层深入地将该问题分解为三个较为清晰的子问题。

子问题一:制造企业与知识型服务机构互动对制造企业绩效的作用机理是怎样的? 本书通过文献分析、多案例研究,识别出了制造企业—知识型服务机构互动、资源重构、绩效之间的相关关系。进一步地,本书通过量表开发对资源重构的维度进行了科学剖析,解剖为资源重组与资源重置两类。然后,本书采用多元线性回归模型验证了资源重构(包括资源重组、资源重置)的中介效应。

子问题二:制造企业与知识型服务机构的互动模式如何识别? 本书在比较已有资源、知识分类的基础上,结合制造企业—知识型服务机构互动过程的特征,将制造企业—知识型服务机构互动分为互补型互动与辅助型互动两大类,从互动所获取资源特征、互动目的、互动中沟通行为、互动后适应行为四个方面对这两种模式进行了探讨,旨在为下文分析不同模式下制造企业—知识型服务机构互动对制造企业绩效的不同作用路径奠定基础。

子问题三:制造企业—知识型服务机构的不同互动模式对制造企业绩效的作用路径是怎样的? 制造企业的先前互动经历对制造企业—知识型服务机构的互补型互动与资源重构之间的关系起到了怎样的调节作用? 本书分别采用多案例分析与路径分析法深入剖析制造企业—知识型服务机构的互补型互动与辅助型互动对制造企业绩效的不同作用路径,以及在互补型互动模式下制造企业的先前互动经历的调节作用。

1.2 研究对象与核心概念界定

1.2.1 研究对象

本书将深入探索制造企业—知识型服务机构互动是如何对制造企业绩效产生影响的,从而为我国制造企业的能力提升与转型升级提供建议和参考。

管理研究中有五种分析层次,即个人、群体、组织、项目和社会产品(李怀祖,2004),本书的分析层次属于项目层面。由于因变量用来驱动分析层次(陈晓萍等,2008),因此,本书涉及的因变量是项目层面的绩效。研究对象是不同规模、不同年龄的制造企业与外部知识型服务机构所开展的合作互动项目,包括管理咨询服务项目、技术研发服务项目、信息服务项目与营销服务项目。

1.2.2 核心概念界定

为了清晰界定研究问题,保证研究的科学性与严谨性,现对书中出现的关键概念进行界定。

制造企业—知识型服务机构互动:其根本逻辑是沟通、协调和适应双方之间发生的活动与资源的分配或(和)使用(Wynstra *et al.*,2006)。具体而言,是指制造企业向知识型服务机构购买服务及相关资源的过程(Windrum *et al.*,1999;Müller *et al.*,2001;Rajala *et al.*,2008),在该过程中,制造企业与知识型服务机构通过共同生产(Bilderbeek *et al.*,1998),能够相互影响、应对和决定彼此产生的行为(Hakansson,1982)。

资源重构(resource reconfiguration):指重新设计组织的某些要素或业务单元,促使企业以不同的方式使用资源,或者以新的方式组合资源(Karim *et al.*,2004;Karim,2006)。基于如何重构的视角,资源重构可分为两部分:一是资源重组(recombination),类似于资源之间所发生的"化学变化",涉及资源之间的相互作用,包括获取某些资源,并将其重新融入其他已有的资源中,或者是获取某些资源并进而与原有资源重新形成新的资源;二是资源重置(reallocation),类似于资源之间所发生的"物理变化",不涉及资源之间的相互作用,仅指通过引入或剥离资源对企业的资源重新进行分配(Karim *et al.*,2004；Karim,2006)。

绩效：本书从创新与运营两方面来分析绩效。创新即成功地开发新的想法(Francis *et al.*,2005)，通过识别与使用机会来创造新的产品、服务或工作实践(Ven,1986；Francis *et al.*,2005)。本书中的创新绩效主要从新产品创新效果与效率方面来测量。运营绩效则采用传统的测量方法，从成本、产品质量、过程柔性、传递速度这四方面来衡量(Ward *et al.*,1996；Ward *et al.*,1998)。

1.3 研究方法与内容安排

1.3.1 研究方法

本书在文献阅读与梳理的基础上，清晰界定所关注的研究问题，主要采用理论与实践结合、定性与定量相结合的方法对研究问题进行检验。总体而言，本书采取了以下四种研究方法：

其一，文献研究：首先对资源基础观、资源依赖理论、知识基础观等理论文献进行了大量的搜集、阅读与整理。在此基础上，清晰界定了本书的研究问题。继而，针对研究问题所涉及的关键构念，以及构念之间的关系进行文献的搜集与跟踪工作。主要是通过外文文献数据库如 EBSCO、Proquest、Elsevier、JSTOR、Web of Science、Wiley-Blackwell 等对战略管理领域的顶级期刊如 *AMR*、*AMJ*、*SMJ*、*ASQ*,服务创新领域的高水平期刊或报告如 *SIJ*、*SI 4S*,创新领域的高水平期刊如 *RP*、*OS* 等近 15 年的文献进行了回顾，并对关键文献进行了深入的阅读与分析，基于此提出与研究问题相关的一系列研究命题与假设。

其二，调研访谈：走访了温州、绍兴、宁波、衢州等多家制造企业，请正在与知识型服务机构开展互动合作项目或曾经开展过类似项目的制造企业中的参与人员加入访谈，通过开放式访谈与半结构化访谈，请被访者在开放式问题的基础上，围绕本书设定的半结构化的问题做出进一步的解释与回答，有针对性又不失完备地向制造企业搜集了制造企业—知识型服务机构互动模式特征、互动水平、资源重构程度、项目绩效变化的相关资料，为案例研究做前期的准备。

其三，案例研究：在文献阅读与分析的基础上，本书针对子研究"制造企业—知识型服务机构互动模式识别：互补型与辅助型"，主要是采用验证性的多案例研究方法，旨在检验与修正制造企业—知识型服务机构互动模式识别的维度与框架；另外，本书采用探索性的多案例研究法剖析了子研究"制造企业—知识型服务机构互动对制造企业绩效的作用机理与路径"，关键在于通过多案例探索出制造企业—知识型服务机构互动对制造企业绩效的作用机理，以及不同互动模式下的作用路径。

其四，问卷调查：通过大样本问卷调查收集了本书相关构念的数据，并对回收数据进行了非回应偏差检验、共同方法偏差检验、多重共线性检验、异方差检验、序列相关检验、信度与效度检验。数据通过检验后，围绕子研究"资源重构的概念、构成与测度"，使用 SPSS 19.0 进行探索性因子分析，使用 Amos 18.0 进行验证性因子分析，开发了资源重构这一构念的测量量表；围绕子研究"制造企业—知识型服务机构互动对制造企业绩效的作用机理与路径"分析，使用 SPSS 19.0 与 Amos 18.0 分别进行多元线性回归分析与结构方程分析，检验制造企业—知识型服务机构互动对制造企业绩效的作用机理，以及不同模式下制造企业—知识型服务机构互动对制造企业绩效的作用路径。

1.3.2　内容安排

本书拟分为 8 章（如图 1.1 所示），章节安排及主要内容如下：

第 1 章为"绪论"。本章从现实背景与理论背景出发，提出研究问题，并对全文的研究对象、核心概念、技术路线、研究方法、内容安排等进行介绍。

第 2 章为"国内外相关研究述评"。本章分别对知识型服务机构内涵、特征、分类与制造企业—知识型服务机构互动、资源重构、绩效的相关研究进行总结和述评，为本书分析框架的构建提供一个理论支撑平台。

第 3 章为"制造企业—知识型服务机构互动模式的识别"。本章首先对互补型与辅助型的概念进行辨析，并结合制造企业—知识型服务机构互动内涵，将制造企业—知识型服务机构的互动模式分成互补型与辅助型两大类。然后，采用验证性的多案例分析方法修正不同互动模式的识别维度，构建制造企业—知识型服务机构互动模式的识别框架。

第 4 章为"资源重构的概念解析与测度"。本章主要是通过文献阅读与分析,从起源、内涵、构成维度和测量方法四个方面,对资源重构与资源整合进行异同比较,以此明晰资源重构的内涵和构成要素。然后通过探索性因子分析、验证性因子分析、卡方差异性检验对资源重构量表的信度和效度(包括聚合效度与辨别效度)进行检验。

第 5 章为"制造企业—知识型服务机构互动、资源重构与绩效的关系:探索性案例分析"。本章通过案例内分析与案例间分析,分别对互补型互动与辅助型互动模式下制造企业—知识型服务机构互动对制造企业绩效的作用机理与路径进行探索,形成研究问题,提出理论主张,进行案例选择,实施数据编码与分析,据此归纳出制造企业—知识型服务机构的互补型互动与辅助型互动对制造企业绩效作用机理与路径的初始命题。

第 6 章为"制造企业—知识型服务机构互动对制造企业绩效的作用机理"。本章首先在第 2 章、第 4 章、第 5 章的基础上,结合文献分析、实地调研,构建基于资源重构(包括资源重组、资源重置)为中介变量的制造企业—知识型服务机构互动对制造企业绩效作用机理的概念模型,并提出需实证检验的假设。继而对问卷设计、数据搜集、变量测度、分析方法进行说明。在变量测度部分,讨论了解释变量、被解释变量、中介变量和控制变量的测量方法及其依据。运用 SPSS 19.0 对概念模型进行多元线性回归分析以对研究假设进行实证检验,并对统计分析的结果做进一步的讨论。

第 7 章为"制造企业—知识型服务机构互动对制造企业绩效的作用路径"。本章在第 2 章、第 3 章、第 4 章、第 5 章、第 6 章的基础上,进一步分析制造企业—知识型服务机构的互补型互动与辅助型互动是如何通过资源重组、资源重置来影响制造企业绩效的,以及制造企业的先前互动经历如何在制造企业—知识型服务机构的互补型互动与资源重构之间发挥调节效应,据此提出一系列研究假设。继而对问卷设计、变量测度、分析方法进行说明。在变量测度部分,讨论两种互动模式识别的分析方法、先前互动经历的测量方法及其依据。最后,本章运用 SPSS 19.0、Amos 18.0 分别对制造企业—知识型服务机构的两种互动模式作用于制造企业绩效的机理进行路径分析,对制造企业先前互动经历的调节效应进行分析,据此对研究假设进行实证检验,并对统计分析的结果做进一步的讨论。

第 8 章为"研究结论与未来展望"。本章对全书的重要研究结论进行总结,对本书的理论贡献与实践启示进行阐述,并分析本书中存在的不足、有待改进之处与今后可能深入的研究方向。

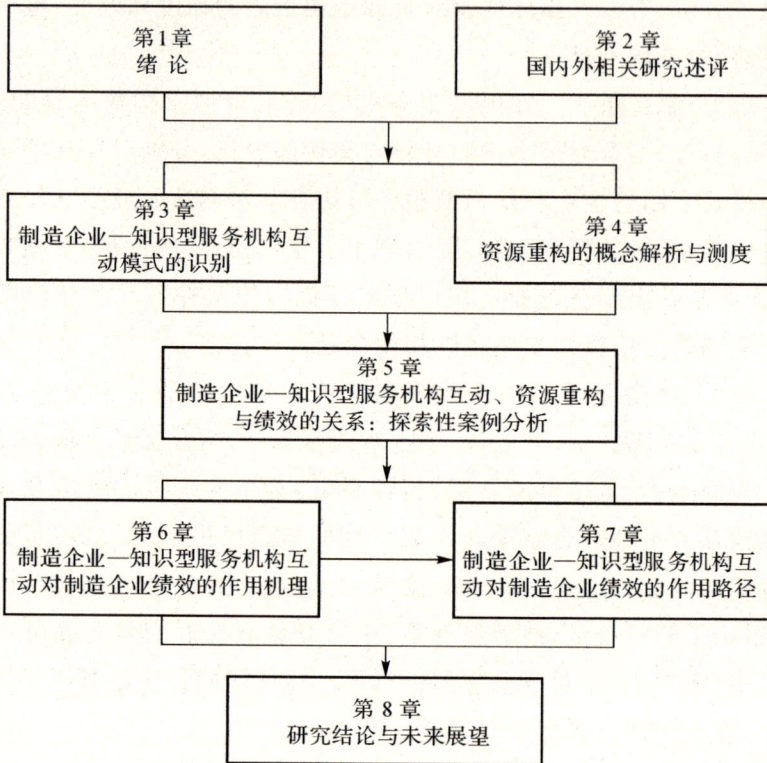

```
┌─────────────────────┐        ┌─────────────────────┐
│      第1章           │        │      第2章           │
│      绪 论           │        │   国内外相关研究述评  │
└─────────────────────┘        └─────────────────────┘
            │                              │
┌─────────────────────┐        ┌─────────────────────┐
│      第3章           │        │      第4章           │
│ 制造企业—知识型服务机构互│        │ 资源重构的概念解析与测度 │
│  动模式的识别        │        │                     │
└─────────────────────┘        └─────────────────────┘
            │                              │
┌──────────────────────────────────────────────┐
│              第5章                             │
│ 制造企业—知识型服务机构互动、资源重构           │
│  与绩效的关系:探索性案例分析                   │
└──────────────────────────────────────────────┘
            │                              │
┌─────────────────────┐        ┌─────────────────────┐
│      第6章           │   →    │      第7章           │
│ 制造企业—知识型服务机构互│        │ 制造企业—知识型服务机构互│
│ 动对制造企业绩效的作用机理│        │ 动对制造企业绩效的作用路径│
└─────────────────────┘        └─────────────────────┘
            │
┌─────────────────────┐
│      第8章           │
│   研究结论与未来展望  │
└─────────────────────┘
```

图 1.1　本书的结构安排

1.3.3　技术路线

本书以制造企业—知识型服务机构互动为出发点,以提升制造企业项目层面的绩效为导向,基于资源基础观、资源依赖理论、知识基础观三大理论视角,以提出问题、分析问题、解决问题的思路,深入剖析制造企业—知识型服务机构互动对制造企业绩效的作用机制。本书具体的技术路线图如图 1.2所示。

现实背景

- 知识型服务机构成为制造企业获取外部资源的重要选择
- 与知识型服务机构互动成为我国制造企业实现价值链攀升的关键途径

文献梳理
案例分析

文献综述与理论发展

- 理论背景：资源观、资源依赖理论、知识观
- 理论发展：制造企业—知识型服务机构互动内涵、特征、资源重构内涵、互补型与辅助型互动内涵

规范分析
量表开发

提出问题过程

研究问题 | 制造企业通过与知识型服务机构互动如何提升自身绩效？

制造企业—知识型服务机构互动模式的识别

- 概念界定表述
- 构成要素明确
- 互动模式识别

资源重构的概念解析与测度

- 概念界定表述
- 构成要素识别
- 测度量表开发

调研访谈
案例内分析
案例间分析

制造企业—知识型服务机构互动、资源重构与绩效的关系：探索性案例分析

- 概念界定
- 机理分析
- 不同互动模式下作用路径识别

分析解决
问题过程

制造企业—知识型服务机构互动对制造企业绩效的作用机理与路径分析：
模型构建与实证研究

制造企业—知识型服务机构互动对制造企业绩效的作用机理

- 概念模型构建
- 中介效应检验

制造企业—知识型服务机构互动对制造企业绩效的作用路径

- 概念模型构建
- 不同模式下路径分析
- 调节效应检验

问卷调查
层次回归分析

研究结论与未来展望

- 理论贡献
- 实践启示
- 未来展望

问卷调查
结构方程分析
层次回归分析

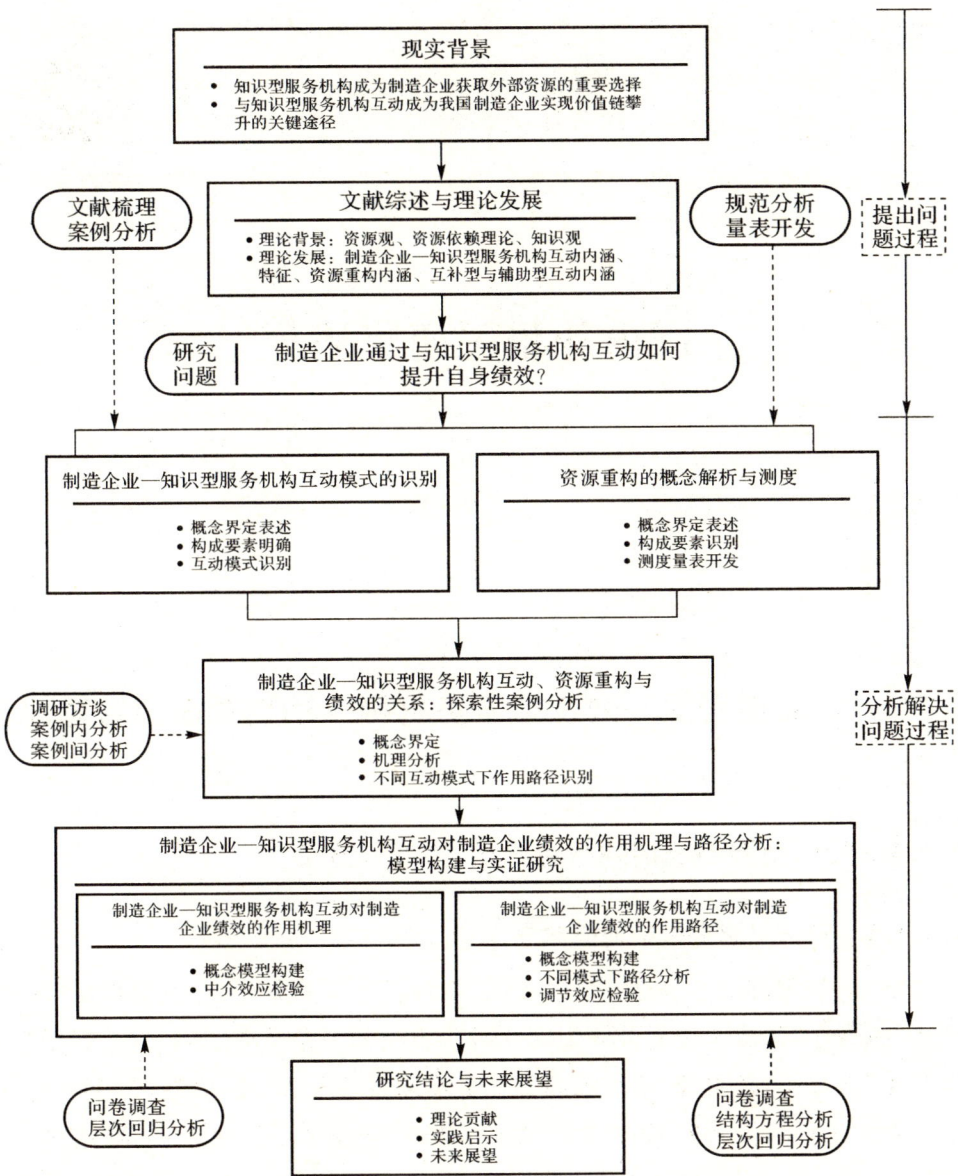

图 1.2 本书的技术路线图

国内外相关研究述评

2.1 制造企业—知识型服务机构互动相关研究综述

2.1.1 知识型服务机构的概念界定、特征与分类

2.1.1.1 知识型服务机构的概念界定

1962 年,Machlup(马克卢普)在《美国知识生产和分配》一书中提出"知识产业"的概念,并认为在划分知识产业时所遵循的一条重要原则,就是属于"知识产业"的行业,必须是"不可脱离知识资本而发展"的产业,在这些产业中,知识是企业运作所不可缺少的生产要素,是创造价值的重要源泉(陈建龙等,2010)。Machlup 对于"知识产业"行业范围的划分思想,直接为后来的知识型服务机构研究者所继承。知识型服务机构自 20 世纪 90 年代中后期,开始受到西方学术界普遍关注。起初,他们使用的类似于"咨询企业"或"商业服务"之类的术语即为知识型服务机构的最初原型,但当时没有特别强调知识型服务机构的知识属性(Wood *et al.*,1993)。目前对知识型服务机构的研究成果迭出,但其概念内涵仍存在模糊性,存在多种称谓,如知识服务(业)、知识型服

务(业)、知识密集型服务(业)等。无论哪种表述,其具体行业范围所指大致相同,对应的英文原文也基本一致,即 Knowedge Intensive Business Services(KIBS)。知识型服务机构的概念经历了一个逐步发展的过程,可以发现,学者们根据内容的丰富性以及维度的发展情况,从企业性质、投入特征、产出特征、服务对象、知识特性等维度对知识型服务机构进行了界定,其中一部分学者是基于其中一种维度进行定义的(Wood *et al.*,1993;Miles *et al.*,1995;Bettencourt *et al.*,2002;Toivonen,2006;Müller *et al.*,2009),更多的学者是综合使用了多种维度来界定(Miles *et al.*,1995;Hipp,1999;Windrum *et al.*,1999;Hertog,2000;Müller *et al.*,2009)。总体而言,知识型服务机构的概念可以分为单维度界定与多维度界定两大方面。

(1)单维度界定

单维度界定方式有以下几种:

其一,根据知识型服务机构的产出特征界定。Wood、Bryson 和 Keeble(1993)指出,知识型服务机构会为客户提供其内部无法开发的技能与技术,使客户依赖于知识型服务机构,从而获取动态性。Bettencourt 等(2002)认为,知识型服务机构的主要价值增值活动包括积累、创造或传播知识,使得其能够满足客户的需求,开发出定制化的服务或产品解决方案。Tovoinen(2006)提供了另外一种普遍的定义,即知识型服务机构作为一种专家型公司,能够为其他公司与组织提供服务。知识型服务机构能为其他组织的商业过程提供知识型投入,例如计算机服务,研发服务,法律、财务与管理服务,建筑、工程与技术服务,广告与市场研究,它们都是知识经济的显著特征(Miles,2005)。Müller 和 Doloreux(2009)则认为知识型服务机构指的是具有高知识密集度的服务企业,能够为其他企业与组织提供非惯例性的服务。服务企业的服务生产离不开顾客的参与,而开发出最好的与合适的服务,其前提包含三个基础部件,即服务概念、服务过程与服务系统。其中,服务系统由实现服务(产品)的所有资源组成,包括员工、物理/技术环境与组织结构(Valminen *et al.*,2012)。知识型服务机构的产出大致可以概括为两方面:一是开发了基础的或专业化的知识,如与特定技术学科或技术功能领域相关的知识或专家经验;二是供应了中介产品与服务,这些产品与服务是基于知识的解决方案、专业的产品、培训或咨询(Hertog,2000)。Larsen(2001)将知识型服务机构视为"知识分配系统",在该系统中,知识嵌入在员工以及他们的社会关系中,对知识的管理表现为对人的管理,而非对资产或资源的管理。嵌入在人力资源中的以及专业的硬件和软件中的知识使得知识型服务机构能为客户提供专家经验及企业特定的、互补型的知识(Gallouj *et al*.,1997)。

其二,根据知识型服务机构的知识特征界定。知识型服务机构的主要投入与产出是知识(Gadrey *et al*.,2002)。知识型服务机构是"知识密集型的",但目前对知识密集的理解是有差异的、模糊的,很难去掌握。文献也是相当含糊的,因为不同的作者强调了"知识密集"的不同方面。一些作者更多地关注绩效,其他的学者则关注专业化功能、正式的资格或工资结构的差异性(Hipp,1999)。Strambach(2008)对知识密集的理解强调知识型服务机构不是提供惯例性服务(例如清洁公司)。她没有采用通常对于知识型组织的界定方法,即使用公司内部的知识工作者(正式教育水平来界定)的数量或比例来界定知识密集度。因为,她认为"教育方法"并没有考虑其他形式的知识,例如企业内部的隐性知识,或企业学习的能力、企业跨越组织边界获取各类知识的能力。

其三,根据知识型服务机构的作用界定。服务业通常参与到改变人的状态,或者人造物品、信息与知识的生产中,而非主要用于生产实物产品。但是,某些时候,服务是通过实物产品传递给客户的(Miles,2005)。因此,服务与产品很难分割,通常服务是嵌入在实物产品中(Miles *et al*.,1995)。Hipp(1999)认为借助官方的产品分类方法对知识型服务机构进行实证研究不是非常有用。她基于知识型服务机构在创新系统中的作用视角对其进行界定,即知识型服务机构是指那些能够从企业外部接收信息,并将这些信息结合企业特定知识形成有用的服务转移给客户的企业。该定义考虑了知识型服务机构是知识生产者与知识使用者的中介(但不限定于特定的服务类型),强调了不同组织之间的(非具体化的)信息与知识流,以及接收外部(科学基与顾客)隐性与显性知识的能力,克服了只凭"资格"这一指标判断是否属于知识型服务机构的不足。如,认为其员工拥有大学学历才能属于知识型服务机构。Miles等(1995)将知识型服务机构定义为经济活动中的服务,能够创造、积累或传播知识。知识型服务机构在客户企业之间进行了资源的分配,并在新产品、过程与服务的开发与贸易中发挥了重要作用(Müller *et al*.,2009)。

（2）多维度界定

多维度界定方式主要有以下两种：

其一，综合知识型服务机构的企业性质、投入特征、产出特征界定。知识型服务机构的定义中引用较多的是 Miles 等人的观点，即那些高度依赖于专业知识，并提供以知识为基础的中介产品和服务的私营企业或组织（Miles *et al.*，1995）。Windrum 和 Tomlinson（1999）指出，知识型服务企业（KIS firm）是私营组织，它们依赖于特定技术或功能领域的专业化的知识或技术。知识型服务企业可能是信息与知识的主要源头，或者它们的服务由其他业务中的产品或生产过程中的中间性投入所形成。Hertog（2000）提出了一个更为精确的知识型服务机构的定义，指出知识型服务机构是私营的公司或组织，主要依赖于专业化的知识，如与特定（技术）学科或（技术）功能领域相关的知识或经验，提供基于知识的中间性的产品与服务。

其二，综合知识型服务机构的企业性质、知识特性、服务对象界定。Müller 和 Doloreux（2009）提取出了知识型服务机构定义中的三类核心要素：第一，"商业服务业"（business services），是与企业、公共组织相关的专业服务，并非用于私营消费。第二，"知识密集"（knowledge intensive），可以从劳动力资格的角度或服务提供者与服务使用者（或获取者）之间的交易条件的角度来解释。第三，"知识密集型企业"（knowledge intensive firms），指的是企业能够承担复杂的智力型的运营，这些运营中人力资本是主导因素。魏江等（2007）在特征分析基础上，认为知识型服务机构是指那些知识密集度高，依靠新兴技术与专业知识，具有较明显的客户互动特征的商业性公司或组织。

2.1.1.2 知识型服务机构的特征

知识型服务机构有以下特征：

其一，高互动性。Edvardsson（2005）认为，服务更应视为一种视角（perspective），关注与顾客共同创造价值。在这一特征上，知识型服务机构与传统服务业的观点相一致，知识型服务机构要求比其他的信息与通信服务（例如软件包、广播、通话、标准化的金融服务等）更能实现供应商—用户之间的互动，要求供应商—用户之间拥有更高水平的互动。T-KIBS（技术型知识服务业）依赖于个体（隐性）知识，通常要求与客户之间的密集的互动。共同生产是知识型服务机构的一个普遍特征，构建了知识型服务机构与客户之间的关系，并与个人产生了强烈的联系(Bilderbeek *et al.*,1998)。Hipp(1999)也强调了知识型服务机构的互动特性，提出知识型服务机构的创新活动不能与其他的服务产业或活动相对比，它们高度地整合到了知识创造与知识扩散网络中。

其二，高知识性。Machlup(1962)是其中一位首先评估商业服务业的学者。他从知识活动的角度描述了服务业。所有销售知识的公司都属于"专业服务业"，包括法律服务、工程服务、财务与审计服务，以及一些医疗服务。Antonelli(1998)指出，知识型服务业的出现是知识市场的制度形成的结果。知识型服务机构主要依赖于专业化知识，其提供的产品本身就是用户的主要信息与知识来源，知识型服务机构在经济活动中，发挥了创造、积累或传播知识的作用。早在 1994 年 11 月，哥本哈根召开的以"知识经济中的雇用与成长"为主题的 OECD 会议已经将知识型服务业的研究视为一大关注要点(Miles *et al.*,1995)。

其三，高创新性。从 20 世纪 90 年代中期开始，越来越多的人开始关注知识型服务业以及它们在创新系统中的作用与功能(Müller *et al.*,2009)。知识型服务机构与非知识型服务机构的一个主要区别是内部研发的程度，知识型服务机构比非知识型服务机构更倾向于进行研发(Hipp,1999)。

2.1.1.3 知识型服务机构的分类

知识型服务机构仍未有普遍接受的定义(Wood,2002)，但是对于其分类已经有了一定的共识。

Miles 等(1995)基于技术的关联性，将知识型服务机构分成了两类：一类是传统的专业服务业(P-KIBS)，它们是新技术的主要使用者；另一类是新技术型的知识型服务机构(T-KIBS)，它们往往与技术密切相关(见表 2.1)。

表 2.1 基于技术的知识型服务机构分类

传统的专业服务业，是新技术的主要使用者(**P-KIBS**)	新技术型的知识型服务机构，基于新技术而产生(**T-KIBS**)
市场与广告服务	计算机网络服务
培训服务(不涉及新技术)	通信信息技术服务(新商务服务)
设计服务(不涉及新技术)	软件服务

续　表

传统的专业服务业,是新技术的主要使用者 (P-KIBS)	新技术型的知识型服务机构,基于新技术而产生(T-KIBS)
保险、证券或相关的金融服务	与计算机相关的其他服务(系统维护)
办公服务(不涉及新技术)	培训服务(涉及新技术)
建筑服务(不涉及新技术)	设计服务(涉及新技术)
管理咨询(不涉及新技术)	办公服务(涉及新技术)
会计与账簿记录服务	建筑服务(涉及新技术)
法律服务	管理咨询服务(涉及新技术)
环境服务(不涉及新技术)	技术工程服务
	环境服务(涉及新技术)
	研发咨询服务

资料来源:Miles I. (1995)。

　　NACE(欧洲国家对经济活动的分类)越来越成为欧洲国家识别知识型服务机构的一种方法,它指出知识型服务机构包括计算机与相关活动、研发、其他的商业服务。每一个类别中又包含着多个子类别。例如,计算机与相关活动有 6 个子类别等。表 2.2 具体说明了知识型服务机构的部门与子部门(Müller *et al*.,2009)。

表 2.2　知识型服务机构的部门与子部门

NACE	描　　述
72	计算机与相关活动
721	硬件咨询
722	软件咨询与供应
723	数据处理
724	数据库活动
725	办公室维护与修理,财务与计算机器
726	其他的计算机相关活动
73	研究与开发
7310	自然科学与工程中的研究与实验开发
7320	社会科学与人类学中的研究与实验开发

续　表

NACE	描　述
74	其他的商业活动
741	法律、财务、速记与审计活动;税务咨询;市场研究与公共民意测试;商业与惯例咨询;支持法律活动
7411	法律活动
7412	财务、速记与审计活动;税务咨询
7413	市场研究与公共民意测试
7414	商业与惯例咨询活动
742	建筑与工程活动以及相关的技术咨询
743	技术测试与分析
744	广告
7484	其他的商业活动

资料来源:Müller & Doloreux(2009)。

计算机与相关活动(72)、研究与开发(73)、建筑与工程活动以及相关的技术咨询(742)、技术测试与分析(743)属于新技术型的知识型服务机构(T-KIBS),其他属于传统的专业服务业(P-KIBS)(Consoli et al.,2010)。

魏江等(2007)基于标准化生产方式、模块化生产方式与定制化生产方式将 KIBS 划分为 4 个大类、14 个子类,从金融业到商务服务业,它们的生产方式大致的变化趋势是,从标准化生产方式向定制化生产方式转变。

2.1.2　制造企业—知识型服务机构互动内涵、维度与模式

2.1.2.1　制造企业—知识型服务机构互动的内涵

互动指交换产品、服务、信息、金融工具和社会经历的过程,其核心旨意在于交换。较为重要的互动事件一般指的是社会交换、信息交换和制定协议等(Schurr et al.,2008)。基于互动的基本思想,不同研究领域对制造企业—知识型服务机构互动的内涵持有不同见解。目前相关研究主要集中在产业营销研究领域与服务创新研究领域。

(1)产业营销研究领域对购买者—销售者互动的理解

产业营销与购买团队(industrial marketing and purchasing group,IMP)对购买者—销售者互动的理解主要基于四方面。一是围绕 Hakansson(1982)

提出的互动模型(IMP 互动模型)从整体视角分析互动;二是基于结构化和动态性两大视角深化 IMP 互动模型;三是围绕 IMP 互动模型中的要素做进一步的丰富、发展和整合;四是基于个体视角侧面分析互动。

其一,IMP 总体互动模型的提出。IMP 提出的互动模型对于界定购买者—销售者(buyer-seller)互动具有一定的代表性。模型最初发展于 20 世纪 80 年代,当时是以制造企业为背景,主要阐述业务交换(business exchange)的过程,说明企业是如何互动的。其基本观点认为互动是产业网络中的一种协调机制,在互动过程中,参与企业能够相互沟通、影响、应对(confront)并决定彼此生产的行为。基于此,基本观点提出购买者—销售者互动包含四大维度:互动过程,拥有明显的内容与程序特征;互动主体,通常以组织作为个体;互动环境;互动氛围,影响互动以及受互动影响(Hakansson,1982)。

如图 2.1 所示,在该互动模型中,事件(episode)与关系(relationship)是互动过程的两个方面,缺一不可。事件(episode)通常是用复杂(complex)与否来衡量,包括产品/服务、信息、资金、社会交换,而关系(relationship)是用广度(extensive)来衡量,包括制度化(institution)与适应(adaptation);互动主体用

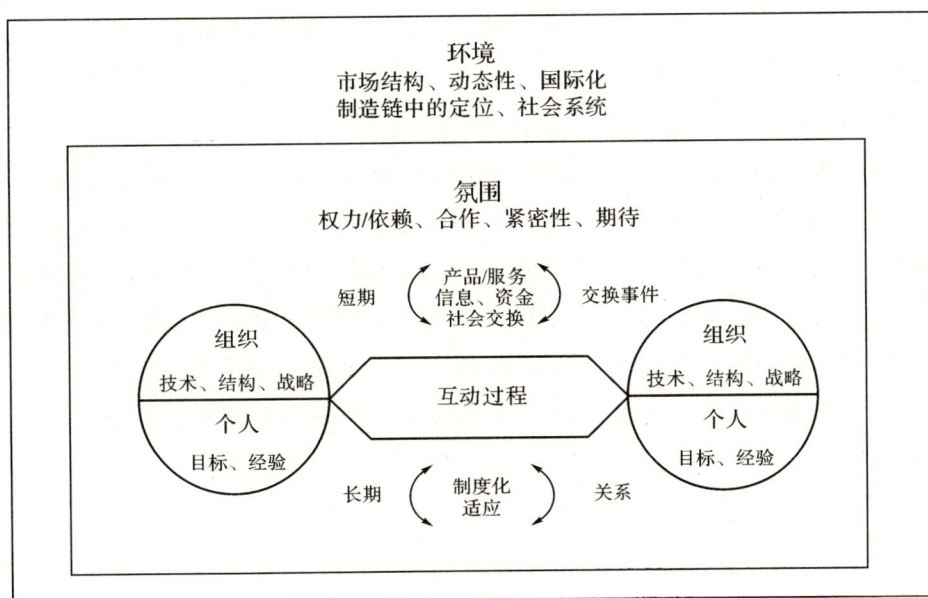

图 2.1　IMP 互动模型

结构是否匹配(structure fit)、知识(knowledge)是否相似(familiar)来衡量;互动环境则从稳定性(stability)与异质性(heterogeneous)两方面衡量。互动过程、互动主体、互动环境均与互动氛围相互关联(Hakansson,1982)。

其二,IMP互动模型的深化与发展。相关研究者基于IMP提出的互动模型,聚焦商业服务提供商与购买者之间的互动,从结构化与动态性两大视角对互动的结构维与过程维分别进行了分析。①互动的结构维。包括互动目的、购买者与供应商的能力、互动界面三方面。这三方面具有以下逻辑联系:第一,购买方与不同类型的商业服务提供商的互动是出自不同的目的,互动目的主要包括所提供的服务是否能够影响客户的主要过程,是否能与这些主要过程的重要特征匹配等。第二,基于不同的互动目的,购买方与商业服务提供商需要具备不同的能力。购买方能力包括客户企业的"实施"技能,以及理解什么能够匹配、什么适合匹配、如何匹配、与谁匹配等能力;提供商能力包括业务的开发与创新、生产设计等。第三,互动双方的界面,主要指购买方与提供商互动时各自派出的代表。购买方代表包括业务开发代表、所影响到的内部客户等;提供商代表包括产品代表,通常指一个咨询团队或工程师团队等(Wynstra et al.,2006;Valk et al.,2009)。②互动的过程维。包括适应与沟通。适应指的是特定关系的变化或双方的投入,目的在于便利购买者—销售者的合作;沟通则是对购买者—销售者对话的主题概念化,该对话能够反映互动的主要目标(Valk et al.,2008;Valk et al.,2009)。

其三,互动要素的丰富与发展。也有学者基于能力视角,分析了客户—IT供应商互动过程的特征以及客户在咨询项目中如何通过与IT供应商互动来增强他们能力的问题,据此对IMP提出的互动模型做进一步深化,如图2.2所示。互动主体主要包括客户与IT供应商,互动过程除产品/服务、资金、社会交换、信息四种类型的内容外,还增加了一个新的交换类型,即IT能力,提出互动过程通过组合各种类型的交换能够成为协调与增强能力的核心(Brito et al.,2009)。

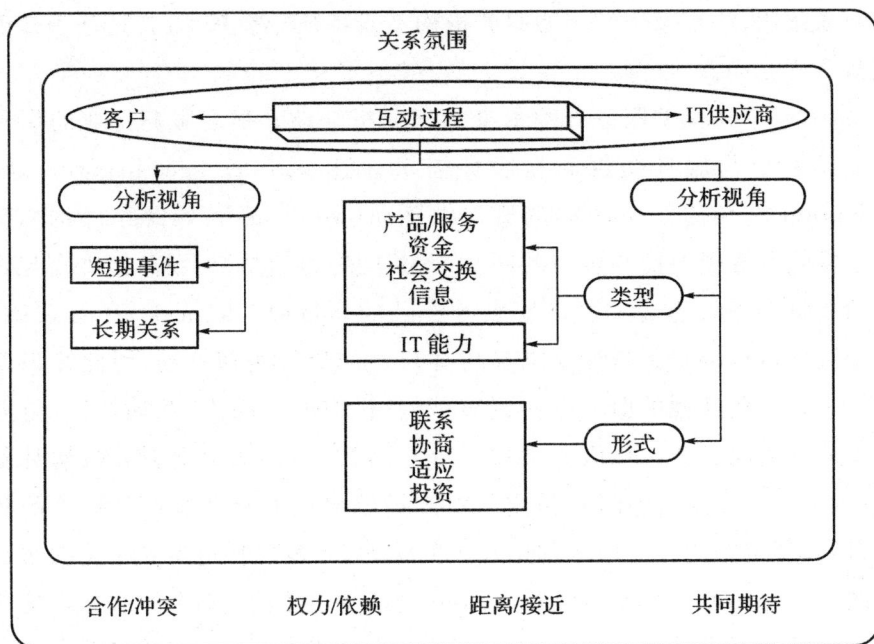

图 2.2　客户—IT 供应商互动模型

其四,基于个体视角侧面分析互动。除了围绕 IMP 所提出的互动模型而展开的相关研究外,还有学者是从个体视角,如顾客或供应商视角对互动进行研究。如 Johnsen 等(2006)认为互动可以从顾客卷入与供应商卷入两种视角分析。在创新生命周期的前两个阶段,供应商不是创新过程中的重要行动者,顾客才是重要角色。一旦创新进入明确与成熟阶段(specific,mature phase),供应商才发挥其重要的作用,将创新成功地引入市场。顾客卷入强调其对产品成本、质量与快速进入市场的积极影响,而供应商卷入则强调关键供应商在产品开发项目中,早期密切卷入的重要性,以及其在技术应用而非技术开发中的作用。这里的供应商不仅仅指传统观点中的那些提供实物部件与材料的企业(伴随着一系列的服务等),同时也越来越多地指向那些能够供应无形知识与主意(idea)的、用来寻求创新性的新产品与过程技术的供应商。

总体而言,产业营销研究领域基于销售者—购买者互动的相关研究主要关注的是互动本身,而鲜有研究分析互动的前因与后果。

(2)服务创新研究领域对知识型服务机构—客户企业互动的理解

服务创新研究领域对知识型服务机构—客户企业互动的研究大致可以从

两方面来阐述，一是基于知识型服务机构本身特征分析互动，二是基于知识转移视角分析互动。

其一，基于知识型服务机构本身特征分析互动。很多服务行业的一种共同特征是客户与服务提供商在服务需求表述（service specification）、生产（production）与传递（delivery）的过程中互动（Miles *et al.*，1995），因此，服务生产通常是服务提供商与客户共同生产、共同努力的结果，服务提供商与客户互动的质量在很大程度上决定着服务产品的质量（Bilderbeek *et al.*，1998）。知识型服务机构的知识特性要求其与客户之间进行密切互动，因此知识型服务机构表现出比其他的服务行业更显著的"供应商—用户"互动特征，更需要以互动的方式向客户提供服务（Miles *et al.*，1995）。知识型服务机构具备知识生产与扩散（转移）的作用，其内部对知识的典型的处理过程包括外部知识的整合、与特定问题相关的可利用知识的获取、与客户特定需求相关的编码化知识的表述（Müller *et al.*，2001）。因此，在互动过程中，知识型服务机构与客户参与到了互动学习的过程中，客户的知识基通过与知识型服务机构的知识基相作用而不断增强。知识型服务机构通过不断提供新知识与发挥催化剂的作用，激发和增强客户的知识融合（Hertog，2000）。

其二，基于知识转移视角分析互动。知识转移的思想来源于 Teece（1977）提出的技术转移的概念，指企业通过技术的国际转移，能积累起大量跨国界应用的知识。知识转移由知识传输和知识吸收两个过程共同组成（Davenport *et al.*，1998）。只有当转移的知识保留下来，才是有效的知识转移（Szulanski，1996）。不少学者对知识转移的基本阶段进行划分，当中较为典型的包括 Szulanski（1996）的知识转移四阶段模型，描述了知识从拥有者转移到接收者的动态过程：①意愿阶段。企业意识到有问题需要解决，产生了寻求外部知识的需求。②实施阶段。发送方与接收方通过互动使得双方知识相互流动。③跟进阶段。接收方通过辨别互动当中的问题与困难，使得外部转移知识的使用逐步达到一种满意的水平。④整合阶段。接收方将外部转移的知识进一步整合转化为企业的常规知识。Inkpen（1998）分析了知识联盟中企业间的知识流动，指出其中包括三个方面：识别和评价合作伙伴的知识、传输和吸收合作伙伴的知识、商业化应用获取的知识。Hendriks（1999）认为知识转移的过程可以分为两大方面，一方面指的是知识拥有者的知识外化，另一方面指知识接收者的知识内化。其中,知识外化表示知识的编码、展示和描述等,内化指的是干中学(learning by doing)、阅读和理解等。Duanmu 和 Fai(2007)认为知识转移过程包括启动(initiation)、实施(implementation)、整合(integration)三个阶段,随着知识转移这三个阶段的依次完成,发送方的隐性与显性的技术知识与管理知识转移到了知识接收方。

服务创新研究领域认为知识型服务机构—客户企业互动主要表现为知识型服务机构向客户企业进行知识转移的过程(Windrum et al.,1999;Müller et al.,2001;Rajala et al.,2008)。Strambach(2001)识别出了知识型服务机构在知识生产与扩散(转移)过程中的三个主要阶段,其中一个阶段即为知识型服务机构与客户企业之间的互动过程,在该过程中,知识型服务机构将知识转移给客户企业,通过知识的扩散与转移为新知识的产生创造了新的机会,知识型服务机构也在同客户企业的互动中,增强了知识基,引导产生互动的新的可能(Müller et al.,2001)。Windrum 和 Tomlinson(1999)指出,互动能使知识直接从知识型服务机构传递给客户,因此,知识型服务机构是知识转移的工具,它们与客户一起参与到了无形知识与有形的物质工艺品知识的共同生产中,知识型服务机构—客户企业互动质量依赖于客户企业以及知识型服务机构的能力、实践、信仰、价值、管理与组织文化。企业向知识型服务机构获取服务,实际表现为知识型服务机构基于服务的形式将知识传递(转移)给了客户企业(Rajala et al.,2008)。

基于知识转移的阶段划分以及现有关于知识型服务机构与客户企业知识转移的相关研究,可以认为,制造企业与知识型服务机构两大主体通过互动可以使得双方知识相互流动,制造企业通过辨别互动当中的问题与困难,使得外部转移知识的使用逐步达到一种满意的水平。另外,知识型服务机构与制造企业需要具备一定的能力,即知识型服务机构的知识外部化能力与制造企业的知识内部化能力。一方面知识型服务机构需能将自身知识清晰地传递给制造企业,另一方面制造企业要能通过干中学等方式理解、消化、吸收知识(Hendriks,1999)。同时,转移的知识特征也在互动过程中发生了转变,隐性、显性知识由发送方(知识型服务机构)向接收方(制造企业)转移,以及在知识接收方(制造企业)内部这些隐性知识与显性知识之间实现了相互间的转化(Nonaka et al.,1995)。制造企业通过与知识型服务机构互动,不但获取了显性知识,同时通过分享彼此的经验,获取了大量隐性知识。不同类型的隐性知识和显性知识在客户企业与知识型服务机构的互动中被不断地混合、重新定义、连接、交换、重新结构化并因此得到丰富(蔺雷等,2007)。

由此可以发现,服务创新研究领域基于知识转移视角对互动的分析,关注了互动所涉及的阶段以及在此过程中知识之间的转化问题,但值得注意的一种现象是,当前,服务与制造的融合使得两类主体之间的边界逐渐模糊。制造企业围绕实物产品生产了越来越多的服务,而服务企业也倾向于整合无形服务与各种实物设备,如基于媒体的信息技术等(Larsen,2001)。因此,制造企业与知识型服务机构互动,在很多情况下,不仅仅是单纯的知识转移问题,再加上服务与制造的难以分离性,制造企业不仅通过与知识型服务机构互动获取了无形的知识,同时也收获了有形的产品(资源)。

2.1.2.2　制造企业—知识型服务机构互动的维度

不同学者基于不同的理论视角与研究目的对制造企业—知识型服务机构互动进行了不同维度的剖析(见表2.3)。

表2.3　互动的维度划分汇总

维度数目	具体维度	理论视角	研究人员(年份)
二	界面一致性;信息共享	权变理论与社会技术理论	Hsu(2005)
	结构维;过程维	购买者—销售者关系视角	Wynstra, Axelsson & Valk (2006); Valk, Wynstra & Axelsson(2008;2009)
三	关系维度;社会结构维度;标准化维度	社会资本视角	Hughes & Perrons(2011)
	设计联结;物流联结;质量联结	供应链管理视角	Toni & Nassibeni(1999)
四	互动主体;互动过程;互动氛围;互动环境	购买者—销售者关系视角	Hakansson(1982)

资料来源:根据相关文献整理。

Hakansson(1982)基于购买者—销售者关系视角,认为互动可以划分为四大维度,即互动主体、互动过程、互动氛围与互动环境,其中,互动过程指互动的内容与程序特征,互动主体通常以组织作为个体(Hakansson,1982)。也有学者在此基础上,从结构性与动态性两方面,将互动划分为两大维度,一是结构维,包括互动目的、购买者与销售者的能力、互动界面(Wynstra *et al.*,2006);二是过程维,包括适应与沟通(Wynstra *et al.*,2006;Valk *et al.*,2008;Valk *et al.*,2009)。然而,该维度的划分,主要基于定性分析,实证测量方面仍异常困难。

Hsu(2005)基于权变理论与社会技术理论(socio-technical theory),将互动过程分为两大维度,即界面一致性与信息共享,但这两大维度只在概念层面上提及,并没有深入剖析下去。Hughes 和 Perrons(2011)从社会资本的视角剖析了购买者—供应商关系的维度,认为购买者—供应商关系可以划分为三大维度,即关系维度(如权力/依赖关系)、社会结构维度(如紧密连带与距离式连带)、标准化维度(如标准、期望与可接受的实践),然而,这三大维度更倾向于是购买者—供应商关系的影响因素。Toni 和 Nassibeni(1999)基于供应链管理视角,提出高级购买者—供应商互动可分为设计联结(design link)、物流联结(logictic link)与质量联结(quanlity link)三维度。设计联结指供应商在购买者产品开发活动中的卷入;物流联结指供应商的物品投递能够完美地与购买者的生产行程单一致匹配;质量联结指购买者与供应商能够在质量方面进行信息的交换,包括共同定义质量特性、传递质量测试与图表、转移统计过程控制数据。

由此可以发现,理论视角不同导致互动维度划分的差异性也较大,因此,如何聚焦互动过程,体现互动的本质特征是划分互动维度的首要条件。

2.1.2.3 制造企业—知识型服务机构互动的模式

诸多关于客户企业—知识型服务机构互动模式的分析中,Tordoir(1995)提出的三分类法较为典型,第一种模式称为诊断式关系(sparring relationships),该模式最具互动性,指服务的详细说明与生产涉及服务机构和客户之间的合作;第二种模式称为工作式关系(jobbing relationships),指客户提供了关于服务的详细说明,同时,服务的实施可能涉及或多或少的客户合作;第三种模式称为销售式关系(selling relationships),即服务机构销售了一个事先定义好的服务,同时给予一个固定的价格。之后,不同的学者基于不同研究目的,对 Tordoir(1995)的分类提出了不同的看法。Hauknes(1998)认为,Tordoir(1995)的分类存在两大缺点:第一,该分类虽然包含了相当大部分的知识型服务机构,但分类的对象主要是专业服务业。因此,在相当大程度上关注的是以人为载体(human-embodied)的互动,而强调知识型服务机构通过互动所起到的中介性创新的影响大多不在这个类型之内。第二,也是更为重要的方面,其关注的主要是互动而导致客户企业创新的过程,而不是互动过程本身。Gadrey 和 Gallouj (1998)沿袭并发展了 Tordoir(1995)的分类,提出服务机构—客户互动界面模型具有两个维度,第一是二者之间的交互强度,也就是诊断式联系或合作式联系;第二是服务机构在客户中的执行程度,即服务机构在提供服务产品后是否进入客户企业帮助其实施产品功能。两个维度、四个要素组成了四种服务机构与客户之间的联系方式,如表 2.4 所示。但是这种对于界面的分类主要是基于咨询业提出的,要将此分类推广到所有行业的知识型服务业有一定困难。

表 2.4　咨询行业中知识型服务机构与客户互动界面的分类

互动类型	执行程度		
	不包含执行的咨询	包含执行的咨询	界面特点
诊断式联系	分析者、构建者	项目工程师	顾客监督的界面
合作式联系	共同领航	管理的"医生"	相互监督合作的界面
界面特点	分析界面	执行界面	

另外,Vachon 等(2009)根据组织的治理类型,将互动分为两种类型。一种是距离式互动(arm's length),以交易为基础,指的是客户企业与(服务)供应商维持着短期的关系,它们之间的契约被频繁地更新,客户企业目的在于使得(服务)供应商的权力最小化,能向(服务)供应商施压得以降低它们的价格;另一种是合作式互动(cooperative),属于关系型互动,指的是客户企业与(服务)供应商建立了长期的关系,客户企业能够向(服务)供应商提出更多关于所供应产品(服务)的要求,双方处于一个更充足的互动环境中,能够引导更好地理解各自的能力,有利于开发出惯例(routine)来整合服务供应商的能力。

2.1.3 制造企业—知识型服务机构互动与绩效的关系

2.1.3.1 制造企业—知识型服务机构互动和创新绩效的关系

（1）创新的内涵与分类

创新是指通过识别与使用机会来创造新的产品、服务或工作实践（Ven，1986）。简单而言，创新就是成功地开发新的想法（Francis *et al*.，2005）。具体而言，创新是对利益相关变化的机会识别，以及通过实践将识别的机会付诸实现（Francis *et al*.，2005）。

基于创新的程度、方式、内容，可以将创新划分为多种不同的类型，如表2.5所示。

表 2.5　创新的分类

分类方式	具体维度
创新程度	渐进式创新与激进式创新（Dewar *et al*.，1986）
创新方式	探索式创新与开发式创新（March，1991）
创新内容	产品创新、过程创新、定位创新与范式创新（Francis *et al*.，2005） 科技研究资产、过程创新资产、产品创新资产、美学设计资产（Christensen，1995） 创新的技术方面、创新的管理方面（Liao *et al*.，2007）

基于创新程度将创新分为渐进式创新与激进式创新是对创新的一种最为常用的分类（Dewar *et al*.，1986）。渐进式创新是对现有产品、服务或技术的增强与改进；激进式创新则是指改变现有产品、服务或技术，废弃了原有主导产品或服务相关的技术。渐进式创新是建构与加强对现有知识的应用，而激进式创新破坏了现有知识基的价值（Subramaniam *et al*.，2005）。

基于创新方式将创新分为探索式创新与开发式创新是对创新与搜索模式的一种众所周知的分类方法。开发式创新要求深度搜索，是围绕现有知识维度开展的；探索式创新则要求广泛搜索，是对潜在新知识的开发（March，1991）。Jansen等（2006）在研究中从两个方面关注了探索与开发的区别，一是对现有技术、产品和服务的接近性；二是对现有客户或市场部门的接近性。探索式创新类似于激进性创新，设计用于满足潜在客户或市场的需求，提供新的设计，创造新市场并开发新的分销渠道。而开发式创新类似于渐进性创新，设计用于满足现存客户或市场的需求,扩展现有知识与技能,改善已有设计,扩展现存产品与服务,提高现有分销渠道的效率。因此,探索式创新要求新的知识或要求从现存知识中启程。开发式创新则基于现有知识建构,增强现有的技能、过程与结构。李剑力(2009)基于创新目标、创新结果、知识基础、创新来源、组织结构、组织文化、绩效影响等方面对探索式创新与开发式创新进行了比较(见表 2.6)。

表 2.6   探索式创新与开发式创新之间的比较

	探索式创新	开发式创新
创新目标	满足新出现的顾客或市场需求	满足已有顾客或市场需求
创新结果	积极性创新;目的是要获得新的设计、新市场或新的营销渠道等	渐进性创新;优化已有设计、营销渠道和技能等
知识基础	需要新知识或从已有知识中提炼出新知识	对已有的知识与技能进行扩展
创新来源	搜索、变异、柔性、试验、冒险	提炼、复制、效率、实施
组织结构	高度分权化;半标准化程序/半正式化流程	低度分权化;标准化程序/正式化流程
组织文化	鼓励尝试;愿意面对不确定性/风险;容忍失败	产出要求确定性;偏好短期目标;承诺专一
绩效影响	影响长期绩效;回报高度不确定	影响短期收益;回报低度不确定

资料来源:李剑力(2009)。

基于创新内容可对创新进行二维或四维分类。Liao、Fei 和 Chen(2007)将创新分为两大类,分别着重创新的技术方面和创新的管理方面。Christensen(1995)将创新(资产)分为以下四类:科技研究资产、过程创新资产、产品创新资产、美学设计资产。通常情况下大多数企业是强调其中一种资产。Francis 和 Bessant(2005)认为创新应该分为四大类,第一类创新能够引进或改善产品,第二类创新能够引进或改善过程,第三类创新能够定义或再定义企业或产品的定位,第四类创新能够定义或再定义企业的主导范式。概括而言,创新包括产品创新、过程创新、定位创新与范式创新。

(2)知识型服务机构对创新的作用

知识型服务机构在创新中的桥梁作用被诸多学者关注。Rush 和 Bessant

(1995)指出组织在创新过程中涉及多方主体,中介体(知识型服务机构)在此发挥了桥梁作用,直接用于填补组织创新过程中存在的资源与创新管理能力方面的缺口,它们所发挥的桥梁作用是多种多样的,具体可包括六方面:一是专家咨询,即针对特定的问题提供特定的解决方案;二是经验分享,指把在一方所学到的知识转移给另一方;三是经纪人,通过大范围的服务与资源,让不同的源头与使用者相互联系;四是诊断与问题说明,帮助用户在创新过程中表述与定义特定需求;五是标杆,指识别与聚焦"好的实践",并通过媒介物来建立;六是变革代理,发挥中立的外部机构的作用,帮助组织实施战略进而得到发展。Bilderbeek 等(1998)进一步将知识型服务机构的桥梁作用归纳为三大类:便利者、携带者与创新源。便利者指知识型服务机构能够在创新过程中支持客户,但是这个创新并不来源于知识型服务机构,也不是知识型服务机构将其他企业的知识传递给客户企业;携带者指知识型服务机构能够将一个企业或产业的创新传递给客户企业或产业,这个创新并不是来源于特定的知识型服务机构;创新源指知识型服务机构能在客户企业中启动与开发创新,但通常需要与客户企业进行密切的互动。Hauknes(1998)从另一层面具体阐述了这三大类作用,称知识型服务机构在客户企业的创新过程中或知识创造过程中发挥了催化剂的作用,提出知识型服务机构在各种各样的知识转变过程中起到了重要的作用,这甚至可以总结为知识型服务机构在企业转变为学习型组织的过程中起到了关键的作用。

另外,也有部分研究关注知识型服务机构通过对知识的创造、扩散促进创新。Bettencourt 等(2002)提出,知识型服务机构的那些价值增值活动主要包括吸收、创造或扩散知识,以便能够满足客户需求,为客户提供定制化的服务。知识型服务机构是"教育"客户的必需品,而不是"通知"客户所提供服务的意义与内容。Hertog 和 Bilderbeek(1998b)提出,服务企业,特别是知识型服务企业,是向创新者转移知识与信息的重要渠道。新技术型的知识型服务机构(T-KIBS)在知识分配的过程中起到了必要的作用,能够改善客户企业的创新活动与知识基。Miles 等(1995)指出,很多服务行业的共同特征之一,即服务在描述、生产与传递过程中,服务提供商与客户之间的互动。作为互动的一种副产品,客户可以顺便学习、了解服务提供商正在使用的技术,因此,知识型服务机构能向客户反复灌输知识,促进创新。Müller 和 Zenker(2001)在分析客户—知识型服务机构互动中知识循环的作用时，提出互动能够激发（国家与地区）创新系统中知识的产生与扩散，知识型服务机构对知识的占有性不是知识型服务机构向客户传递知识的结果，而是知识型服务机构在与客户合作过程中所发生的知识重新加工的结果。

（3）客户企业—知识型服务机构互动与创新的关系

知识型服务机构表现出比其他的服务业等更强烈的"供应商—用户"互动特征（Miles et al.，1995）。知识型服务机构对创新的作用，主要通过与客户企业之间的互动行为来发挥。

诸多研究认为知识型服务机构通过与客户企业互动有利于提升创新能力。如 Romijn 和 Albaladejo（2002）通过探索英国小型电子软件企业的创新能力（聚焦产品创新能力）的影响因素，发现企业网络内的顾客、供应商、竞争者、金融机构、培训机构、研发机构、服务提供商、产业协会等与企业的互动频率与互动的临近性是影响企业创新能力的外部因素，并进一步指出研发机构与企业的互动是影响企业创新能力的最关键因素；另外，供应商、顾客与服务提供商的互动也在一定程度上影响着企业的创新能力。Neely 等（2001）研究发现，影响企业创新能力的外部因素有：积极地参与到当地的商业网络中、构建研发合作关系、与高校合作、从外部商业机构获取帮助、接触技术科技型人员或知识源等。Müller 和 Zenker（2001）指出，知识型服务机构与中小企业之间的互动有助于双方创新能力的提升，提升的方式相同，但并非完全一致。

另有一部分研究认为知识型服务机构通过与客户企业互动有利于提升创新绩效。如 Rajala、Westerlund 和 Rajala（2008）认为，知识型服务是通过网络中的商业伙伴或行动者合作产生的。这些网络可能因为行动者的数量与作用有限的原因而表现为一种松散的结构，它们通常表现为一种合作者网络（partner network）。中小型软件企业由于缺少内部资源而可能阻碍它们独立的创新活动，软件企业与知识密集型服务供应商之间的关系可以视为一种合作者网络，它们之间的网络式合作，能够促使企业逐渐增加对外部专业的、知识型服务的使用，从而推动企业的有效创新。Caloghirou、Kastelli 和 Tsakanikas（2004）研究了企业现有内在能力及企业与外部知识源的互动水平对企业创新的影响，指出企业寻求创新观点的方式有网络，与外部组织之间的联盟，与高校、科研机构的研发合作等，通过对欧洲 7 个国家的实证调研，发现内部能力及企业与外部知识的共享有利于企业创新绩效的提升。Zhang 和 Li (2010)认为,企业与服务中介机构的联结对产品创新具有贡献并不因为他们的特定(知识)服务能用于创新,而是因为他们的专业的网络作用使得企业能扩大外部搜索范围、降低搜索成本。研究发现,技术集群中新投资企业与服务中介机构的紧密联结可以帮助它们快速搜索到所需知识,能增强它们在产品创新中的能力与柔性,提高产品创新速度。

2.1.3.2 制造企业—知识型服务机构互动与运营绩效的关系

(1)运营绩效的内涵与分类

绩效是所有组织的最终目标(Damanpour *et al.*,1989),指企业通过实施战略,如通过产品(或服务)的商业化来获取经济价值等(Newbert,2008)。战略文献通常使用三种方法来测量绩效,一是客观财务绩效,二是主观财务绩效,三是主观非财务绩效(Newbert,2008)。有效性、效率、生产率、收益—成本率、投资回报率、收益率被视为绩效测量的六大主要指标,其中,有效性、效率、生产率属于非财务指标,收益—成本率、投资回报率、收益率被视为财务指标(Prajogo,2006;Larbi-Apau *et al.*,2010)。由于客观财务绩效数据的可获得性很差,主观财务绩效与主观非财务绩效成为测量绩效的两种主要方法(Newbert,2008)。由于本书中知识型服务机构对制造企业的影响除了创新方面,还包括内部流程、运营等方面,本书将侧重运营绩效,对其内涵展开阐述。运营绩效通常是从成本、质量、柔性(flexibility)与传递等方面来综合评估绩效的(Ward *et al.*,1996;Ward *et al.*,1998)。Frohlich 和 Westbrook(2002)从传递时间、交易成本、收益率、库存额四方面来衡量运营绩效。Jiang(2006)具有相似的观点,认为运营绩效主要由成本效率、生产率、收益率组成。Chen 和 Paulraj(2004)从分析供应链的角度,分析指出购买企业的运营绩效可以从传递速度、传递可靠性、产品专业性、成本、顾客订单响应度、顾客抱怨处理度几方面来衡量。Devaraj、Krajewski 和 Wei(2007)认为运营绩效应由八方面组成,分别为:①顾客退回的产品百分比;②生产过程中缺陷(产品)百分比;③传递速度(delivery speed);④传递可靠性;⑤生产成本;⑥生产领先时间;⑦库存额;⑧在不需要使用安全保险的前提下,企业在产品有效的领先时间内调整运送行程表保证过程的柔性。

（2）制造企业—知识型服务机构互动与运营绩效的关系

供应商与购买方合作式关系的特定投入，如双方信息共享、技术管理协助、贡献物质与人力资源等，有利于购买企业绩效的提升（Wagner *et al.*，2009）。有学者更进一步指出，购买者—销售者互动关系有利于购买者提升运营绩效。如 Armistead 和 Mapes（1993）认为，企业与供应商之间通过互动进行信息交换，有利于改善产品质量、缩短产品传递时间，同时能快速地改变产品数量与价格。Carter 和 Ellram（1994）指出，供应商在企业的产品设计阶段的卷入有利于企业在随后的产品制造阶段降低产品缺陷率。Narasimhan 和 Jayaram（1998）认为，企业通过恰当管理与供应商之间的关系，能够从产品的可靠性、柔性、成本与质量方面改善企业的运营绩效。而当企业与供应商关于材料流与产品质量进行互动时，企业能从产品的速度与传递准时性方面期待获取更好的运营绩效（Salvador *et al.*，2001）。企业与供应商之间以短期交易为主的互动与企业的产品、服务的传递具有积极的影响关系（Vachon *et al.*，2009）。Jiang（2006）指出，企业通过将任务外包给专业组织，能够更好地关注它们最具价值创造的活动，因此能够最大化这些活动潜在的有效性。而随着外包的增长，成本可能降低，投资在设备、人力上的资源也可能减少，通过外包部分非核心的活动，企业得以更专注于核心业务，而恰恰是这些核心业务使得它们拥有了技术与知识的独特的经济性，并减少了它们的运作费用与日常费用。

综上所述，现有研究对制造企业—知识型服务机构互动与绩效关系进行了大量的研究，总体而言，主要表现为其对创新与运营绩效能产生积极的影响。

资源基础观认为企业是一系列资源的组合（Wernerfelt，1984），而具备有价值、稀缺、难以模仿和难以替代特征的资源是企业获取持续竞争优势的主要来源（Barney，1991）。因此，基于资源基础观，制造企业与知识型服务机构之间的互动关系不仅可视为一种资源，同时也可视为制造企业获取资源的一种能力，制造企业通过与知识型服务机构互动，获取了具有价值性（valuable）、稀缺性（rare to come by）、不可转移性（imperfectly mobile）、不可模仿性（not imitable）以及不可替代性（not substituable）（VRINN）的资源，进而能够积极地影响企业的运营绩效（Rungtusanatham *et al.*，2003）。

知识基础观是资源基础观的衍生视角，该视角认为，隐性知识是企业最具战略意义的资源(Grant,1996b)。流量知识有助于存量知识的积累,是企业竞争优势与卓越绩效的重要来源(Dierickx *et al.*,1989)。但是,知识本身并不能构筑企业的能力,知识的整合、重构才构筑组织能力(Grant,1996a)。因此,基于知识基础观,制造企业通过与知识型服务机构互动,能够获取知识,并通过知识的整合、重构等一系列知识活动而促进创新,提升绩效。因此,概括而言,资源基础观、知识基础观对制造企业—知识型服务机构互动与绩效关系的理解,认为制造企业通过与知识型服务机构互动能够引发制造企业内部的一系列的资源(包括知识)活动,而这些活动进而又影响了制造企业的创新与运营绩效。

2.2 资源重构相关文献综述

2.2.1 资源重构的内涵

中文文献有的把"configuration"译成"配置",有的则翻成"架构",为了与"reconfiguration"的翻译保持一致,本书统一把"configuration"译成"架构",而把"allocation"译为"配置"。同时,为了避免中文文献因翻译造成的理解混乱,本书主要梳理相关英文文献,并统一把"resource reconfiguration"译作"资源重构"。另外,由于资源重构与另一些构念有着非常相近的内涵,现实中普遍存在交叉使用的现象,如资源重构通常与资源重组织(resource reorganization)、资源重组(resource recombination)、资源重部署(resource redeployment)、资源结构再造(resource restructuration)、资源重新配置(resource reallocation)等交叉使用(Karim,2006;2009),本书主要对以"reconfiguration"、"recombination"、"reorganization"、"redeployment"、"restructuration"、"reallocation"为关键词检索到的相关文献进行系统的梳理。

本书在对相关文献进行系统梳理以后发现,资源重构的核心要义在于"重构"。重构强调创造开放式结构,以便用柔性方式来重新界定角色体系(role system)与关系类型(relational pattern),使企业能更加容易地通过不断重组资源来创造新产品(Verona *et al.*,2003)。在资源管理和动态能力这两个不同的研究领域,学者们对资源重构的内涵的研究程度不同。

资源管理领域学者将资源重构视为资源整合的一个构成维度,却未对资源重构内涵做进一步的解剖。

动态能力研究领域学者对资源重构的内涵有较为深入的分析,主要可以从资源重构的本质、程度与内容三方面进行剖析。

第一,从本质方面看,资源重构意味着打破重来。例如,Prieto 等(2009)指出,产品开发领域的动态能力依赖于知识过程,知识重构是组织为了构建自己的动态能力而进行的知识过程,知识重构指改变组合知识(combined knowledge)的类型,这些组合知识在过程、产品与战略刚性形成之前就决定了过程、产品与战略的本质,在快速变化的环境中,知识重构包括企业感知到了重组知识的重要性,并在竞争来临之前完成了必要的变革与重构活动。

第二,从程度方面看,资源重构强调变革性,是高程度的(组织)学习。例如,Teece 和 Pisano(1994)以及 Teece 等(1997)在分析动态能力研究框架时指出,企业的组织过程包括三方面的作用,即协调/整合(coordination/integration)、学习(learning)、重构(reconfiguration)。其中,协调/整合是静态概念,更接近于组织惯例,但不同于组织文化;而学习是一个动态概念,其重要性超过整合,因为学习能够帮助企业识别不正常的惯例(dysfunctional routine),并能防止战略盲点(strategic blindspot);重构是一个具有变革性的概念,强调组织在快速变化的环境中感知到重构资产结构(asset structure)的必要性,并完成必要的内、外部资源的转换(transformation)。因此,重构更能体现学习型组织的技能,是更高程度的学习。

第三,从内容方面看,资源重构除了表征资源重组(recombination)之外,还强调资源之间的重新配置(reallocation)。例如,Eisenhardt 和 Martin(2000)认为,动态能力观一方面强调企业内部资源的重构(reconfiguration of resources),另一方面则关注整合资源(integrate resource)。其中,资源重构指管理者通过复制(replication)与协调(brokering)的方式来模仿、转移与重新组合(recombine)资源。如管理者在产品初始设计阶段通过知识中介(knowledge brokering)从客户以及多种行业的各种早期设计项目中获取资源来创造新产品,或者根据资源配置惯例在各业务中心之间配置(allocate)资金、制造设备等稀缺资源。Capron、Mitchell 和 Swaminathan(2001)认为资源重组(redeployment)与资源剥离(asset divestiture)是资源重构的关键要素。资源剥离强调了资源重构的演化特征,资源重构能够导致资源的剥离。

2.2.2 资源重构的构成维度

本书将 reorganization(重组织)、recombination(重组)、redeployment(重部署)、restructuration(结构再造)与 reconfiguration(重构)相近的词用于表征重构,据此将这些相关构念的维度划分视为资源重构的构成维度进行分析,具体展开阐述(参见表 2.7)。

有些学者[如 Galunic 和 Rodan(1998)、Karim 和 Mitchell(2000)、Bowman 和 Ambrosini(2003)、Ambrosini 等(2011)等]认为,资源重构可以分为两大维度。从重组(recombination)的角度看,资源重构可以分为基于合成(synthesis-based)的重组和基于重构(reconfiguration-based)的重组。前者要求在相对孤立(isolated)的能力域(competence area)之间创造出与现有能力相关的知识流(knowledge flow);后者则要求在一些稳定的互动关系存在的前提下,新信息与新见解能够改变临近能力(neighboring competency)之间的联结关系(Galunic & Rodan,1998)。Karim 和 Mitchell(2000)认为,重构是指组织内部资源变化。为了研究收购企业如何进行重构,他们用资源保留(resource retention)来说明重构,并把资源保留进一步分为资源深化(resource deepening)与资源拓展(resource extension)。资源深化是指保留与现有产品线(product line)重叠的产品线,而资源拓展则指保留那些与现有产品线截然不同的产品线。资源深化具有路径依赖性,而资源拓展则需要突破既有路径。在 Bowman 和 Ambrosini(2003)看来,资源重构就是对资源进行转移和重组。根据重构对组织流程的不同要求,Bowman 和 Ambrosini(2003)把重构分为核心流程重构与辅助职能重构。Ambrosini 等(2011)则指出,重构与杠杆化利用(leverage)可以被视为企业价值创造的两种战略,重构意为转移与重组资源(或资产),主要指收购企业对被收购企业业务进行组合与合理化处置。因此,根据重构内容可以把重构分为职能型重构与管理型重构两大维度。

有些学者[如 Karim(2006;2009)等]认为资源重构由三个维度构成。Karim(2009)重点分析了业务单元重组织(reorganization)问题,认为业务单元重组织是指在企业内部增加、减少与重组业务单元。Karim 早在 2006 年就指出,企业主要通过内部开发、获取、重组来达到增加业务单元的目的,而通过剥离或者分解的方式来减少业务单元。业务单元重组是指剥离业务单元并把它融入其他既有单元,或者剥离既有业务单元并创立新的业务单元。至于资源增加(或减少),概念就更为宽泛,是指为业务单元增加(或减少)资源,而不管相关资源是来自企业内部还是外部,也不论是不是分解后形成的资源。Subramanian、Chai 和 Mu (2011)基于能力视角,认为重构能力分为动态市场能力、合作能力与互补能力三维度。动态市场能力在于开发、释放(release)与整合企业的市场知识来开发新产品,进而创造市场/技术的转移并最终改变企业的能力基;合作能力涉及企业通过战略联盟、获取、合资等方式平衡外部资源/能力来部署内部资源/能力,从而应对环境变化的能力;互补能力指能将创新商业化的能力,从而使得企业在技术转型过程中得以生存。

由上可见,资源重构维度划分研究相对滞后,学者们更倾向于把"重构"作为黑箱来处理,在此基础上从如何解构"资源"的视角来分析资源重构的构成维度。因此,现有的资源重构维度划分研究(见表 2.7)有隔靴搔痒之嫌。

表 2.7　现有资源重构维度划分研究

维　数	具体维度	学者(年份)
二　维	基于合成的重组;基于重构的重组	Galunic & Rodan (1998)
	资源加深;资源拓展	Karim & Mitchell(2000)
	核心流程重构;辅助职能重构	Bowman & Ambrosini(2003)
	职能型重构、管理型重构	Ambrosini *et al*.(2011)
三维或以上	(业务单元)增加、(业务单元)减少、(业务单元)重组	Karim & Mitchel (2000), Karim (2006;2009)
	动态市场能力、合作能力、互补能力	Subramanian , Chai & Mu(2011)

资料来源:根据相关文献整理。

2.2.3　资源重构的分析层次与测量

2.2.3.1　资源重构的分析层次

资源重构适用于多个分析层次。重构与重组织(reorganization)、重组(recombination)、重部署(redeployment)、结构再造(restructuration)、重新配置(reallocation)等在内涵上有一定的重叠之处。由于这些构念适用于不同的分析层次,同时资源又可被宽泛地界定为(有形与无形)资产,如品牌、技术知识、技术人员、交易合同、设备、有效程序(efficient procedure)、资金等(Wernerfelt,1984),也包括那些企业特有的难以模仿的资产,如商业秘密、专业生产设备、工程经验等(Teece et al.,1997),因此,资源重构可依据其在具体情境中的释义(重组织、重组、重部署、结构再造、重新配置等)适用于多种分析层次。重组织适用于任何层次,包括资源、部门、业务层面等(Karim,2009),因此,重组织被广泛用于强调各种不同的因素,包括物质资产、权力结构、内部形式、场景等(Karim,2006)。重组与重部署用于资源层面,包括为创新而进行的资源重组,以及在目标企业与收购企业之间重新部署资源以创造价值(Karim,2009)。结构再造可用于部门与业务层面,涉及部门的增加或减少(Capron et al.,1998;Karim,2009)。战略研究阐述了各种形式的业务重构(business reconfiguration),早期的相关战略研究关注通过业务转让或收购对企业进行结构再造,后期的相关研究则强调旨在在不同业务之间重新部署资源的业务重构(Capron et al.,1998;Capron et al.,1998;Ambrosini et al.,2011),这表明结构再造和重部署(redeployment)都可以用于业务层面。

总体而言,资源重构研究可以在资源、部门、业务层面展开,资源重构的应用领域也较为丰富,在资源管理、联盟、并购、动态能力、母子公司关系等方面的研究中被大量采用,因此,资源重构研究呈现出横向发展的趋势。

2.2.3.2 资源重构的测量

资源重构通常采用单题项测量法,即直接测量重构程度,只有个别学者进一步把重构划分为子维度来测量,如 Capron 和 Mitchell(1998)、Capron 和 Hulland(1999)认为资源重构(用"resource redeployment"表征)可以从两方面来测量,一是企业使用被收购业务的资源以协助(assist)企业既有业务的程度,二是企业转移既有业务的资源以协助被收购业务的程度。Karim(2006)采用特定时间段发生的业务单元增加、减少或/和重组事件的数量来测量重构。其中,重组包括把某一或某些单元融入其他现存单元,二是把某一或某些单元融入其他单元以创建新的单元。

总体而言,资源重构测量方法仍然存在很大的缺陷,为相关定量研究带来了诸多不便,因此,亟需加大资源重构测量开发研究的力度,以推进资源重构的定量研究。

2.2.4 资源重构的前因与后果

2.2.4.1 资源重构的前因

对于资源重构前因的研究,不同学者表达了不同的观点。具体可以从三方面来分析。

一是资源本身的特征会影响资源重构。如 Garcia 等(2003)指出,资源的可利用性、外部竞争性、知识基年龄与适应能力、企业适应环境的能力均会影响企业的资源重新配置。Galunic(1998)认为,知识的基本特征(包括隐性、环境特定性与分散性等)与知识的社会特征(包括共享的思维模式与语言、制度化与识别性等)是影响知识重组的主要前因。而且,知识流在知识特征与知识重组之间发挥了中介作用,因为知识重组依赖于能力域之间的能力相关的知识流,而这些知识流又受到知识特征的影响。

二是与外部机构的互动合作会引发企业的资源重构。知识型服务机构不仅起到了经验提供或信息转移的作用,更能激发以及增强客户企业中的知识(资源)的转变。它们不仅能够提供新的知识(资源),也可能发挥催化剂的作用,帮助客户企业内部沟通与知识转变(Nonaka,1994;Hertog *et al.*,1998a)。Henderson 和 clark(1990)提出架构创新的产生往往是由于部件知识的变化而引起的,可能是部件知识的规模或其他一些设计参数的变化所导致的。客户企业与知识型服务机构的合作互动过程中,知识型服务机构向客户企业进行知识(资源)转移与扩散,促使客户企业将先前从知识型服务机构中所获取的知识进行重组,使得能够创造出他们"自己的市场",客户对这些知识(资源)的占有性是通过将知识整合进入他们自身的认知背景中所形成(Müller *et al.*,2001)。

三是新资源容易触发资源重构。魏江和张帆(2007)指出,知识(资源)应用和知识(资源)重构的内在要求是要保持知识(资源)存量的动态流动,这两个过程动态相互作用,必然出现不同知识(资源)面的交叉,产生新的知识(资源),在合适的时点上实现两个知识(资源)面的耦合,新知识(资源)的进入将激活原有知识(资源),知识(资源)在应用与重构的动态循环过程中持续更新激活。另外,新资源也能够直接提升资源重组的潜力,有利于企业内部原有资源的重组,以及新资源与原有资源的重组。如果企业长期缺乏新资源,当其原有资源所有可能的重组消耗殆尽时,企业也就失去了重组的潜力(Fleming,2001)。

2.2.4.2　资源重构的后果

现有关于资源重构的后果研究中,其对竞争优势的影响以及其对创新的影响相对较为成熟。

其一,资源重构对竞争优势的影响。竞争优势来源于以一种创意的、有价值的与柔性的方式来持续不断地组合与重组组织与个人的知识(Ravasi *et al.*,2001),强调资源(知识)重构对企业竞争优势获取的重要作用(Subramaniam,2006)。整合与重构内外部(技术)知识(资源)使得企业得以构建更大更广泛的产品组合,进而能获取与保持竞争优势(Rothaermel *et al.*,2006)。从重构被视为资源创造的一种主要模式来看(Bowman *et al.*,2003),重构所导致的价值创造的收益通常是成本的节省(Ambrosini *et al.*,2011),据此对企业的竞争优势发挥着至关重要的作用。从重构被视为一种资源配置的角度来看,Garcia 等(2003)基于系统动态性视角,将研发努力(effort)拆分为探索式活动与开发式活动两类,对活动的不同关注程度会导致不同的知识与绩效结果。这两种活动都是在竞争企业内部稀缺的资源,因此,企业的资源配置,即将资源分配到技术开发项目与技术探索项目的行为,会间接地影响企业的竞争优势。另外,企业在利润下降的业务与逐步成长的业务中重新分配资源,能够获取长期的成功(O'Reilly Ⅲ *et al.*,2008)。

其二,资源重构对创新的影响。Schumpeter 指出,创新有时候就包含着对现存的实物材料、概念等进行一定程度的重组(Nelson *et al.*,1982)。因此,资源的重组是企业创新的其中一种可能来源(Penrose,1959;Galunic *et al.*,1998)。Hung、Kao 和 Chu(2008)通过案例分析发现,企业通过合作获取的资源(知识)与它们原有资源(知识)在实验中经过产品开发设计、制作、检验等过程的不断反复进行,促进了资源(知识)的整合与重构,进而推动了新产品的成功开发,实现了技术创新。Karim(2006)指出,重构能够为组织创造很多收益,主要可以分为两大目标:一是组织结构再造使得企业更具有效性与效果,二是企业能够以新的方式获取新机会。组织结构再造用于增加管理团队的效率与效果,通过明显地改变组织的结构,来达到更高的效率或找到更新的机会。通过重构单元与资源,组织有能力以新组合来使用资源,学习新的技能,发现新的机会。因此,重构资源(无论是内部开发的还是外部获取的产品线),以不同的方式使用它们,或者以新的方式组合它们,都能为企业提供创新机会(Karim *et al*.,2004)。Grand 等(2004)基于企业层面以开放式软件开发(open-source software development)为研究对象,提出了开放式创新中会发生资源配置(resource allocation),将开放式创新分为企业内部私有创新与外部共同创新两类,因此,资源配置即为将资金与知识资源分配到企业内部的私有创新与企业外部的共同创新的行为。从管理视角来看,就是企业选择依赖于其他企业的创新能力还是依赖于自我开发的程度。另外,企业重新分配资源来组合新资源,或者是以新的方式组合现有资源,也能够创造新的或更好的产品(Tsai *et al*.,1998)。

3

制造企业—知识型服务机构互动模式的识别

3.1 引　言

随着产业专业化分工的日趋细化,制造企业由单纯依赖自身内部生产的封闭式模式逐步转向通过与外部知识型服务机构合作获取所需资源的开放式模式。这种开放式模式已然成为制造企业应对外部激烈竞争的一种普遍现象。当前企业所面临的主要困惑不再是是否需要与外部知识型服务机构合作,而是到底要选择怎样的知识型服务机构以及如何与它们更好地互动,以应对日趋复杂的技术、迅速变化的经营环境和不断演变的商业理念。

目前,服务创新研究领域与产业营销研究领域已对制造企业和知识型服务机构之间的互动行为进行了一定程度的讨论。如 Tordoir(1995)基于互动过程的特征,提出了制造企业—知识型服务机构互动的三种模式,即诊断式(sparring relations)、工作式(jobbing relations)及销售式(sales relations)。Gadrey 和 Gallouj (1998)沿袭并发展了 Tordoir 的分类,提出服务提供商—客户互动界面模型具有两个维度,其一是二者之间的交互强度,其二是服务提供商在客户企业中的执行程度,两个维度、四个要素组成了四种服务商与客户之间的联系方式。Vachon（2009）等根据组织的治理类型,将互动分为两种类型,一种是距离式互动(arm's length),以交易为基础;另一种是合作式互动(cooperative),即关系型互动,指企业与供应商建立了长期的关系。Vakl、Wynstra 和 Axelsson(2009)从互动的结构维度与过程维度分析了不同类型的商业服务企业与客户企业的互动行为,具体从互动目的、双方的能力、互动界面、适应、沟通等方面总结概括了互动的特征。

但是,现有研究仍主要关注了模式面上的表现形式,却鲜有研究是基于不同互动模式对制造企业绩效的不同作用机理来识别分析的,而恰恰是这种模式的识别才能够更深层次地分析制造企业与知识型服务机构互动的本质属性、过程机理,这同时也是研究制造业与服务业两类主体互动发展机理的前提与基础。

据此,本书将在现有研究的基础上,从不同互动模式对制造企业绩效的不同作用机理的角度,借鉴二元性思想(Duncan,1976;Simsek,2009),将互动模式划分为互补型与辅助型两类。互补型与辅助型虽曾用于分析资源、知识等对象,具有一定的研究基础,但是互补型互动与辅助型互动的识别不仅仅只是互补型与辅助型概念本身的区别,更需要结合互动过程本身的特征。因此,为了能够基于互补型与辅助型维度来清晰识别互动模式,本书将采用验证性的多案例研究方法,来构建制造企业—知识型服务机构互动模式识别的分析框架。

3.2 制造企业—知识型服务机构互动内涵

不同研究领域基于不同的视角对制造企业—知识型服务机构互动的内涵持有不同的见解。

服务创新研究领域认为,制造企业—知识型服务机构互动主要表现为知识型服务机构以互动的方式向客户提供服务与有形资源(Windrum *et al.*,1999;Müller *et al.*,2001;Rajala *et al.*,2008)。如 Strambach(2001)认为,知识型服务机构与客户企业在互动过程中,将知识(资源)转移给了客户企业(Müller *et al.*,2001)。Windrum 和 Tomlinson(1999)也指出,互动能使知识

（资源）直接从知识型服务企业传递给客户，它们与客户一起参与到了无形知识与有形的物质工艺品的共同生产中。另外，Miles 等（1995）进一步分析了制造企业与知识型服务机构互动的过程阶段，认为两类主体的互动过程可以分为服务需求表述（service specification）、生产（production）与传递（delivery）三大阶段。Bilderbeek 等（1998）持有相同观点，指出互动涉及服务提供商与客户两方面，包括生产、传递、使用特定服务的过程。

产业营销研究领域从供应商—客户关系的视角来分析互动，将制造企业—知识型服务机构互动视为制造企业向知识型服务机构购买服务的过程。企业对知识型服务的获取不同于一般的商品获取，前者还包含着协调与学习两大关键步骤（Elfring *et al*.，1994）。Hakansson（1982）提出了购买方—供应方互动模型，以阐述业务交换（business exchange）的过程来说明企业是如何互动的，指出互动包含着四大维度：互动过程、互动主体、互动环境与互动氛围。Wynstra、Axelsson 和 Valk（2006）基于 Hakansson（1982）提出的互动模型，认为购买者与销售者之间互动的逻辑是沟通、协调与适应双方之间发生的活动与资源的分配或（和）使用，他们从互动的结构维度出发，提出应该从互动目的、购买者与供应商的能力、互动界面三方面分析服务供应商与购买者之间的互动。Valk、Wynstra 和 Axelsson（2008）强调互动还应该具有动态特征，认为单纯的"结构性"要素是不够的，据此提出了互动的过程维度，包括适应与沟通。在此基础上，Valk、Wynstra 和 Axelsson（2009）综合考虑了互动的结构维度与过程维度，提出从互动目的、购买者与销售者代表、购买者与销售者能力、沟通、适应五大维度来分析互动。

由此可见，服务创新研究领域基于知识（资源）转移视角对互动的分析，关注了互动所涉及的阶段及在此过程中知识（资源）的转化特征，而产业营销研究领域基于关系视角则更关注互动所包含的分析要素。因此，两种视角各有侧重且相互补充，综合两种视角来识别制造企业与知识型服务机构的互动模式实属必要。

3.3 互补型与辅助型概念辨别

互补型与辅助型是两个相对的概念，具有一定的边界模糊性，因此，在辨别上也具有一定的难度。互补型与辅助型都体现了相关性（Makri *et al.*，2010），而相关性常等同于协同（Tanriverdi *et al.*，2005）。

3.3.1 互补型的概念

互补型这个术语来源于拉丁语"complere"，是"填满、装满"的意思。互补型运用于多种学科，最广泛的是与数量物理学的波粒二元性相联系，但其内涵在不断发生变化（Milgrom *et al.*，1994）。互补型首先是在经济学领域中提出的，表示一种变量边际收益的增加是由于另外一种变量变化所致的，增加每个部件所得到的收益要大于分散的个体所增加收益之和（Milgrom *et al.*，1994）。互补型区别于独立性与代替性。独立性指在一系列部件中，当改变某种活动的时候，不会改变其他活动的价值。代替性则指当将更多精力用于从事某项活动时，会减少其他活动的价值（Parmigiani *et al.*，2009）。因此，对相同的资源进行整合，由于提供了冗余资源，属于替代型；相反，对不同的资源进行整合，属于互补型（Hess *et al.*，2011）。

战略管理研究领域对互补型的内涵做了进一步的丰富与拓展，认为互补型是资源观中的核心构念，可以从资源（产）、知识、能力与技术的角度来解释。互补型在战略领域包含有"匹配"与"一致"的意思（Ennen *et al.*，2010）。资源观对互补型的理解，关注的重点是互补型资源（或能力）。他们认为，互补型指资源（或能力）之间是有差异的，能共同作用促使企业创造更大价值，而这种价值是个体单独所创造不出的，但是，互补型并不简单地等同于差异性或范围经济（Kim *et al.*，2009）。另外，Teece（1986）提出了互补型资产的概念，认为企业创新的商业化需要具备相应的互补型资产，特别是在下游能力中，如市场诀窍等，对于企业成功进行创新产品的市场推广进而获取收益很关键。

3.3.2 辅助型的概念

辅助型的概念是相对于互补型、核心等概念而出现的。资源观认为,企业是一系列资源的组合(Penrose,1959;Wernerfelt,1984)。企业所获取的资源主要可分为两大类:辅助型资源(supplementary resource)与互补型资源(complementary resource)。辅助型资源是指企业所获取的资源是其本身所拥有的,而互补型资源是指企业所获取的资源企业不曾拥有,但能有效地与企业现有资源整合(Wernerfelt,1984)。因此,资源是属于辅助型还是互补型,关键在于这些外部资源对于企业内部资源而言是相似的还是异质的(Das et al.,2000)。辅助型资源与相似性资源的内涵较为接近(Rothaermel et al.,2008)。Knudsen(2007)从知识冗余度的角度区分了辅助型知识与互补型知识。辅助型知识是指所接收到的知识所在的领域,企业已经拥有相关的专业知识,高度的辅助型知识强调知识的高度重叠,产生了知识冗余;互补型知识是指所接收的知识所在的领域,企业缺少相关的专业知识。Das 和 Teng(2000)则根据资源相似性与资源使用性两大维度,区分了辅助型资源与互补型资源。联盟中资源的相似性被界定为合作企业提供的资源在类型与数量上具有对等性,互补型可能涉及同一种主要的资源类型,但是资源的本质是不同的。资源的使用性指的是合作企业提供的资源能够达成联盟目标的程度,可区分为运转资源(performing resources)与非运转资源(non-performing resources)。因此,辅助型资源是合作企业能提供的相似的并且可运转的资源,而互补型资源是合作企业能提供的不同的但可运转的资源。相似性并不等于辅助型,差异性也不能等于互补型。Makri、Hitt 和 Lane(2010)分析了科学(science)与技术(technology)两类知识,指出科学或技术相似性是指科学研究或技术问题的解决主要聚焦于相同的狭义界定的知识领域中,而科学或技术互补性是指科学研究或技术问题的解决主要聚焦于相同的广义界定的知识领域内部的不同的狭义界定的知识领域中。另外,辅助型也被认为是核心的对立面。如 Murray 和 Kotabe(1999)分析服务企业在全球范围内获取服务时指出,核心服务是服务企业的必要产出,也是顾客对服务企业的主要需求,而辅助型服务属于执行核心服务必不可少的环节,主要用于完善核心服务的整体质量。

3.3.3 互补型与辅助型的现有判别方法

先前研究曾采用主观判断与客观测量方式来识别互补型资源(知识)与辅助型资源(知识)。如 Knudsen(2007)采用主观判断方式进行识别,通过询问被试所获取的知识是在现有企业经验领域之内还是之外来识别,所获取的知识在经验领域之内为辅助型知识,反之为互补型知识。Makri、Hitt 和 Lane(2010)使用专利数据来客观地区别互补型与辅助型,他们将知识分为技术知识与科学知识两类。其中,技术知识相似性是用目标企业与收购企业之间所拥有的具有相同级别(class)的专利的数目来测量;技术互补型采用收购企业与目标企业在相同子类(subcategory)中所拥有的不同级别(class)的专利的数目来测量。科学知识相似性则是用目标企业与收购企业所从属的相同的研究社区的数目来衡量,其中,研究社区(research communities)是指一种自组织的新兴团体,由诸多研究者组成,他们的当前文章强调了相似的主题,并采用了相同的参考文献(如相似的理论或方法);科学互补型采用目标企业与收购企业所拥有的在相同的学科领域中所从属的不同的研究社区的数目来衡量。

基于上述关于互补型与辅助型识别的相关研究基础,本书认为,单纯使用鉴别互补型资源(知识)与辅助型资源(知识)的方法来识别互动模式具有一定的模糊性,询问被试互动所获取的资源是否在经验领域之内或之外不能准确判断互动模式,因为经验领域本身就具有不同的边界。另外,由于知识型服务机构所转移的知识大多是隐性知识,因此很难采用专利数据来测量,也更难客观区分知识边界。据此,互动模式的识别不但要考虑资源(知识)的特征,更要结合互动过程的特征,以此构建基于互补型与辅助型维度的互动模式的识别方法。

3.4 研究假设

综合制造企业—知识型服务机构互动内涵以及互补型与辅助型相关概念的现有研究,可以对互补型互动与辅助型互动的共性与差异性进行如下阐述。

互补型互动所获取的资源与辅助型互动所获取的资源的共性是能与企业原有资源兼容,并产生协同;差异之处在于互补型互动强调获取资源与原有资源之间的差异性,而辅助型互动强调获取资源与企业原有资源的相似性(Wernerfelt,1984;Das *et al*.,2000;Knudsen,2007)。从互动目的来看,互补型互动的目的是弥补内部资源的空缺,通过获取互补型的资源,使得外部资源与内部资源形成独特的、不可模仿的资源协同(Harrison *et al*.,1991;2001),因此,在互补型互动中,制造企业需要具备一定的资源(能力),来消化吸收新进入的资源(知识),同时,企业内部相关人员要配合着使用,伴随着"干中学"、"用中学"等过程,对新资源有一个适应、整合的过程。而辅助型互动的目的是增强内部资源的专业化程度,以达到规模经济,或者是通过获取相似性资源,使得外部资源与内部资源形成高效率的资源协同(Das *et al*.,2000;Knudsen,2007)。因此,在辅助型互动中,由于外部资源通常是企业可以直接使用的,企业所涉及的学习行为较少。Knudsen(2007)指出,辅助型知识有利于在短期内快速提升企业的绩效,但却在一定程度上限制了企业的学习。互补型知识专注于企业长期的绩效,但过多的互补型知识会导致企业由于知识基分散而产生高风险。因此,辅助型互动有利于企业在短期内提升绩效,而互补型互动则更专注于企业的长期绩效。

据此,可以认为,互补型互动与辅助型互动的其中一种鉴别维度是企业所获取的资源是相似的还是有差异的。由于这一维度具有一定的模糊性,容易产生边界不清的问题,因此,本书结合制造企业—知识型服务机构互动中的其他要素,通过增加识别的维度来提高模式识别的准确度。结合服务创新研究领域以及产业营销研究领域的相关研究成果,本书认为,可以从需求表述、共同生产、传递跟踪三大阶段来分析互动的过程,相应地,在不同互动阶段,均能得出关键的识别维度。在需求表述阶段,互动所获取的资源特征、互动目的是关键维度;在共同生产阶段,互动涉及的层级范围、互动中的沟通行为是关键维度;在传递跟踪阶段,互动后的适应行为、互动结果导向是关键维度。本书通过10个互动项目的开放式访谈与调研,基于互动所获取的资源特征、互动目的、互动涉及的层级范围、互动中的沟通行为、互动后的适应行为、互动结果导向这六个维度,初步提出了互补型互动与辅助型互动的20个识别假设(20个指标),由于假设较多,为便于清晰辨认,研究假设以表格的形式进行展示,如表 3.1 所示。

表 3.1　互补型互动与辅助型互动识别维度的假设

维 度	特 征	互动类型	
		互补型互动	辅助型互动
所获取的资源特征	同一经验领域内		X
	不同经验领域中	X	
互动目的	弥补内部资源欠缺	X	
	学习提升能力	X	
	降低成本		X
	提高效率		X
	腾出更多精力发展核心（关键）能力		X
	提高专业化程度		X
互动涉及的层级范围	低、中、高层参与	X	
	只有中、低层参与		X
互动中的沟通行为	主要是"干中学"、"用中学"	X	
	高频率沟通	X	
	长时间沟通	X	
	仅仅是主要过程的信息沟通		X
	较低频率沟通		X
	短时间沟通		X
互动后的适应行为	文化、组织结构的适应	X	
	不太需要适应		X
互动结果导向	长期结果导向	X	
	短期结果导向		X

注：X 表示情况相符合的特征。

3.5　研究方法

3.5.1　研究设计

为了检验互补型互动与辅助型互动模式识别的一系列假设,本书采用验证性的多案例研究法,主要基于三大原因:一是互补型互动与辅助型互动的识别具有一定的主观性,研究者不仅需要得到被试对相关指标的判别数据,更需要结合企业实际情况做进一步判断;二是案例研究更能展示实际场景,为两种互动模式的判别提供了更形象、生动的证据;三是多案例研究相对于单案例研究而言更具概化效度,且验证性案例能够对假设提出的识别特征进行修正。

与制造企业互动的外部知识型服务机构中,本书主要集中在技术研发服务机构、管理咨询服务机构、信息服务机构三类,因此样本的选择也主要是围绕这三类机构搜集的。同时,样本选择还做了如下考虑:第一,样本均属于传统制造企业的互动项目,控制了产业差异可能带来的影响;第二,10 个互动项目中,其中 6 个互动项目获取的是差异性资源,另外 4 个互动项目获取的是相似性资源,这主要遵循了差别复制的逻辑;第三,在每一类样本之间,又均遵循了逐项复制逻辑,旨在增强变量之间理论关系的概化程度。表 3.2 为样本企业概况。

表 3.2　样本所属企业的概况

企业名称	成立年份(年)	2009 年销售收入(万元)	企业规模(员工数)	主导业务所属行业
XF	2003	25000	860	纺织印染
CZL	2004	3000	88	净水器、饮水机
TZ	1999	105207	1865	低压电器
TPS	1991	150000	5300	户外休闲用品

注:应企业要求,将企业名称用字母代替。

3.5.2 数据搜集

本书将只从制造企业方面来搜集数据，主要基于以下两点考虑：一是未来研究希望在本书的基础上进一步解剖互动模式对制造企业的绩效的作用机理，因此，本书更关注制造企业；二是由于本部分的案例分析具有一定的探索意义，因此，关注于互动的其中一方则更聚焦、更恰当。

本书主要采用半结构化访谈、实际观察与二手数据等多种方法来搜集案例数据。访谈时间大约为 1 小时（见表 3.3）。首先，是以开放的方式让访谈者来谈谈企业与外部机构合作的基本情况，包括与哪些机构有过合作经历，与这些外部机构合作的目的是什么，外部机构所提供的资源企业是否可以自己来生产等；然后，针对企业与外部知识型服务机构的互动项目，用探测式的问题来进一步询问具体的细节，例如，针对企业与信息服务机构的互动项目，让访谈者来谈谈互动最直接的目的是什么、在互动过程中企业涉及哪些人员、项目组是如何与对方沟通适应的、互动的结果多长时间能够见效等。

表 3.3　资料来源与访谈情况

互动项目	所获取资源的特征	企业	访谈人员	访谈日期
ERP	差异性	XF	技术工程师；企管部主任	2010.10.13
新纤维的技术研发	差异性	XF	技术工程师	2010.10.13
企业文化管理咨询	差异性	XF	企管部经理	2010.10.13
管理咨询	差异性	TZ	董事总经理；战略规划部经理助理	2010.4.27
低压保护电器关键技术研发	差异性	TZ	技术中心总监；技术中心工程师	2010.4.28
销售系统信息化服务	相似性	TZ	信息部工程师	2010.4.28
爆破压力技术研发	差异性	CZL	副总经理	2010.10.5
ERP	相似性	CZL	信息部经理	2010.10.5
管理咨询	相似性	TPS	总裁助理	2010.10.10
ERP	相似性	TPS	总裁助理	2010.10.10

　　本书数据分析过程是先进行单案例分析,而后再开展 10 个案例的综合分析。具体地,本书首先利用访谈、宣传册、网络、观察等方式所搜集到的资料分别来撰写每一个单独的案例(Eisenhardt,1989;Yin,1994)。撰写过程中发现某些数据缺失,通过电话、QQ、电子邮件等方式进行了数据的补充。然后,进行多案例对比分析。为了能够科学地体现跨案例分析中的复制逻辑,本书是在大多数数据搜集完成后,才进行跨案例分析的。

3.6　分析与讨论

　　本书对 10 个项目中互动所获取资源的特征、互动目的、互动涉及的层级范围、互动中的沟通行为、互动后的适应行为、互动结果导向六大维度以及 20 个指标进行了判断,主要由三位研究者分别根据案例资料进行评价,以起到交叉验证的作用。表 3.4 展示了互补型互动与辅助型互动中各维度(指标)的表现结果,反映了表 3.1 所列的假设情况。表 3.4 中每一列的特征若与案例样本符合,则为 1,不符为 0。若根据所获取资源的特征(差异性与相似性),某一维度上的赋值能够明显区分出来,则该维度可用于识别互补型互动与辅助型互动,反之则不行。10 个互动项目中,若 6 个获取差异性资源的互动项目在某一指标下赋值均为 1(或 0),同时,另外 4 个获取相似性资源的互动项目在该指标下赋值均为 0(或 1),则该指标可以用来显著识别互补型互动与辅助型互动。本书认为,制造企业与知识型服务机构互动过程中获取资源的差异性或相似性是决定企业互动行为属于互补型互动还是辅助型互动的最重要的必要条件。而其他方面的特征,则是在满足此条件基础上的必要条件,以此共同来更充分、清晰地识别两类互动模式。

表 3.4 (1)互补型与辅助型互动维度识别分析

互动项目	所获取资源特征	所属企业	互动目的						互动涉及层级	
			弥补内部资源欠缺	学习提升能力	降低内部开发成本	提高效率	腾出更多精力发展核心关键能力	提高专业化水平	低、中、高层管理者	仅仅中、低层管理者
ERP	差异性	XF	1	1	0	1	0	1	1	0
新纤维的技术研发	差异性	XF	1	1	0	0	0	1	0	1
企业文化管理咨询	差异性	XF	1	1	0	0	0	1	1	0
管理咨询	差异性	TZ	1	1	1	1	1	1	1	0
低压保护电器关键技术研发	差异性	TZ	1	1	0	1	0	1	1	0
爆破压力技术研发	差异性	CZL	1	1	1	1	1	1	1	0
销售系统信息化服务	相似性	TZ	0	1	1	1	1	1	0	1
ERP	相似性	CZL	0	0	1	1	1	1	0	1
管理咨询	相似性	TPS	0	1	1	1	1	1	0	1
ERP	相似性	TPS	0	0	1	1	1	1	0	1

表 3.4　（2）互补型与辅助型互动维度识别结果

互动项目	所属企业	所获取资源特征	互动中沟通行为						互动后适应行为		结果导向	
			主要是"干中学"、"用中学"	高频率沟通	沟通时间长	仅仅是主要过程的信息沟通	较低频率沟通	沟通时间较短	调整人员、设备、组织结构等	不太需要调整人员、设备、组织结构等	长期	短期
ERP	XF	差异性	1	1	1	0	0	0	1	0	1	0
新纤维的技术研发	XF	差异性	1	1	1	0	0	0	1	0	1	0
企业文化管理咨询	XF	差异性	1	1	1	0	0	0	1	0	1	0
管理咨询	TZ	差异性	1	1	1	0	0	0	1	0	1	0
低压保护电器关键技术研发	TZ	差异性	1	1	1	0	0	0	1	0	1	0
爆破压力技术研发	CZL	差异性	1	1	1	0	0	0	1	0	1	0
销售系统信息化服务	TZ	相似性	0	0	0	1	1	1	0	1	0	1
ERP	CZL	相似性	0	0	0	1	1	1	0	1	0	1
管理咨询	TPS	相似性	0	0	1	0	1	1	0	1	1	0
ERP	TPS	相似性	0	0	1	1	1	1	0	1	0	1

如表 3.4 所示，互动目的中"是否弥补内部资源欠缺"、"是否降低内部开发成本"、"是否为了能腾出更多精力发展核心关键能力"能够将两种模式的互动显著区别开。关于"学习提升能力"这一目的，不但是互补型互动的目的，同时也是部分辅助型互动的目的，如 TZ 的销售系统信息化服务互动项目中，虽然 TZ 互动所获取的资源是企业内部本身所拥有的，即属于相似性资源，但是，企业在互动的过程中，依然是想学习提升能力，使得能够提高专业化水平。另外，"提高专业化水平"被假设为是辅助型互动的目的，但是研究发现，这一目的也是互补型互动的一种目的，因为即使企业获取了差异性资源，企业仍然可能是为了提高专业化水平。"提高效率"被假设为辅助型互动的目的，但是，部分互补型互动也同样是出于这一目的，如 XF 的 ERP 互动项目中，虽然 XF 之前都未曾做过此类互动，但是，XF 使用 ERP 的最终目的是提高企业内部整体效率。

另外，关于互动涉及层级这一指标，研究发现，制造企业—知识型服务机构互动会涉及的不同层级的人员，并不能简单地根据互动模式来区别，还受到其他很多因素的影响。如同样属于技术研发服务互动项目，XF 的新纤维技术研发项目所获取的资源是差异性的，但是，由于 XF 对此项技术的重视程度较低，因此项目中仅仅由中低层管理者参与；而 TZ 的低压保护电器关键技术研发，虽然同样获取的是差异性资源，但由于该项目影响到 TZ 今后的技术发展前景，对 TZ 具有战略重要性，因此该项目中 TZ 的低、中、高层管理者都参与进来了。由此可见，企业在互动项目中涉及的层级范围并不只受互动模式的影响，也会受到战略决策等其他因素的干扰。

关于互动中的沟通问题，本书发现"干中学"、"用中学"的程度能够将互补型互动与辅助型互动区别开。虽然辅助型互动也会涉及学习，但相对于互补型互动而言，前者的学习程度较低，因为辅助型互动中制造企业所获取的资源毕竟是更为相似的，对于企业而言，不需要非常深入的学习便能吸收、消化。另外，沟通维度中的沟通频率和时间特征，却很难区分两类互动，辅助型互动与互补型互动一样，为保证任务的完成需要进行一定程度的沟通，至于频率高低、时间长短则受企业自身能力、外界环境等诸多因素影响。另外，互动后适应行为维度能较好地将互补型互动与辅助型互动区分开，在互补型互动中，企业获取了差异性的资源，因此企业内部相关人员要配合着使用，对新资源有一个适应、整合的过程。企业倾向于将新资源与企业内部原有资源相联系来消化、吸收(Reagans & McEvily,2003),因此,容易诱发内部资源的重新组合。如对于 CZL 而言,企业本身擅长内部的信息系统开发,但由于时间、精力不够,将部分信息系统的管理与维护工作交由外部机构来完成,这项对于企业而言驾轻就熟的任务,企业不需要花费很多的精力来适应。而对于 XF 的 ERP 项目而言,情况则大为不同,因为 XF 是第一次使用 ERP,因此所接触的信息系统管理与使用技能是全新的,企业的相关工作人员不但需要接受培训,同时还要转变想法,正如 XF 的技术部工程师方总所言:"ERP 项目的落实使用耗费了我们大量的精力来适应,虽然过程很艰辛,但结果是有效的。"然而,结果导向维度却难以区分两类互动。可以发现,结果导向更多受互动项目内容的影响,通常而言,管理咨询等项目更倾向于长期结果导向,而信息服务则倾向于短期结果导向。如 XF、TZ、TPS 的管理咨询项目,通常是要一到两年之后才能知道成效到底有多大,而 TZ 的销售系统信息化服务项目、CZL 的 ERP 项目,因为都是企业要马上使用的,所以可以短期内见成效。

基于上述分析可知,表 3.1 所提出的假设得到了部分验证,六大维度中只有四大维度能够有效识别互补型互动与辅助型互动,分别是所获取资源特征、互动目的、互动中沟通行为、互动后适应行为。互动涉及层级范围、结果导向两大维度在这两类互动中不存在显著的差异。据此,本书得出互补型互动与辅助型互动的识别方法,如表 3.5 所示。

表 3.5 互补型互动、辅助型互动识别表

互动类型	获取资源特征	互动目的	互动中沟通行为	互动后适应行为
互补型互动	经验领域之外	弥补内部资源欠缺	"干中学"、"用中学"程度高	需要大幅度调整企业内部人员、设备、组织结构等
辅助型互动	经验领域之内	降低内部开发成本;腾出更多精力发展核心关键能力	"干中学"、"用中学"程度低,甚至可以直接使用	不太需要(甚至不需要)调整企业内部人员、设备、组织结构等

其中,互动所获取资源特征是识别两类互动模式的前提与基础,互动目的与互动所获取资源特征共同决定与影响着不同互动模式下的沟通行为与适应

行为特征。因此,这四大识别维度看似相对独立,实则有着内在联系,不可分割。

3.7　本章小结

本书分析了制造企业—知识型服务机构互动模式识别的维度,通过对四家制造企业中 10 个互动项目的分析,基于 Knudsen(2007),Wernerfelt(1984),Das 和 Teng(2000),Makri、Hitt 和 Lane(2010)对互补型资源(知识)辅助型资源(知识)的识别,以及 Windrum 和 Tomlinson(1999),Bilderbeek 等(1998),Hakansson(1982),Valk、Wynstra 和 Axelsson(2009)等对互动内涵的理解,提出了互补型互动与辅助型互动可以在所获取资源特征、互动目的、互动中沟通行为、互动后适应行为四大维度上进行鉴别。其中,资源是属于企业原有经验领域之内还是之外,是鉴别两类互动模式的前提与基础,是第一必要条件,而互动目的、互动中沟通行为特征、互动后适应行为特征则是在此基础上进一步刻画两类互动模式的第二必要条件。因此,综合考虑所获取资源特征、互动目的、互动中沟通行为、互动后适应行为是清晰识别两类互动模式的关键要素所在。本书所采用的验证性的多案例研究有助于对假设提出的互动模式的识别维度进行修正与完善。例如,原先假设认为"弥补内部资源欠缺"、"降低内部开发成本"、"腾出更多精力发展核心关键能力"、"提高效率"、"提高专业化水平"是识别互补型互动与辅助型互动目的的指标,但是,研究发现,只有"弥补内部资源欠缺"、"降低内部开发成本"、"腾出更多精力发展核心关键能力"是识别两类互动目的的指标,这正是对原有假设的精炼与修正。

从管理启示来看,基于制造企业视角,若所获取的知识与有形资源在制造企业现有经验领域之外,则制造企业需要更深地卷入互动过程中,通过高程度的"干中学"、"用中学"来消化吸收资源(知识);若所获取的知识与有形资源在制造企业现有经验领域之内,制造企业则应在解决基本问题、完成主要任务的基础上,将更多的精力投放到核心关键能力的构建上。另外,虽然本书只是聚焦制造企业来分析互动这一二元行为,但这并不意味着要忽视知识型服务机构的作用,未来的研究更应该基于双方的数据来展开,通过两大主体的交叉验证提出更为清晰的区分维度。

　　总体而言,本书通过验证性的多案例研究法对原有关于互动模式识别维度的相关假设进行了修正与完善,完善后的互动模式识别维度可用于其他相关的研究,这同时对未来制造企业—知识型服务机构互动研究具有一定的借鉴意义。

资源重构的概念解析与测度

4.1 引　言

　　资源基础观作为战略研究的一个重要视角(Wernerfelt,1984),引起了越来越多学者的关注。随着资源基础观研究的不断深入,涌现了许多思想界的构念,如资源获取(resource acquisition)、资源汲取(resource accession)、资源整合(resource integration)、资源组合(resource combination)、资源重组(resource recombination)、资源重构(resource reconfiguration)、资源使用(resource utilization)等。资源重构作为其中一个重要的构念,最初起源于20世纪90年代,经过20多年的发展,虽然其内涵、外延日益变得清晰起来,但总体而言,这一构念还没有完全进入实证研究的范畴中,其测量大多数使用的是单一题项,仍然存在很大的不足,为相关的定量研究带来诸多不便。一部分学者对资源重构的理解仍主要局限地认为其是资源整合构念下的一个构成维度,或者是资源整合过程中的一个环节(鲁若愚等,2003;赵修卫,2003;Chirico et al.,2008;董保宝等,2011),还没有将资源重构作为一个独立、完整的构念展开研究。有些学者只是从"资源"的角度,从表面上剖析资源重构(Bowman et al.,2003;Ambrosini *et al.*,2011)。因此,如何从"重构"的角度,基于概念(理论)层面剖析资源重构的维度,进而开发出科学的测量量表,为后续关于资源重构的相关研究留下了广阔的空间,同时也能为推进资源基础观视角下的后续研究奠定扎实的概念基础。

据此,本书在国内外研究的基础上,从项目层面上构建资源重构的测量量表。基于 Churchill(1979),Hinkin(1995),陈晓萍、徐淑英、樊景立(2008)关于量表开发的思路,开展以下四部分的研究:第一是通过比较资源重构与其他相近概念(如资源整合)之间的差异,确认其内涵包含的成分,为量表开发奠定概念基础;第二是通过文献研究,结合实地调研所获结果,产生资源重构的测度题项,在此基础上与相关学术界专家及企业界代表进行深入沟通,讨论测度的内容效度;第三是通过探索性因子分析、信度分析对量表的内部结构进行检验;第四是通过验证性因子分析、信度分析对量表的信度、聚合效度、区分效度进行评价,并最终确定量表。

4.2 资源重构的概念与构成

4.2.1 资源重构与资源整合的异同比较

近年来,资源重构和资源整合作为中介变量在研究中出现的频率越来越高,但这两个构念经常被混用。综观现有研究不难发现,鲜有学者专门对资源重构与资源整合进行全面、系统的比较与鉴别。为了比较与分析这两个重要构念并以此来准确剖析资源重构的内涵,本书在对现有文献中相关构念进行分析与梳理后发现,资源管理研究者与动态能力研究者对资源重构与资源整合之间的关系持不同的见解:在资源管理领域,有些学者(以国内学者为主)倾向于将资源重构作为资源整合过程的一个环节来分析(鲁若愚等,2003;赵修卫,2003;Chirico *et al.*,2008;董保宝等,2011),而另外一些学者(以国外学者为主)则倾向于把资源重构与资源整合分开来单独使用,他们用"re"(重)来对两者进行区别(Capron *et al.*,1998;Galunic *et al.*,1998;Zahra *et al.*,2002;Karim *et al.*,2004;Karim,2006,2009);在动态能力研究中,国内外学者对资源重构、资源整合的使用则较为统一，通常都把资源重构与资源整合作为两个不同的构念来使用，并且把它们作为动态能力的两个不同构成维度。

那么，这两个构念之间究竟存在怎样的关系？为什么不同领域的学者会产生不同的见解？它们应该属于简单的同义反复还是泾渭分明的两个不同构念？为此，本书将主要围绕这两个构念的起源、内涵与构成维度、测量方法等四个方面进行比较分析，并在此基础上对这两个构念进行明确的界定，以期为资源重构构成要素的剖析奠定学理层面分析的基础。

4.2.1.1 起源比较

本书在对检索到的相关文献进行系统梳理以后发现，使用"整合"(integration)这个术语的时间较晚，大约是在 Grant(1996a)首次提出知识整合这一构念后的几年里才开始比较频繁地出现，而之前学者们大多是使用"组合"(combination)(Kogut & Zander，1992)、架构(configuration)(Henderson *et al.*，1990)等术语来表征"整合"的意思并进行相关研究。从时间上推算，整合来源于 Henderson 和 Clark(1990)提出的架构(configuration)，而非架构创新(architectural innovation)。正如 Sirmon 和 Hitt(2003)后来指出的那样，资源架构(resource configuration)是一个持续的过程，涉及组织内部多种单元内的资源的整合(Sirmon & Hitt，2003)。De Boer 等(1999)认为，Kogut 和 Zander(1992)提出的组合(combination)、Grant(1996a)提出的整合(integration)以及 Henderson 和 Clark(1990)提出的架构(configuration)意思相近，共同形成了整合的最初定义，可视为资源整合的起源。

资源重构与资源整合拥有较为相似的起源，但是，两者的侧重点却并不相同。资源重构源自于架构创新(architectural innovation)，架构创新本质上是对已有系统进行重新组合(recombination)，以新的方式把已有知识(或部件)连接起来(Henderson *et al.*，1990)。因此，资源整合与资源重构虽都被认为起源于 Henderson 和 Clark(1990)的《架构创新：现有产品技术的重构与在位企业的失败》一文，但实际上，资源整合强调如何对资源进行架构，而资源重构则强调如何对资源进行再架构，进而实现架构创新。这两个构念的起源具有差异性，但却常常被许多学者统一、笼统地认为均起源于 Henderson 和 Clark(1990)提出的架构创新，因而导致很多后续研究对资源整合与资源重构混用。

4.2.1.2　内涵比较

造成资源整合与资源重构内涵差异的主要原因是"整合"与"重构"这两个词的意思不同。整合是一个过程。通过整合过程,企业能够协调(coordinate)与部署(deploy)不同的资源,进而建构为取得成功所必需的能力,整合强调在能力允许的范围内部署(deployment)与使用(use)不同的内外部资源(Zahra et al.,2002);而重构则强调创造开放式结构,以便用柔性方式来重新界定角色体系(role system)与关系类型(relational pattern),使企业能更加容易地通过不断重组资源来创造新产品(Verona et al.,2003)。具体深入到资源整合与资源重构的内涵比较可以发现,在资源管理和动态能力这两个不同的研究领域,学者们对资源整合与资源重构的关系持两种不同的观点:一种观点认为资源重构属于资源整合的一部分;而另一种观点则认为资源整合与资源重构是两个相对独立的不同构念。

观点一:资源重构是资源整合的一个构成维度。资源管理研究者通常把资源重构作为资源整合过程中的一个环节(鲁若愚等,2003;赵修卫,2003;Chirico et al.,2008;董保宝等,2011)。例如,Chirico和Salvato(2008)认为在资源(知识)整合过程中,组织必须把不同个体所拥有的各类专业化资源(知识)进行重组(recombine)。董保宝等(2011)认为,资源整合是指企业对不同来源、层次、结构、内容的资源进行选择、汲取、配置、激活和有机融合,并对原有的资源体系进行重构以形成新的核心资源体系的过程。由此可见,在资源管理研究领域,资源重构往往被视为资源整合过程的一个子过程。这一方面可归因于资源管理研究者对资源整合内涵理解的扩大,另一方面也说明资源重构在一定程度上影响资源整合。Law等(1998)曾经指出,根据构念与维度的不同关系,可以把不同的构念分为三类:一是潜因子型多维构念,即构念与维度不在同一层次上,维度是果,构念是因,因此,构念是维度的共同变异部分;二是合并型多维构念,即构念与维度在同一层次上,维度是因,构念是果,构念是所有维度的总和;三是组合型多维构念,虽然构念与维度在同一层次上,但构念则是通过多个维度的不同状态组合来表征,构念并不是由维度简单加总构成。结合资源管理研究者对资源整合的界定可以发现,大多数学者解析资源整合过程的逻辑主要是按照资源整合的顺序来划分维度,所以才会把资源重构作为资源整合的一个环节来考虑。借鉴Law等(1998)提出的构念划分思路,我们可以认为,资源管理研究者们总体上把"资源整合"这个构念视为合并型多维构念,即所有构成维度的总和表征整个资源整合过程。由此可见,一方面他们扩大了资源整合的内涵,甚至把"资源重构"也囊括在了"资源整合"中;另一方面,维度在合并型多维构念中往往表现为原因,而构念则表现为结果,因而可以认为资源重构对资源整合产生一定的影响。

观点二:资源整合与资源重构是动态能力这个构念的两个独立维度。在动态能力研究领域,资源整合与资源重构被视为动态能力的两个重要且不同的维度(Teece *et al.*,1997;Eisenhardt *et al.*,2000;Bowman *et al.*,2003;Teece,2007;Wu,2010)。例如,Teece 等(1997)把动态能力界定为企业为应对快速变化的环境而整合(integrate)、构建(build)和重构(reconfigure)内部和外部资源的能力。Bowman 和 Ambrosini(2003)基于资源观与动态能力观详细阐述了企业的动态能力可通过六种方式对企业层面的资源创造产生影响。这六种方式可以概括为四大类,即重构(reconfiguration)、杠杆化利用(leverage)、学习(learning)和整合(integration)。Wu(2010)就曾在一项关于动荡环境下动态能力如何对企业竞争优势产生影响的实证研究中采用资源整合能力(resource integration capability)、学习能力(learning capability)、资源重构能力(resource reconfiguration capability)来衡量动态能力。

总体而言,在动态能力研究领域,学者们通常认为资源整合与资源重构是两种本质、程度、内容不同,但又相互影响的资源活动。第一,从本质方面看,资源整合与资源重构虽然是两类同时进行的活动,但其本质不同。资源整合有融合、汇聚的意思,而资源重构则意味着打破重来(Prieto *et al.*,2009)。第二,从程度方面看,资源重构要强于资源整合。资源重构强调变革性,是高程度的(组织)学习,而资源整合则相对静态,是低程度的(组织)学习(Teece *et al.*,1994;Teece *et al.*,1997)。第三,从内容方面看,资源整合表征的是资源的组合(combination),同时强调资源之间的合并(merge);而资源重构则除了表征资源重组(recombination)之外,还强调资源之间的重新配置(realloca-tion)(Eisenhardt *et al.*,2000)。第四,从相互影响的角度看,资源整合与资源重构之间能够相互促进,资源重构会影响资源的有效整合,而资源整合则会反过来促进资源重构。例如,Ravasi 和 Verona(2001)认为,有效的知识整合不但取决于组织接触与开发个体知识的水平、组织的专业知识宽度,而且还要依

赖于组织能够接触到的额外知识与重构(reconfigure)现有知识的水平。Chir-
ico 和 Salvato(2008)在分析了家族企业知识整合与动态组织适应性之间的关
系以后发现,通过知识整合,家族企业成员的专业化知识会得到重组(recom-
bined)。因此,家族企业成员之间的知识整合能够促进成员之间的知识重组,
进而提升企业的动态能力。

资源管理研究者与动态能力研究者对资源整合与资源重构内涵的理解,
从表面看似乎相互矛盾,实则是内在统一的。资源管理研究者对资源整合内
涵的理解较为宽泛,因此,他们认为资源整合包含资源重构,而动态能力研究
者则从狭义上来理解资源整合与资源重构的内涵,因此认为这两个构念泾渭
分明、相互独立。另外,至于这两个构念是否相互影响,两大研究领域学者观
点基本一致。相对而言,本书更倾向于认同动态能力研究者的观点,只有严
格、清晰地界定这两个构念的内涵,才能为资源观研究良性发展奠定坚实的概
念基础,也有利于资源重构量表的开发。

4.2.1.3 构成维度比较

资源整合维度划分研究比较成熟,学者们更倾向于从如何解构"整合"的
视角来分析资源整合的构成维度,因此,资源整合的维度划分能够深入其内涵
本质。如 Kogut 和 Zander(1992)通过审视企业存在的原因认为资源整合(用
"combinative capabilities"来表征)可以分为两个维度:一是基于现有知识来创
造(现有知识的)新应用;二是基于能力组合来开发与识别潜在的技术(知识)。
Zhang 等(2011)基于过程视角把资源整合(用"resource allocation"表征)分为
资源选择(resource selection)与资源排序(resource sequencing),并且认为通
过多目标决策进行的资源配置旨在把合适的资源配置于供应链的子任务
(sub-task)中,因而要相继或同时解决分别选择备选资源来完成供应链子任
务以及按资源排序来制订资源配置计划这两个子问题。Kraaijenbrink 等
(2007)在研究知识整合问题时把知识整合分为知识识别、知识获取和知识使
用三个维度。Wiklund 和 Shepherd(2009)认为资源组合(resource combination)
活动包括资源获取(acquisition)、开发(development)、积累(accumulation)和
使用(usage),企业越注重资源组合活动,就越能够增强资源整合能力,从而有
可能实现越大的资源协同效应。Luca 和 Atuahene-Gima(2007)认为知识整
合包括知识的获取、分析、解释与组合。而资源重构维度划分研究则相对滞

后,学者们更倾向于把"重构"作为黑箱来处理,在此基础上从如何解构"资源"的视角来分析资源重构的构成维度。

4.2.1.4 测量方法比较

资源整合和资源重构是两个内涵和构成维度不同的构念,因此,两者的测量方法也不尽相同。资源重构通常采用单题项测量法,即直接测量重构程度,只有个别学者进一步把重构划分为子维度来测量(Capron *et al.*,1998;Capron *et al.*,1999;Karim,2006)。资源整合往往采用多题项测量法。例如,Tsai和 Ghoshal(1998)认为可通过调查信息、产品、人员、支持等四种资源在业务单元运营过程中交换与组合的程度来测量资源整合。Zahra 和 Nielsen（2002）认为可以从正式整合与非正式整合两方面来对整合进行测量,具体包括企业协调研发、生产与市场部门业务、生产和市场部门涉入新产品（技术）开发的程度、鼓励运营和财务信息自由交流的程度、维护正式沟通渠道的程度、重视为完成某项任务而构建非正式关系的程度、维持运营过程中开放式沟通渠道的程度等六个题项。蔡莉和尹苗苗(2009)把资源整合方式分为稳定调整的资源整合方式和开拓创造的资源整合方式两种类型,采用"对现有资源组合进行微调"、"增加企业资源"、"保持现有人员、技术、管理流程等基础性资源不发生显著变化"、"把新的资源组合在一起"、"用有创意的新方法对资源进行组合"、"创造性地对新资源与现有资源进行组合"等六个题项来测量两种不同的资源整合方式。

如上所述,资源整合与资源重构测量方法成熟度不一。总体而言,资源整合的测量方法要比资源重构的测量方法成熟。不过,资源整合测量方法仍处在完善阶段,在理顺各构成维度之间的关系以及增加各构成维度的可操作性方面仍亟待改善。而现行资源重构测量方法仍然存在很大的缺陷,为相关定量研究带来了诸多不便,因此,亟需加大资源重构测量分发研究的力度,以推进资源重构的定量研究。

4.2.1.5 小结

通过前文对资源整合、资源重构的起源、内涵、构成维度、测量方法的比较,本书认为资源重构有别于资源整合,它们是两个既有一定联系但又各不相同的构念。具体而言,在起源方面,资源整合起源于资源的架构(configuration),

而资源重构则起源于资源的架构创新(architectural innovation);在内涵方面,资源管理研究者从较为广义的角度,提出资源整合的内涵中也包含了资源重构,而动态能力研究者则从狭义的角度认为,资源整合与资源重构是本质、程度、内容不同,但相互影响的两个构念(或资源活动)。构念内涵的扩大化理解不利于资源观的良性深入发展,也正是因为目前资源(知识)管理领域对多种构念内涵的扩大化理解,使得资源(知识)相关构念之间混用现象尤为严重。因此,本书更加赞同动态能力研究者对资源整合与资源重构的观点,认为资源整合强调资源的合并,体现着融合、汇聚的意思,资源重构则强调资源的改变,意味着打破重来;资源整合表征的是资源的组合(combination),而资源重构则表征资源的重组(recombination);资源重构除了重组之外,还强调资源之间的重新配置(reallocation),而资源整合则在蕴含组合的基础上,更强调资源之间的合并(merge);在构成维度方面,资源整合倾向于基于如何解构"整合"的角度来划分资源整合的构成维度,而资源重构目前则更将"重构"视为黑箱,基于如何解构"资源"的角度来划分资源重构的构成维度;在测量方法方面,资源重构仍存在很大不足,资源整合的测量则相对更为成熟,不过仍需要在可操作性方面进行完善。

总体而言,资源重构比资源整合的发展相对落后,仍没有被相关理论研究者真正重视起来,也还没有完全进入实证研究的范畴中。尤其是在资源管理领域,学者们对资源重构的理解仍主要局限地认为其是资源整合构念下的一个构成维度,或者是资源整合过程中的一个环节。因此,如何从"重构"的角度,基于概念(理论)层面剖析资源重构的维度,进而开发出科学的测量量表,为后续关于资源重构的相关研究留下了广阔的空间。同时,从本书的分析可以发现,资源整合与资源重构是两个不同的构念,因此,它们在作为中介变量时理应起到不同的解释作用,但是,现有部分研究却将所有资源相关的活动(如资源获取、资源重构、资源使用等)都统一纳入资源整合当中,这不但不利于提高科学研究的准确性,而且也不能切实解决研究问题,更无法有针对性地提供实践指导。基于本书对资源整合与资源重构异同点的分析,未来研究可以在明晰两者内涵的基础上,更为准确地选择变量来解释中介效应,以进一步深入发展两大构念的相关研究。然而,本书的文献梳理以英文文献为主,因此,在某种程度上忽略了对国内丰富的中文研究成果的整理,未来研究需要在此基础上,以精准的中英文翻译为着眼点,以国内外研究情境为参考点,更为细致、深入地对比国内外(中英文)研究成果,进而能够有选择性地借鉴国外的成熟研究成果(观点),以此来提高国内相关研究的规范性,摒弃宽泛使用构念的不足。

4.2.2 资源重构的构成要素：资源重组与资源重置

基于现有对资源重构的起源、内涵、构成维度、分析层次和测量方法的相关研究基础,可以发现,虽然重构(reconfiguration)与重组织(reorganization)、重组(recombination)、重部署(redeployment)、结构再造(restructuration)、重新配置(reallocation)等多种构念之间具有相似的涵义,同时资源重构与资源整合之间又存在着千丝万缕的关系。但是,资源重构拥有其明确的内涵起源,即起源于资源的架构创新(architectural innovation)。总体而言,重构的内涵也是较为清晰的,指重新设计组织的某些要素或业务单元,促使企业以不同的方式使用资源,或者以新的方式组合资源(Karim *et al*.,2004;Karim,2006),重点强调资源的改变,意味着打破重来。

现有研究对资源重构的内涵剖析中,较为公认的观点是将资源重构分为资源的引入(adding)、剥离(deletion)与重组(recombination)。资源引入和剥离的概念相对宽泛,指只要为企业内部某一特定单元增加或减少资源,而不管该资源是来自企业外部,抑或是企业内部其他单元分解后形成的资源;资源重组涉及三方面,一是从外部获取资源并融入企业内部单元中,二是剥离企业内部某一单元内的资源并将其融入其他的已有单元中,三是从外部获取的资源或某一单元中剥离的资源与原资源融合形成了新单元。因此,资源重组强调资源之间的相互作用关系(Karim *et al*.,2004;Karim,2006)。Karim(2006)指出,尽管资源重组与资源重构在概念上非常相似,但资源重组更具特定性,它涉及两个以上部件(单元)之间的互动,资源重构不仅包括资源重组的内容,还外延到资源的引入、剥离和转移。Ambrosini 等(2011)认为,资源重构即转移与重组资源(或资产),具体指企业在并购企业与被并购企业之间对资源进行组合与合理化配置。

本书认为,资源引入侧重资源的增加,资源剥离侧重资源的减少,两者的行为方式较为相似,而资源重组则侧重资源之间的相互作用,因此,资源引入、资源剥离属于资源重新分配的范畴,可理解为是资源之间的"物理变化",而资源之间的相互作用则归属于资源重组,属于资源之间的"化学变化"。据此,在前人研究的基础上,本书认为资源重构的构成要素大致可以分为两部分:一是资源重组(recombination),涉及资源之间的相互作用,包括获取某些资源,并将其重新融入其他已有的资源中,或者是获取某些资源并进而重新形成新的资源;二是资源重置(reallocation),不涉及资源之间的相互作用,仅指通过引入或剥离资源对企业的资源重新进行分配(Karim *et al*.,2004;Karim,2006)。

4.3 研究方法

4.3.1 变量测量

通过现有对资源重构测量方法的文献研究,并结合调研实际,本书从资源重组和资源重置两部分形成资源重构的测量量表,如表 4.1 所示。

现有关于资源重组的测度量表并不多见。Karim 和 Mitchell(2004)认为,资源重构可以分为资源的引入(adding)、剥离(deletion)与重组(recombination)。Karim(2006)采用特定时间段内,资源引入、剥离、重组的事件的数量作为重构的测量量表。其中,重组包括两大方面的事件,一是将单元融入其他现存单元中,二是将单元融入其他单元以构筑新的单元。王铜安(2008)聚焦技术重构,使用李克特五点量表,采用三个题项进行了更为具体的测量,包括"企业能把获得的新技术与原有技术迅速融合在一起"、"企业能利用获得新技术及时替代相应的老技术"、"企业能利用获得新技术不断提升和完备技术体系"。本书主要是针对制造企业与技术研发服务机构、信息服务机构、管理咨询服务机构、营销服务机构互动所获取的资源来测量这些资源的重组,因此,在主要借鉴 Karim(2006)的成熟量表的基础上,并结合以上学者的观点,采用李克特七点量表,对资源重组进行测度。

表 4.1 资源重构的测度量表

维度	题 项	主要文献依据
资源重组	1. 我们能有效地将所获取的服务或有形资源融入现有管理体系、技术体系等资源体系中	Karim & Mitchell(2004) Karim(2006)
	2. 我们能将所获取的服务或有形资源与原有的资源相结合开发应用了全新的运营、管理模式和技术、设备资源等	王铜安(2008)
	3. 我们能调整内部组织结构从而使所获取的服务或有形资源与企业原有的资源相融合	
	4. 我们将所获取的服务或有形资源及时地替代内部相应的管理体系和各种技术、设备等资源	
资源重置	1. 我们废弃了内部永久无用的管理办法、技术、设备等资源	Karim & Mitchell (2004) Karim(2006)
	2. 我们废弃了内部暂时无用的管理办法、技术、设备等资源	Sirmon & Hitt(2003)
	3. 我们废弃了内部低效益的管理办法、技术、设备等资源	Sirmon，Hitt & Ireland(2007)
	4. 我们接触到了对内部更有用的管理办法、技术、设备等资源	Ambrosini，Bowman & Schoenberg (2011)
	5. 我们拥有灵活的、多样化的获取管理办法、技术、设备、资金等各种资源的渠道	
	6. 我们针对不同任务目标为不同部门、项目配备人员、技术、设备、资金等资源	
	7. 我们能根据外部环境的变化来为各部门配备合适的人员、技术、设备、资金等资源	

另外，现有研究对资源重置的测量量表更为少见。由于资源重置其本质涵义为资源的再配置，因此，本书主要是借鉴学者们对资源配置的测度或相关观点来设计量表。Capron 和 Mitchell(1998)通过分别询问企业为了协助原有业务而使用所获取业务的程度来测量资源配置。Ambrosini 等(2011)通过询问被调查者在获取业务与被获取业务之间进行组合(combination)与合理化(rationalization)配置的程度来测量重构(reconfiguration)。Capron 和 Mitchell(1998)认为，这里所提到的组合与合理化与企业获取的效率观所提到的两种经济类型大体一致，即合理化与结构化，前者强调对不必要资产的处置，后者指的是重组与提升资产专业化程度，使其能够更为有效。Sirmon 和 Hitt(2003)及 Sirmon、Hitt 和 Ireland(2007)通过知识管理过程阶段的划分

对资源的配置提出了自己的观点,认为企业通常会增加那些能够与现有资源整合创造出有价值的、稀少的、很难模仿的、不可替代的资源束的资源,而会剥离那些相对而言更低价值或者是没有价值的资源,以及那些会减少企业价值的资源。据此,本书共设计了七个题项来综合测量资源重置。

此外,需要强调的是,对资源重构的量表构建也可以从其他视角展开,例如根据资源的类型来测量不同类型资源重构的程度等,而本书主要是聚焦重构对其关键环节进行划分的,资源重组属于资源重构过程中资源之间所发生的类似的"化学"变化,而资源重置则属于资源重构过程中资源之间所发生的类似的"物理"变化,本书所提出的量表更多的是从本书的总研究问题出发所形成的一种思路。

4.3.2　数据搜集

本书的研究层次是项目层次,以制造企业与知识型服务机构的互动项目为研究对象。本书主要是基于制造企业视角展开的,因此,问卷填答者是制造企业内部参与过本企业与知识型服务机构互动项目的相关负责人员。在此前提下,本书对问卷数据的搜集进行了其他三方面的控制。

为了增加研究的概化效度,在问卷发放区域方面,本书将互动项目所属的制造企业范围主要集中在浙江、湖北、上海、北京、广东等省市,通过扩大区域范围尽可能增加研究的概化效度。

由于笔者在调研访谈的过程中发现,目前绝大多数制造企业是与技术研发服务机构、管理咨询服务机构、信息服务机构、营销服务机构较为频繁地开展合作项目,因此,为了聚焦研究问题,在发放对象方面,本书将制造企业与以上四大类知识型服务机构的互动项目作为调查对象,避免因互动不足而不能得出正确的结论。

考虑到问卷发放的难易程度,本书的实证研究调查尽可能增加发放途径,在发放渠道方面,主要是通过两种方式展开:(1)直接发放问卷。笔者利用自身积累的社会资源,通过面对面发放问卷以及网络发放问卷的方式,请符合要求的调查对象填写。(2)间接发放问卷。笔者委托政府机构,以及亲戚、同学、老师、朋友间接发放,在这些委托对象发放问卷之前,笔者都与他们进行了交流,对问卷中他们有疑惑的地方提前进行了说明,这些委托对象又通过面对面发放问卷、网络发放问卷等方式进一步增加了问卷的发放数量。

通过上述数据搜集方法,本书的实证研究调查共发放了约 630 份问卷,回收了 388 份,其中,笔者在问卷中针对互动模式的识别设置了一对反向题项,笔者将其中回答矛盾的问卷进行删除后,得到有效问卷共 323 份,具体发放和回收情况如表 4.2 所示。其中,间接发放部分由于难以精确获得发放的问卷数量,故以约数表示。

表 4.2 问卷发放与回收情况

问卷发放与回收方式	发放数量	回收数量	回收率	有效数量	有效率
直接发放					
笔者直接当面发放	50	35	70.0%	29	58.0%
笔者直接网络发放	120	63	52.5%	42	35.0%
间接发放					
MBA 课堂发放	180	102	56.7%	96	53.3%
委托政府机构	80	56	70.0%	45	56.3%
委托个人	约 200	132	约 66.0%	111	55.5%
总结	约 630	388	61.6%	323	51.3%

注:回收率＝回收数量/发放数量;有效率＝有效数量/回收数量。

4.3.3 统计分析方法

信度与效度是所有测量研究中的重要议题(章威,2009)。本书主要通过信度与效度分析对知识重构的量表进行检验。

信度是指测量结果的一致性和稳定性(李怀祖,2004)。本书采用 Cronbach's α 系数对信度进行检验。效度一般包括四大类,即构念效度、统计结论效度、内部效度和外部效度,本书主要是对构念效度进行评价,即检验量表是否能够测量到所要测量的潜在概念,构念效度由聚合效度和区分效度所组成(陈晓萍等,2008)。首先,本书通过探索性因子分析来判断题项(观察变量)与预设因子(潜变量)结构是否吻合,然后通过验证性因子分析、卡方差异性检验对变量测度的构念效度进行评价。具体地,本书通过使用验证性因子分析来判断数据是否与变量间假设关系拟合,并且题项在潜变量上载荷是否

大于或接近 0.7 且显著来检验聚合效度,通过相似构念的配对卡方差异检验
(chi-square difference tests)来判断是否具有区别效度。在每一个配对检验中,
通过比较限制模型(restricted model,构念之间的相关系数为 1)与自由估计模型
(freely estimated model,构念之间的相关系数自由估计)之间的卡方是否存在显
著差异来判断构念之间是否具有区别效度(Anderson *et al.*,1988)。

4.4　统计分析结果

4.4.1　描述性统计分析

　　本书的实证研究调查所回收的 323 份样本中,就产业类型而言,通用设备
制造业占比最大,为 18.6%,其次为农副产品加工业,占比为 15.8%,但总体
而言,各产业类型所包含的企业数目相当;就企业年龄而言,以 2011 年为基准
年,10 年以下的企业占比最大,为 42.1%,31 年以上的企业占比最小,为
10.8%;就企业员工数、企业去年销售额而言,样本企业大多为中小型制造企
业,员工数在 500 人及以下的企业占 72.1%,企业去年销售额 3000 万元及以
下的占 52.6%。具体样本数据的描述性统计分析如表 4.3 所示。

表 4.3　样本数据的描述性统计(*N*=323)

指　标	类　别	样本数	百分比	累积百分比
产业类型	通信设备、计算机及其他电子设备制造业	47	14.6%	14.6%
	交通运输设备制造业	17	5.3%	19.8%
	医药制造业	35	10.8%	30.7%
	塑料制造业	36	11.1%	41.8%
	通用设备制造业	60	18.6%	60.4%
	皮革、毛皮、羽毛(绒)及其制品业	15	4.6%	65.0%
	农副食品加工业	51	15.8%	80.8%
	纺织业	31	9.6%	90.4%
	其他	31	9.6%	100%

续　表

指　标	类　别	样本数	百分比	累积百分比
企业年龄（2011年为基准年）	10 年以下	136	42.1%	42.1%
	11—15 年	62	19.2%	61.3%
	16—20 年	49	15.2%	76.5%
	21—30 年	41	12.7%	89.2%
	31 年以上	35	10.8%	100%
企业员工人数	150 人以下	89	27.5%	27.6%
	151—350 人	80	24.8%	52.3%
	351—500 人	64	19.8%	72.1%
	500 人以上	90	27.9%	100%
企业去年销售额（2011 年为基准年）	500 万元以下	68	21.0%	21.1%
	500—3000 万元	102	31.6%	52.6%
	3000 万元—1 亿元	93	28.8%	81.4%
	1 亿元以上	60	18.6%	100%

4.4.2　探索性因子分析

　　本书对变量测度的信度和效度进行检验，主要分为两大步骤：首先，使用探索性因子分析检验题项是否与预设的因子结构相吻合，并使用 Cronbach's α 系数检验量表的内部一致性；其次，探索性因子分析通过后，在此基础上做验证性因子分析、卡方差异性检验来评价量表的聚合效度与区分效度，并再次使用 Cronbach's α 系数进行内部一致性的验证。另外，对于同一批次回收的问卷数据，本书先抽取部分数据做探索性因子分析，然后再把析取的因子用剩下的数据做验证性因子分析与卡方差异性检验。

　　诸多学者在确定探索性因子分析所需的最低样本容量时，通常认为样本量应为变量数的 5—10 倍，或者是样本量达到变量中题项数的 5—10 倍（郑素丽，2008；章威，2009）。由于本书因子分析所需处理的最多变量数为 6，变量中题项数最多为 7，因此，探索性因子分析的样本量至少为 70 份。本书从 323

份有效问卷中随机提取了 90 份问卷进行探索性因子分析,对剩下的 233 份问卷进行验证性因子分析。

　　在进行因子分析之前,首先检查指标间的相关性。资源重构的 KMO 值为 0.804,大于 0.7,且 Bartlett 统计值显著异于 0,因此适合进一步做因子分析。根据特征根大于 1,最大因子载荷大于 0.5 的要求,提取出三个因子,累积解释变异为 75.681%。

　　在因子分析中每个构念的测量题项数要不小于 3(吴明隆,2010),由表4.4 可知,第二个构面(因子)下只有两个题项,即"资源重置 1"与"资源重置2",因此,考虑删除这两个题项,再次进行因子分析。第二次因子分析前,首先对资源重构的 KMO 值进行检验,此时,KMO 值为 0.791,大于 0.7,且 Bartlett 统计值显著异于 0,因此适合进一步做因子分析。根据特征根大于 1,最大因子载荷大于 0.5 的要求,提取出两个因子,其累积的解释变异量为68.921%,如表 4.5 所示。

表 4.4　资源重构的探索性因子分析结果(一)

题项(简写)	因子载荷		
	1	2	3
资源重置 6	0.862	0.072	0.141
资源重置 7	0.833	0.059	0.036
资源重置 5	0.714	0.480	0.265
资源重置 4	0.658	0.593	0.078
资源重置 3	0.645	0.584	0.110
资源重置 1	0.125	0.896	0.145
资源重置 2	0.109	0.866	0.025
资源重组 2	0.312	−0.072	0.851
资源重组 3	0.070	0.130	0.851
资源重组 1	0.482	0.008	0.730
资源重组 4	−0.246	0.273	0.641

注:此为旋转后的因子载荷矩阵,旋转方法为方差最大法(Varimax)。

表 4.5 资源重构的探索性因子分析结果(二)

题项(简写)	因子载荷	
	1	2
资源重置 5	0.856	0.265
资源重置 4	0.851	0.083
资源重置 3	0.838	0.113
资源重置 6	0.807	0.134
资源重置 7	0.779	0.028
资源重组 3	0.115	0.855
资源重组 2	0.251	0.850
资源重组 1	0.444	0.726
资源重组 4	−0.103	0.643

注:此为旋转后的因子载荷矩阵,旋转方法为方差最大法(Varimax)。

接下来,对因子 1(资源重置)、因子 2(资源重组)进行信度分析,以检验各题项之间的内部一致性。结果如表 4.6 所示,所有的题项—总体相关系数均大于 0.35,同时两大因子的 Cronbach's α 系数均大于 0.7。但是,可以发现,题项"资源重组 4"删除后资源重组整体的 Cronbach's α 系数将由 0.793 增加到 0.856,因此,考虑删除题项"资源重组 4",再次进行因子分析。

表 4.6 第二次探索性因子分析修正后的资源重构的信度检验

变量	题项(简写)	题项—总体相关系数	删除该题项后 Cronbach's α 系数	Cronbach's α 系数
资源重置	资源重置 3	0.753	0.869	0.894
	资源重置 4	0.761	0.867	
	资源重置 5	0.824	0.852	
	资源重置 6	0.704	0.880	
	资源重置 7	0.666	0.887	
资源重组	资源重组 1	0.649	0.719	0.793
	资源重组 2	0.745	0.664	
	资源重组 3	0.692	0.701	
	资源重组 4	0.369	0.856	

第三次因子分析前，首先对资源重构的 KMO 值进行检验，此时，KMO 值为 0.792，大于 0.7，且 Bartlett 统计值显著异于 0，因此适合进一步做因子分析。根据特征根大于 1，最大因子载荷大于 0.5 的要求，提取出两个因子，累积解释变异为 74.183%，如表 4.7 所示。

表 4.7　资源重构的探索性因子分析结果（三）（最终）

题项（简写）	因子载荷	
	1	2
资源重置 5	0.847	0.300
资源重置 4	0.840	0.150
资源重置 3	0.836	0.156
资源重置 6	0.790	0.201
资源重置 7	0.786	0.059
资源重组 2	0.176	0.896
资源重组 3	0.043	0.884
资源重组 1	0.372	0.796

注：此为旋转后的因子载荷矩阵，旋转方法为方差最大法（Varimax）。

接下来，再次对因子 1（资源重置）、因子 2（资源重组）进行信度分析，以检验各题项之间的内部一致性。结果如表 4.8 所示，所有的题项—总体相关系数均大于 0.35，同时两大因子的 Cronbach's α 系数均大于 0.8。因此，经探索性因子修正后的资源重构的各维度的题项之间具有较好的内部一致性。

表 4.8　第三次探索性因子分析修正后的资源重构的信度检验

变量	题项（简写）	题项—总体相关系数	删除该题项后 Cronbach's α 系数	Cronbach's α 系数
资源重置	资源重置 3	0.753	0.869	0.894
	资源重置 4	0.761	0.867	
	资源重置 5	0.824	0.852	
	资源重置 6	0.704	0.880	
	资源重置 7	0.666	0.887	
资源重组	资源重组 1	0.718	0.809	0.856
	资源重组 2	0.793	0.737	
	资源重组 3	0.686	0.839	

4.4.3 验证性因子分析

对资源重构进行验证性因子分析之前,首先检验题项之间的信度,如表 4.9 所示,所有的题项—总体相关系数均大于 0.35,同时两大因子的 Cronbach's α 系数均大于 0.7。因此,经探索性因子修正后的资源重构各维度的题项之间具有较好的内部一致性。

表 4.9 资源重构的信度检验($N=233$)

变量	题项(简写)	题项—总体 相关系数	删除该题项后 Cronbach's α 系数	Cronbach's α 系数
资源重组	资源重组 1	0.646	0.577	0.748
	资源重组 2	0.504	0.741	
	资源重组 3	0.583	0.655	
资源重置	资源重置 3	0.603	0.847	0.856
	资源重置 4	0.673	0.827	
	资源重置 5	0.756	0.806	
	资源重置 6	0.715	0.816	
	资源重置 7	0.629	0.839	

下面对资源重构进行验证性因子分析,测量模型与拟合结果如表 4.10 和图 4.1 所示。资源重构的测量模型拟合结果表明:χ^2 值为 24.782,自由度 df 为 19,χ^2/df 的值为 1.304,小于 2;RMSEA=0.035,小于 0.05;GFI=1.000,大于 0.9;CFI=0.992,大于 0.9;IFI=0.988,大于 0.9,各路径系数在 $p<0.001$ 水平上显著。依据上述指标综合判断可知,该模型的拟合效果较好,且题项对构念的路径系数均大于 0.7 或接近于 0.7,因此,具有较好的聚合效度。

表 4.10 资源重构测量模型的拟合结果（$N=233$）

		标准化 估计值	非标准化 估计值	S. E.	C. R.	p
资源重置 6	← 资源重置	0.789	1.000			
资源重置 5	← 资源重置	0.838	1.051	0.080	13.104	***
资源重置 4	← 资源重置	0.732	0.913	0.080	11.341	***
资源重置 3	← 资源重置	0.664	0.952	0.094	10.144	***
资源重组 3	← 资源重组	0.713	1.000			
资源重组 2	← 资源重组	0.568	0.747	0.100	7.460	***
资源重组 1	← 资源重组	0.839	1.244	0.143	8.709	***
资源重置 7	← 资源重置	0.695	0.972	0.091	10.681	***
χ^2	24.782	RMSEA	0.036		IFI	0.988
df	19	GFI	1.000			
χ^2/df	1.304	CFI	0.992			

注：*** 表示显著性水平 $p<0.001$。

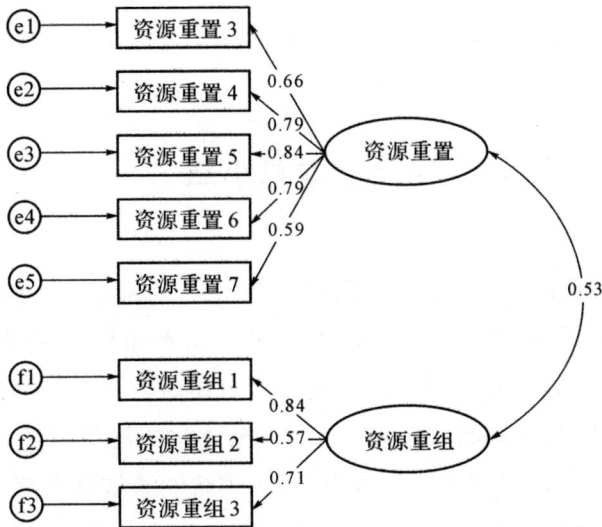

图 4.1 资源重构验证性因子分析结果

4.4.4 配对卡方差异性检验

本书对资源重组与资源重置这一对相似构念进行配对卡方差异性检验（chi-square difference tests），进而对区别效度进行判断。在每一个配对检验中，我们通过比较限制模型（restricted model，构念之间的相关系数为1）与自由估计模型（freely estimated model，构念之间的相关系数自由估计）之间的卡方是否存在显著差异来判断构念之间是否具有区别效度（Anderson & Gerbing，1988）。

如表 4.11 所示，$\Delta\chi^2(1)=22.123$，在 $p<0.001$ 的水平显著，因此资源重组与资源重置在 $p<0.001$ 水平上具有区别效度。

表 4.11 资源重组、资源重置的配对卡方差异性检验（$N=233$）

	限制模型（相关系数为1）	自由估计模型（自由估计相关系数）
卡方	46.905	24.782
自由度	20	19
$\Delta\chi^2(1)$	22.123(1)	
显著性水平	$p<0.001$	

4.5 本章小结

本书基于 Churchill（1979）、Hinkin（1995）及陈晓萍、徐淑英、樊景立（2008）所提出的规范构建量表的思路，构建了资源重构的测量量表。本书首先基于现有文献，对资源重构与资源整合这对相似构念进行了比较，廓清了资源重构的内涵，并结合调研实际，产生了资源重构的测量题项，量表共包括两个维度，即资源重组、资源重置。其中，资源重组的测量题项有 3 个，资源重置的测量题项有 5 个。接着，本书通过问卷发放，共搜集到 323 个样本，其中，随机抽取了 90 个样本运用探索性因子分析和信度分析，寻求合理的内部结构，探索性因子分析结果表明，资源重组、资源重置各自的测量题项在经过两轮修正后，均归入了相应的因子，且经探索性因子修正的各题项之间具有较高的内部一致性。然后,本书对剩余的 233 个样本运用验证性因子分析对修正后的量表的聚合效度进行评价,验证性因子分析结果表明,各题项在潜变量上载荷均大于或接近 0.7 且显著,测量量表拟合效果较好,聚合效度较高。最后,本书对资源重组、资源重置这一对相似构念进行配对卡方差异检验(chi-square difference tests),结果表明,限制模型与自由估计模型之间的卡方在 $p < 0.001$ 的水平上具有显著差异,因此资源重组与资源重置在 $p < 0.001$ 的水平上具有区别效度。

资源重构量表的开发为下文剖析制造企业—知识型服务机构互动对绩效的作用机理奠定了重要基础,因为只有一个相对清晰的构念才能够较为准确地说明内部作用机理的黑箱。另外,本量表的开发也为其他资源重构相关的定量研究提供了一定的参考与借鉴。

5

制造企业—知识型服务机构互动、资源重构与绩效的关系:探索性案例分析

在第 2 章"国内外相关研究述评"、第 3 章"制造企业—知识型服务机构互动模式的识别"的基础上,本章的主要目的在于探索制造企业与知识型服务机构互动、资源重构与制造企业绩效的内在关系,以及不同互动模式下制造企业通过与知识型服务机构互动对其绩效的主要作用路径。本章从大量调查案例中选取了五家制造企业中的七个具有典型意义的互动项目展开深入的探索性案例研究,通过案例内分析和案例间比较,剖析制造企业—知识型服务机构互动、资源重构与制造企业绩效的关联机制与路径,以此提出一系列命题。

5.1 引 言

相对于西方发达国家而言,我国制造企业使用外部知识型服务的频率较低,一方面归因于我国是世界著名的"制造工厂",制造业占据主导地位,但附加值低,对服务业的需求不足;另一方面归因于我国服务业发展不够完善,专业程度低,对制造业的需求拉动不够。虽然西方发达国家的经验以及理论研究证明,服务业对制造业具有推动作用,但由于我国制造业与服务业的互动主

要处于初级阶段(魏江等,2011),我国现阶段的服务业是否能够实质性地推动制造业发展仍无定论。但是,随着全球化竞争加剧、产品的生命周期迅速缩短,制造企业将所有核心的服务活动放在企业内部的传统思想终究要过时,剥离出企业内的一部分核心服务活动转向外部更为专业的供应商(尤其是知识型服务提供商)成为重要趋势(Kotabe,2004)。另外,在很多时候,制造企业内部也通常会缺少某些必要的资源,因此,制造企业如何与知识型服务机构合作获取外部资源在现阶段显得格外重要(Lee et al.,2006)。

制造企业—知识型服务机构互动的根本逻辑是沟通、协调和适应双方之间发生的活动与资源的分配或(和)使用(Wynstra et al.,2006)。具体而言,是指制造企业向知识型服务机构购买服务及相关资源的过程(Windrum et al.,1999;Müller et al.,2001;Rajala et al.,2008),在该过程中,制造企业与知识型服务机构通过共同生产(Bilderbeek et al.,1998),相互影响、应对、决定和产生对彼此行为的反映等(Hakansson,1982)。因此,制造企业与知识型服务机构之间的互动行为强调了企业运用外部相关资源来辅助其内部资源的必要性(Aslesen et al.,2007)。但是,现有研究将重点放在了验证制造企业通过与知识型服务机构互动对其绩效的直接影响关系上,而没有去深入剖析其中的作用机理,实有隔靴搔痒之感。因此,本书试图剖析制造企业与知识型服务机构互动合作是如何对制造企业绩效产生影响的,并进一步分析不同互动模式下,制造企业—知识型服务机构互动对制造企业绩效的作用路径。

5.2 理论背景

诸多研究认为,知识型服务机构与企业互动有利于创新。如 Romijn 和 Albaladejo(2002)通过探索英国小型电子软件企业的创新能力(聚焦产品创新能力)的影响因素,研究发现企业网络内的顾客、供应商、竞争者、金融机构、培训机构、研发机构、服务提供商、产业协会等与企业的互动频率与互动的临近性是影响企业创新能力的外部因素,并进一步指出研发机构与企业的互动是影响企业创新能力的最关键因素。Müller 和 Zenker(2001)指出,知识型服务机构与中小企业之间的互动均有助于双方创新能力的提升,提升的方式相同,但并非完全一致。Caloghirou、Kastelli 和 Tsakanikas(2004)研究了企业现有内在能力及企业与外部知识源的互动水平对企业创新的影响,指出企业寻求创新观点的方式有网络、与外部组织之间的联盟及与高校、科研机构的研发合作等。Zhang 和 Li(2010)认为,技术集群中新投资企业与服务中介机构的紧密联结可以帮助它们快速搜索到所需知识,能增强它们在产品创新中的能力、速度与柔性。另有一部分学者认为,制造企业与知识型服务机构之间的合作互动关系有利于提升运营绩效。如 Armistead 和 Mapes(1993)认为,企业与供应商之间通过互动进行信息交换,有利于改善产品质量、产品传递时间,同时能快速地改变产品数量与价格。Narasimhan 和 Jayaram(1998)认为,企业通过恰当地管理与供应商之间的关系,能够从产品的可靠性、柔性、成本与质量方面改善企业的运营绩效。另外,从一般的创新研究传统来看,制造企业与知识型服务机构互动的相关研究可视为开放式创新研究中的一个方面。目前关于开放式创新的主导逻辑为:企业在与其他组织,如供应商、用户、竞争者及大学、研究机构、投资机构、政府机构等的相互作用和相互影响,通过内外创新资源的整合和利用,能够提高创新绩效(Chesbrough,2003;陈劲、陈钰芬,2006)。而知识型服务机构一般包括管理咨询服务机构、技术研发服务机构、营销服务机构、信息服务机构等,因此,开放式创新研究倾向于基于全局观来分析外部创新源对企业创新的作用,对于特定的外部知识型服务机构如何影响客户企业绩效的作用机理甚少探讨(Martinez-Fernandez *et al.*,2005;Albors *et al.*,2008;Rajala *et al.*,2008)。

总体而言,现有研究关注的是制造企业通过与知识型服务机构互动对制造企业自身创新与运营绩效的直接关系,而鲜有研究剖析其中的作用机理。基于此,本书将采用探索性多案例研究法,重点剖析制造企业—知识型服务机构互动是如何作用于制造企业绩效的。

5.3　研究方法

5.3.1　研究设计

目前关于制造企业—知识型服务机构互动与制造企业绩效关系的相关研究主要集中在服务创新研究与产业营销研究两大领域中，但前者主要是指出了知识型服务机构是创新系统中的"第二知识基"，起到了创新的便利者、携带者与创新源的作用，能够促进企业创新(Bilderbeek *et al.*, 1998)，而后者重在分析企业与外部机构互动过程及构成要素。因此，关于制造企业—知识型服务机构互动如何作用于制造企业绩效的机理剖析的文献相当有限，当现有理论不能很好地解释研究问题时，归纳式研究对于理论的开发与建构特别有用(Eisenhardt, 1989)。因此，本书将选用归纳性的多案例研究。相比之单案例研究，多案例研究通过搜集具有对比性的数据，能够建构出更准确、概化的理论，因此，采用多案例构建理论更为有效(Eisenhardt, 1991；Yin, 1994)。另外，由于制造企业与知识型服务机构的互动多为任务导向型，互动持续时间也各不相同，因此，纵向的单案例研究并不适合从时间维度上分析具体互动的作用机理，而多案例研究多为横向时间点上的分析，相对而言更为适合，且理论的外在效度也大大提高了。

本书的作者在调研的过程中发现，目前制造企业主要是与管理咨询服务机构、信息服务机构、技术研发服务机构与营销服务机构进行互动。借鉴表3.5所提出的对不同类型互动模式的识别方法，本书将制造企业—知识型服务机构互动模式分为互补型互动与辅助型互动两类展开分析。由于同一制造企业可能会同时进行互补型互动与辅助型互动，为避免对象重复而可能引起的误解，本书对不同类型互动分析时，均对案例进行了筛选。

本书选择了来自五家制造企业的七个互动项目，项目内容涵盖了管理咨询服务、信息服务、技术研发服务与营销服务。样本的选择主要基于如下考虑：第一，样本均来自于传统制造企业与四类知识型服务机构的互动项目，制造企业的规模、行业类别差异不大，据此控制了企业规模、产业差异可能带来的影响。另外，笔者基于调研发现，我国现阶段制造企业几乎不与技术研发服务机构进行辅助型互动，因此，与制造企业进行互补型互动的知识型服务机构涉及四类，而与制造企业进行辅助型互动的知识型服务机构只涉及三类。第二，样本中四个项目是互补型互动，另外三个项目是辅助型互动，这主要遵循了差别复制的逻辑，关键在于分析不同模式下制造企业—知识型服务机构互动对制造企业项目层面的绩效的路径差异。第三，在同一互动模式下的四个（或三个）项目之间，又均遵循了逐项复制逻辑，旨在增强变量之间理论关系的概化程度。第四，管理咨询服务机构、营销服务机构属于传统专业服务机构，而技术研发服务机构、信息服务机构则属于技术型服务机构，这又在一定程度上体现了多案例研究中差别复制与逐项复制的逻辑。

表 5.1 为所涉及的五家制造企业的简介，这些制造企业的规模、成立年份、销售额、主营产品等均有所差异，但是，从这些企业中均能鉴别出相对清晰的互补型与辅助型两种互动模式。本书借鉴表 3.5 所提出的制造企业—知识型服务机构互动模式的识别框架，分别从互动所获取资源特征、互动目的、互动中沟通行为、互动后适应行为四方面对案例中的七个项目的互动模式进行识别，分析发现，案例中四个项目属于互补型互动，另外三个项目属于辅助型互动，具体如表 5.2 所示。其中，互补型互动模式的样本控制了先前相关互动经历，即所选互动项目中制造企业均是几乎没有先前互动经历的。

表 5.1　互动项目所属制造企业简介

	A 低压电器企业	B 氟硅企业	C 纺织印染企业	D 净水器企业	E 休闲用品企业
企业成立年	1999	2007	2003	2004	1991
去年销售额	105207	50000	25000	3000	150000
员工总数	1865	300	860	88	5300
主营产品	低压电器	多晶硅	棉麻、化纤等各种染色和印花	净水器、饮水机	户外休闲用品

注：2010 年为基准年，销售额单位为万元。

表 5.2 互动项目的模式识别

项目名称	互动模式	识别维度			
		获取资源特征	互动目的	互动中沟通行为	互动后适应行为
A 低压电气企业—BYM 管理咨询公司互动项目	互补型	获取企业不曾碰到过的管理问题的解决办法	弥补内部管理的不足,度过管理危机	每隔一周会汇报各部门的时间管理状况,将战略真正落地	大大改变了企业原有的时间管理模式,极大地提高了管理效率
B 氟硅企业—ZD 研究所互动项目	互补型	获取自身不曾拥有的前端研发技术	弥补自身前端技术研发方面的欠缺	一直保持着合作关系,一碰到问题就电话联系,或者面对面讨论、交流	从细节上对工艺流程进行改进,对某些部分进行颠覆性的修正
C 纺织印染企业—HX 软件服务公司互动项目	互补型	获取企业之前缺少的系统化信息管理技术	填补企业在应对外部竞争所需要的信息资源与企业现有信息资源之间的缺口	双方主要是通过各种各样的工作组和项目团队进行各个层次的沟通,以解决工作中出现的各种问题	节省了企业很多的时间与人力,改变了员工的操作习惯
D 净水器企业—XX 营销策划公司互动项目	互补型	获得了广告宣传方面的经验,帮助企业跳出原有思维中的框框架架	弥补企业在诸如广告牌位置选择、宣传内容设计等所缺乏的市场营销观点	组建了项目团队,分阶段进行沟通、联络,解决项目中的疑难问题	企业营销部门中的部分员工具备了对某些产品进行广告宣传设计的能力,营销部门的人员结构更为优化了
A 低压电气企业—SK 软件服务公司互动项目	辅助型	在办公自动化、基础网络构建方面拥有较为成熟的信息化技术基础	为了减少内部开发成本、提高效率,以及辅助企业内部核心信息职能活动	没有形成严格意义上的项目团队,类似于外包给对方	相关人员结构等几乎没有变动

续　表

项目名称	互动模式	识别维度			
		获取资源特征	互动目的	互动中沟通行为	互动后适应行为
E休闲用品企业—XHX战略咨询服务机构互动项目	辅助型	仍在企业自身的管理经验领域中	虽外部机构不能完全为企业做出战略，但是，企业自身仍需要听听外部的想法	参与度不高，以对方为主导	虽没有直接影响企业管理思想、方法的改变与调整，但具有一定的激发意义
E休闲用品企业—TD营销服务机构互动项目	辅助型	没有跳出企业自身的市场营销经验领域	协助企业完成诸如市场调研等辅助型任务	参与度不高，外包给外部服务机构	人员、组织结构等没有变动

5.3.2　数据搜集

本书主要采用访谈、问卷、实际观察与二手数据等多种方法来搜集案例数据。每次访谈的时间通常为1—2.5小时（见表5.3）。首先，是以开放的方式让访谈者来谈谈本企业与外部机构合作的情况，包括合作机构是哪些类型，为什么选择与这些机构合作，主要的影响因素和原因（如经验、声誉、价格等）有哪些。然后，针对企业与特定类型的知识型服务机构的合作情况，用探测式的问题来进一步询问具体的细节，例如，针对企业与信息服务机构的合作，让访谈者来谈谈合作的最直接目的是什么，合作所获取的资源企业自己之前是否具备过，这些资源对企业产生了哪些影响，该项目因此给企业带来的创新、运营方面的绩效有哪些变化等。最后，请访谈者谈谈企业与外部知识型服务机构的合作过程中对企业内部相关人员、技术、设备、管理流程等方面是否产生影响，以及产生了怎样的影响等。

表 5.3 资料来源与访谈情况

企业名称	访谈日期	访谈时间	访谈次数	访谈人员	资料来源
A 低压电气企业	2010.4.27 2010.4.28	约 5 小时	2	信息部经理;战略管理部经理助理	
B 氟硅企业	2010.11.24	约 1.5 小时	1	副总经理	
C 纺织印染企业	2010.10.13	约 2 小时	1	技术工程师	宣传册、网络、观察、访谈、问卷
D 净水器企业	2011.10.5 2012.1.8	约 3.5 小时	2	技术部主任;营销部经理	
E 休闲用品企业	2010.7.6 2010.10.10 2011.8.26	约 4 小时	3	副总经理;市场部经理	

5.3.3 数据分析

本书实际的数据分析过程是先进行单个案例内的分析,而后才开展七个案例的综合分析。具体而言,本书的作者首先利用访谈、宣传册、网络、观察等方式所搜集到的资料,分别撰写每一个单独的案例(Eisenhardt,1989;Yin,1994)。在撰写过程中,若发现某些数据缺失,则主要通过 QQ、电子邮件等方式进行数据的补充,条件允许的情况下还进行了再次的面对面访谈。在此基础上,本书进行多案例分析,以试图在多个案例中寻找相似的构念与主题(Eisenhardt et al.,2007)。为了能够科学地体现跨案例分析中的复制逻辑,本书是在大多数数据搜集完成后,才进行跨案例分析的(Eisenhardt,1989;Yin,1994)。通过对不同单案例之间的任意匹配,本书继而展开多对单案例的比较。随后,基于初步显现的构念与主题,本书使用图表对此进行了比较,并探索了构念之间可能的关系。接着,本书采用复制逻辑对这些初始的关系进行界定,并使用不同的单案例去比较与证实,从而确定了构念、关系与逻辑(Eisenhardt,1989)。最后,本书对数据、文献与理论进行反复的调整与完善,直到数据与理论之间十分匹配。

5.4 数据分析

本书先分别对每个案例进行分析,主要是凭借搜集和编码后的定性资料对每个项目中的互动水平、资源重构以及绩效等关键构念的表现进行阐述,为接下来探索变量之间的关系奠定基础。

5.4.1 案例内数据分析

5.4.1.1 A 低压电气企业—BYM 管理咨询公司互动项目

(1)背景介绍

A 低压电气企业(以下简称 A 企业)是某市一家集产品研发、生产、销售于一体的大中型低压电器制造企业,是该市注册资金最大的民营股份企业之一。

2008 年下半年所出现的经济危机,致使该企业的产品市场不容乐观。此时,偏偏内部管理也开始混乱起来,企业开始担忧未来的发展,并力求及早找出病根。由于能力所限,企业只能向外寻求帮助,以弥补内部管理的不足。该企业在寻求外部管理咨询服务时,比较具有代表性的行动是在 2008 年,企业找到一家著名的国际管理咨询公司为其做了 5 年的战略规划。由于这是一项高屋建瓴性的规划,为了使战略能够有效落地,该企业于 2009 年又请另外一家华人创办的管理咨询公司 BYM 在 2008 年战略规划的基础上制定了更为具体的管理时钟,用定量的方法规定了各个部门应该做什么、怎么做,并每隔一周开会进行汇报与讨论,将战略真正落了地。这种落地性的管理咨询服务切实地帮助企业找到了阻碍内部发展的病根,促使企业提升了内部管理的能力。目前,该企业的管理水平在某市处于前列,是一家少见的如此重视内部管理的民营企业。

(2)互动水平

由于服务行业的一种共同特征是服务提供商与客户在互动合作表现为服务需求表述(service specification)、生产(production)与传递(delivery)三大阶段(Miles *et al.*,1995),而且服务的生产通常是服务提供商与客户共同生产、共同努力的结果(Bilderbeek *et al.*,1998),因此,本书将分别从需求表述阶段、共同生产阶段、传递跟踪阶段三大阶段,刻画制造企业与知识型服务机构的互动水平。

A 企业在 2009 年请 BYM 管理咨询公司为其做过一个管理咨询项目,历时 9 个多月,整个项目的开展经历了需求表述阶段、共同生产阶段、传递跟踪阶段共三大阶段。BYM 的专家团队主要由项目经理、咨询顾问共 7 人组成,该项目涉及 A 企业整体性的管理问题的诊断,因此,A 企业的八大部门分别派出部门经理或部门负责人参与关键问题的沟通与交流。A 企业与 BYM 管理咨询公司的互动可分如下三个阶段:

需求表述阶段。BYM 项目团队进入 A 企业,跟八大部门的部门经理与相关负责人进行访谈,并获取了 A 企业相关部门文档资料,对 A 企业的基本情况有了初步的整体了解。该阶段 BYM 是集中在 1—2 周内对企业进行了密集的访谈调研,A 企业中每个部门至少派出了 3 名工作人员与 BYM 交流,其中包括部门经理、部门副经理(助理)、普通部门员工,每个部门大约访谈 2—4 个小时,相关部门同时提供了该部门成立至今的业绩报告,以及部门简报等文档资料。各个部门都表现出了很大的积极性。BYM 项目团队每周至少 1 次提前约 A 企业相应部门负责人员进行座谈,主要针对部门发展的长期目标、短期目标、实际表现、目标达成过程中存在的问题等进行开放式的访谈调研,确定各部门的发展需求。

共同生产阶段。经过首轮部门开放式访谈后,BYM 确立了评价指标,并据此构建了一个系统,继而进行第二轮的半结构化访谈,一方面要求各个部门根据指标分别给其他部门提要求,例如,要求市场部门、信息部门、财务部门等对研发部门提出要求;另一方面,BYM 也让各个部门针对这些指标分别进行自我评价。综合考虑两方面的内容后,BYM 聚集自己的项目参与人员,通过分析访谈资料、档案资料,并进行内部讨论,分别提出了八大部门发展的战略地图初稿。接下来,BYM 将每个部门的战略地图交予该部门经理、相关负责人与部门中的普通职员,征求他们的意见,据此,形成了战略地图二稿。以此经过长达 5 轮的修改,在 BYM 与 A 企业的共同努力下,咨询报告通过了评审验收。

传递跟踪阶段。BYM 先后派参与项目的专业人员 3 人常驻 A 企业，直接参与该企业的例会，解决战略地图实施过程中出现的问题与疑惑，这 3 名 BYM 的专业人员除了向 A 企业的管理人员提供该项目所必需的基础资料和数据外，还与 A 企业的管理人员进行了深入的沟通与交流，直接参与项目的部分实施工作。经过约 1 个月的跟踪服务，该咨询项目顺利结束。

（3）资源重构

A 企业在 BYM 咨询公司的帮助下，完成了战略的真正落地。他们根据专家的建议，并结合企业自身实际状况，开发出了适合企业发展的战略地图、平衡计分卡，并设定了 2010 年工作目标值、工作思路及公司年度管理时钟，明确了具体的行动计划。2010 年始，A 企业采纳 BYM 的建议，根据不同目标指定相应的负责人，对内部成员之间的关系进行了再次明确与强调，并每隔一周开会对各部门的目标完成情况进行汇报与讨论，一旦发现管理中存在漏洞，及时采取行动解决。企业整体表现出极高的参与度。虽然目前 A 企业主要仍按照 BYM 制定的管理时钟在执行，但企业自身已开始不断地摸索新的、更加适合企业长远发展的管理时钟。A 企业的目标是实现由"敲钟人"到"造钟人"的转变。因此，A 企业的内部管理办法、管理模式进行了高度的转变，一方面新的管理办法有效地与企业内部的部分旧管理办法进行了有效融合，另一方面，部分旧管理办法由于存在漏洞、弊端较多而被摒弃。

（4）项目绩效

通过 BYM 管理咨询项目的开展，A 企业逐步找出了管理中的病根，内部管理秩序也开始有条不紊起来，企业后方不乱，前方的产品研发工作也得到了提升发展，企业的新产品开发速度有了实质性的提高。同时，由于合理的管理，企业内部通过废弃部分低效益的技术、设备，降低了内部生产成本，而人员方面的合理调配也使得整体业务流程变得更为顺畅。

5.4.1.2　B 氟硅企业—ZD 研究所互动项目

（1）背景介绍

B 氟硅企业（以下简称 B 企业）成立于 2007 年，专业生产高纯硅烷和多晶硅硅料，现有员工 300 余人，大专以上学历和硕士研究生学历的有 80 余人，20％以上的员工是从事多晶硅行业多年的工程技术人员，现已和国内多家太阳能知名企业建立了合作关系。

B 企业从开始建设到现在,主要是跟 ZD 研究所(国家重点实验室)在研发方面有着合作,他们与 ZD 研究所的关系很密切,历史比较悠久。因为 B 企业的总经理曾经从 ZD 研究所毕业,因此,他们与 ZD 研究所一直保持着合作关系,从最早企业确定工艺开始,合作内容包括选用哪种工艺、企业技术发展方向等,但主要仍是关注于解决核心技术的问题。ZD 研究所从事的主要是前沿研究,因此,B 企业的前端技术的研发主要是通过与 ZD 研究所合作获取的。

(2)互动水平

目前,B 企业在工艺建设工作中碰到任何需要解决的技术问题时,首先就会想到与 ZD 研究所开展合作。B 企业与 ZD 研究所之间是长期的合作关系,相当于 B 企业请了法律顾问一样,遇到难题的时候就联络。

通常是 B 企业告知 ZD 研究所企业目前的状况及问题,然后 ZD 研究所根据自己的理解,针对 B 企业现状中存在的一些问题,与 B 企业沟通与交流,最后,由 B 企业自己去变革、去思考、去改进。B 企业与 ZD 研究所的互动可分为以下三个阶段:

需求表述阶段。B 企业发现工艺生产中的难题或疑惑,便与 ZD 研究所沟通,告知需求,然后 ZD 研究所选派相关技术人员与 B 企业交流沟通。根据 B 企业不同的需求,ZD 研究所采取相应的方式与 B 企业互动。若是一些容易的问题,B 企业与 ZD 研究所通过电话便能随时解决;若是较复杂的难题,则需要双方人员面对面讨论沟通。

共同生产阶段。B 企业跟 ZD 研究所的交流主要是非正式的小团队交流,不是很大的场面,主要是关键的几个人来讨论沟通。B 企业与 ZD 研究所还没有共同设实验室,但计划将来要成立 B 企业自己的研发中心。在项目实施过程中,B 企业会选派一个小团队跟 ZD 研究所作技术上的沟通交流,然后这个团队的员工回到 B 企业,在 B 企业内部进行技术扩散,使 B 企业其他相关员工也都可以掌握相应技术。

传递跟踪阶段。在后期的实施过程中,B 企业与 ZD 研究所的沟通也是必不可少的,但是这个阶段中,ZD 研究所的专家不一定常到 B 企业来,一般还是 B 企业自己内部消化,可以简单沟通解决的问题,就通过电话等通信工具来解决。B 企业主要是引进技术，然后消化再创新，不过，目前还只是处于吸收消化的阶段。

（3）资源重构

B 企业与 ZD 研究所在研发方面的合作，对 B 企业资源重构方面的影响存在两种情况：一是引导 B 企业在原来工艺流程的基础上改进；二是促使 B 企业将原来的工艺流程废弃，重新设计新的工艺流程。B 企业更倾向于前一种。他们在 ZD 研究所的建议下，做一些细节上的改进，但也有一些是颠覆性的，因为原来的工艺流程本身就有问题。根据 ZD 研究所的一些建议，B 企业会重新思考再往下做。ZD 研究所主要是促使 B 企业去思考、去改变，具体的资源调配、消化吸收则主要由 B 企业自己来实现。另外，若 ZD 研究所直接指出 B 企业现有生产、工艺流程中存有不妥的地方，加之 B 企业自身也觉得有问题的话，则 B 企业会依照 ZD 研究所的建议做，但这种情况相对较少。

（4）项目绩效

B 企业通过与 ZD 研究所合作，能够引进部分新技术，然后进行吸收消化，并能在此基础上稍微做些再创新。原来 B 企业的产品比较单一，凭借自身力量只能在原有基础上做一些细节上的改进，通过与 ZD 研究所的项目合作，B 企业也开始试图做一些颠覆性的产品，但现阶段这样的情况非常少见。

5.4.1.3　C 纺织印染企业—HX 软件服务公司互动项目

（1）背景介绍

C 纺织印染企业（以下简称 C 企业）是一家港商独资的大型印染企业，下设印花、轧染、浸染三个分厂。公司开展各类棉、麻、化纤及混纺、交织弹力布的生产（加工）、染色、印花与营销业务，产品除国内主要的大型纺织品市场外，还远销美国、日本、欧洲、中东等国家和地区。

2005 年，C 企业为了应对快速变化的环境而实施技术攻坚战略来获取竞争优势时，发现企业内部的信息职能无法满足业务部门对信息的需求，应对外部竞争所需要的信息资源与企业现有的信息资源之间就产生了一个缺口，而信息管理突出的问题主要体现在烦琐的资料管理上面，公司的技术工程师方工提出："我每天必须将 70% 的精力花在物料流程、订单信息资料的查询与整理上面，以至于根本没有时间去实施新的想法。"另外，C 企业发现目前使用信息资源付出了并不廉价的成本,于是选择了国内一家软件公司 HX 软件服务公司来帮自己做 ERP(企业资源计划)。C 企业是 HX 软件服务公司在印染方面做 ERP 系统的第一家企业,给对方提了很多建议,反过来,HX 软件服务公司也给予了 C 企业很多优惠。C 企业与 HX 软件服务公司的外包关系不是单纯的市场交易型关系,而是一种合作型关系,两者之间的互动属于互补型互动。

(2)互动水平

C 企业从开始使用 ERP 到现在已四五年,都是请 HX 软件服务公司在做,C 企业与 HX 软件服务企业的互动也可以分为三个阶段:

需求表述阶段。C 企业从决定与 HX 软件服务公司合作构建企业 ERP 开始,便组建了一个专门的项目团队,由他们负责搜集企业内各部门对 ERP 的相关需求信息,然后与 HX 软件服务公司的项目负责人通过面对面沟通,确定需求的合理性和可行性,据此,双方签订了合同。

共同生产阶段。HX 软件服务公司在签订合同之后,就开始与 C 企业的项目团队联络沟通,根据 C 企业提出的需求,首先对这些项目团队的成员进行培训,努力使他们尽快成为共同信息沟通的桥梁。另外,C 企业要求 HX 软件服务公司在新流程和系统开发上与他们的业务部门一起工作,以保证 IT 流程与业务的协调一致。在此期间,双方主要是通过各种各样的工作组和项目团队进行各个层次的沟通,以解决工作中出现的各种问题。由两个企业组建的团队也保证了双方之间信息的平行流动,增进了双方之间的沟通。双方的高层之间也保持着良好的私人关系,经常沟通。

传递跟踪阶段。在 ERP 的实施阶段,HX 软件服务公司给 C 企业提供了 ERP 使用的相关操作手册与说明,并教 C 企业的相关员工如何使用 ERP。HX 软件服务公司还提供了承担信息技术的日常维护,如软件系统的日常运行维护、通信网络的维护以及用户的培训与桌面帮助等服务,同时负责系统的强化和对业务部门需求的直接支持。C 企业在使用期间会碰到这里、那里不足的问题,以及系统需要升级之类的问题,都随时请 HX 软件服务公司派相关人员再来完善。

(3)资源重构

C 企业是第一次做 ERP,因此主要是根据 HX 软件服务公司的指导来开展项目。ERP 几乎涉及 C 企业的每个部门，故而 C 企业中每个人都多多少少要掌握一些相关的技能。ERP 的推行需要改变员工的操作习惯。C 企业根据 HX 软件服务公司的指导来落实。C 企业在最开始推行 ERP 的时候碰到很多问题。一是员工不懂电脑，因而首先是要对员工进行整体的培训，例如，ERP 系统要求员工工资是职工卡在系统上感应后读取的，那么，如何将信息传到系统上等问题都需要 HX 软件服务公司帮 C 企业来解决。二是技术人员不愿意将工艺、配方等放到系统上公开化，这个问题主要依靠 C 企业自身来解决。但是在培训方面，HX 软件服务公司给 C 企业提供了很大的帮助。因此，C 企业在接受 ERP 这一项新产品（服务）的过程中，企业内部的人员、设备等资源均进行了较大程度的重组，C 企业自身也在此过程中经受了较大的变革，承受了适应的压力。

另外，ERP 对 C 企业的直接帮助是节省了 C 企业很多的时间与人力，ERP 的推行改变了员工的操作习惯，使得 C 企业能够非常便利地获取例如物料的流程、订单等信息，不再像以前那样费时费力了。正如技术工程师方工所说："我在办公室中，可以知道物料的流程、订单信息，这样就非常方便，不像以前，非常费时，很烦琐。"

（4）项目绩效

C 企业通过与 HX 软件服务公司的合作，可以获得自身所缺乏的信息技术，这大大减少了内部开发的成本。另外，由于信息职能由外部提供，使得 C 企业的内部业务流程更具柔性，同时，C 企业能更容易发现信息管理中的实际问题，从而避免了从前由于顾及情面而隐瞒的问题。

5.4.1.4 D 净水器企业—YD 广告策划公司互动项目

（1）背景介绍

D 净水器企业（以下简称 D 企业），专业从事净水系列产品的研发与制造，产品包括家用逆渗透净水机、家用超滤净水机、一体直饮机、不锈钢中央净水器、管线饮水机、全屋净水机以及净水产品的核心部件等。旗下生产实体包括以滤芯、配件制造为主的配件厂区，以产品装配、检测为主的整机厂区和以塑料件制造为主的塑件厂区。产品自投放市场以来，得到各大主力媒体、家庭和集团消费者以及社会各界的广泛赞赏，并远销韩日、东南亚、欧洲等海外市场,备受业界瞩目。

D企业的营销部门目前员工较少,为了更好地推销产品,跳出内部营销所带来的思想闭塞,D企业曾在2010年请YD广告策划公司来为企业包装、打广告牌进行企业形象宣传,帮助企业跳出思维的局限。正如D企业的副总经理所言:"外面的营销团队可以为我们企业带来更新的营销理念,使用外部的服务,关键在于跳出去,防止思想闭塞。"另外,企业广告牌的位置选择、宣传内容设计等也是D企业目前所缺乏的部分,因此,D企业与YD广告策划公司之间的互动属于互补型互动。

(2)互动水平

D企业与YD广告策划公司的互动也包括以下三个阶段:

需求表述阶段。D企业的副总经理与营销部的一名负责员工共同参与了与YD广告策划公司的首次沟通,YD方面在本阶段主要是公司总经理与助理参与。本次沟通的关键在于在营销理念、价格、项目时间上达成一致。D企业的副总经理结合本企业产品的目前市场状况,设想能够在C市人流量大、对净水器有潜在和现实需求大的地段,建立吸人眼球的广告牌,广告内容要能够反映出D企业产品的独特之处,并希望本项目的战线不要拉得太长,费用方面当然也希望比较合理。YD公司在C市已拥有多块具有商业价值的广告牌地段的使用权。双方选定5个地块,从人流量、关注度、价格等方面进行商谈,最后确定在C市私家车必经的公路旁设立广告牌,具体广告内容的设计以及广告牌的材质、外观等方面事宜需要在合同设定之后,进一步考察、沟通、讨论确定。

共同生产阶段。YD公司的总经理与3名广告策划人员组成了本次项目团队。首先,YD公司的项目团队听取了D企业对本次策划项目的想法与D企业所力推产品的大致介绍。然后,该团队进一步与D企业营销部门的负责员工沟通,获取了D企业想推销的产品的详细介绍,并在此基础上访谈了营销部门的员工,了解过去D企业产品的营销情况。该次调研主要集中在2天内完成。接着,YD公司项目组返回自己公司,通过公司内部专业的广告策划人员,结合D企业的产品介绍,先自行做出了广告牌材质、内容方面的设计初稿,该过程主要是由YD公司自行完成的,与D企业的联络、沟通较少,主要持续了半个月的时间。初稿完成后,YD公司制作了汇报的PPT并再次返回D

企业,向 D 企业的相关负责人员进行汇报。该次汇报的参与人员除了 YD 企业的项目团队之外,还有 D 企业总经理、副总经理以及营销部的全体员工参与。首次汇报,YD 企业的方案并未被 D 企业接受,D 企业的总经理认为 YD 的广告内容还没有凸显 D 企业产品的独特之处,并希望 YD 公司能够在现有方案的基础上,凸显 D 企业目前产品已经远销日韩、东南亚、欧洲等多国和地区的现状,D 企业总经理认为:"在 C 市,像我们企业这样做净水器能够做到国外的是很少的,因此需要重点突出这个,C 市的消费者是很看重这点的。另外,我们净水器的研发主要是与台湾的研发团队合作完成的,并不是小搞搞的,这个也应该凸显。"据此,YD 企业详细记录了 D 企业的主要建议,汇报结束后,又进行了新一轮的访谈,本次访谈增加了与研发部门相关人员的调研,获取了 D 企业产品的研发优势的相关资料,第二轮的调研访谈持续了一天半。YD 项目团队再次返回自己公司,在此期间,通过电话、电子邮件等方式,不间断地向 D 企业索要相关的补充资料,并花费一个星期确定了广告方案二稿,并与 D 企业联络沟通,进行了第二次的汇报。本次汇报的参与人员在第一次汇报的基础上,还增加了 D 企业研发部门的负责人,大家对该次的广告方案较为满意,D 企业的总经理表示:"这个方案可以先试运行起来,希望在广告牌投放期间,YD 公司能够为广告牌的修补、调整做相关的售后服务。"

传递跟踪阶段。广告牌投放之后,YD 公司每 3 个月对广告牌进行检查,在诸如灯光、字体、清晰度等方面进行完善,同时,在运行的 2 年时间中,D 企业也曾两次与 YD 公司联系,希望 YD 公司能够前去维修广告牌,YD 公司都在第一时间进行了处理。总体而言,D 企业与 YD 公司的合作项目较为成功。

（3）资源重构

D 企业的营销部门较为薄弱,因此,企业内部在营销方面只能处理一些较为简单的工作,具体关系到企业前景发展的营销项目均是请外部更为专业化的团队来协助完成。本次与 YD 广告策划公司的合作项目中,D 企业的营销部门相关员工也都全程参与了。在项目的前期阶段,D 企业获取了选择广告牌位置的相关经验,并结合原先企业营销的经验,确定了真正适合 D 企业产品宣传的广告牌位置;在项目中期,由于 YD 公司将主要的设计任务带回自己公司完成,D 企业得以暂时将在此项目中的人力、物力转移到企业的其他项目中,优化配置了内部的资源,也暂时缓解了 D 企业营销部门人员不够的局面;

在项目的后期,YD公司负责联络相关的人员与D企业的营销部门员工沟通,确定广告牌的材质、规格等特性,并负责到指定的位置建立广告牌,以及在随后的广告牌投放阶段进行不间断的维修,这不但有助于D企业对广告牌选择的相关信息有所了解,购买到相关实物设备,同时专业化的服务也节省了企业的投放精力。D企业的营销部负责人E某说:"经过这次合作,我们学会了广告牌宣传的相关经验,我们部门以后就能尝试着自己主动先看好地段,再找广告公司协商了。"

(4)项目绩效

D企业的产品通过这次大力的广告宣传,获得了一定的市场知名度,C市的消费者对该产品的质量有了一定的了解,在广告牌投放大约一年之后,D企业的产品销售额有了一定的提升。另外,D企业通过本次合作,学习了相关的广告投放经验,在此之后连续又做了两个平面广告,并在C市的其他主要干道上设立了企业形象宣传牌,通过持续宣传的手段,强力提升了市场形象。同时,与YD企业的合作使D企业节省下了一部分精力,D企业从而能将更多的时间、人力、物力投放到影响企业核心产品的研发项目中,企业新产品的推出率与去年相比,增加了0.5个百分点。

5.4.1.5 A低压电气企业—SK软件服务公司互动项目

(1)背景介绍

A企业的基本情况由于在5.4.1.1中已介绍,此处不再赘述。A企业的信息化发展主要分为三大阶段。第一阶段大约是在1998—2000年,信息化主要体现在产品设计、产品销售方面,企业主要采用了内部开发的软件进行产品设计,销售软件也是公司自主开发的,因此,当时企业几乎没有与外部的信息服务机构展开合作互动;第二阶段是在2000—2004年,由于企业内各部门对管理规范化的需求逐渐变得强烈,企业开始采用ERP(企业资源计划),这个时期主要是与国内的企业合作,进行联合开发,在企业有所缺乏的某些方面,则由外部的系统来铺路。在产品销售方面,企业也开始整合内外部信息资源。第三阶段是2004年至今,尤其在2006年,该企业请一家国际知名的软件公司来做ERP。该软件公司主要是辅助企业开发基础架构与信息系统,并提供长期的技术咨询。外部的信息基础架构与信息系统为企业提供了更专业化的服务。

在 A 企业整个信息化发展过程中，在办公自动化、基础网络构建方面，A 企业曾经与 SK 软件公司合作，主要为了减少内部开发成本、提高效率以及使用外部更专业化的服务，这些均是为辅助企业内部核心信息职能活动而开展的。

（2）互动水平

A 企业在 2005 年请 SK 软件服务公司为其做办公自动化、基础网络构建的合作项目。在这个项目中，C 企业没有形成严格意义上的项目团队，而只是请信息部门的相关负责人员与 SK 软件服务公司沟通来完成。SK 软件服务公司在企业办公自动化、基础网络构建方面拥有非常专业化的经验，因此，他们主要是由两位工作人员参与项目的实施过程。整个项目的开展也可以从需求表述阶段、共同生产阶段、传递跟踪阶段来分析。

需求表述阶段。A 企业信息部门的负责人根据 SK 软件服务公司可以提供的办公网络自动化产品，从中选择了三种方案，并与 A 企业高层讨论，确定了最符合企业实际需求的产品，并在此基础上提出了一些修改建议。A 企业信息部门负责人据此与 SK 软件服务公司的两位工作人员沟通，依据产品确定了相关费用及维护服务等事宜，确定合同。

共同生产阶段。SK 软件服务公司依据 A 企业的需求，提供了现有的办公网络自动化产品，首次安装调试后，对 A 企业信息部门涉及的员工进行了培训，并试用了两个星期，期间出现的所有问题，SK 软件服务企业都做了及时的回应。试用期间曾发现产品一些对 A 企业不太适用的功能，SK 软件服务公司做了相应的调整。

传递跟踪阶段。A 企业与 SK 软件服务公司的项目历时三年多，期间，每年的网络维修、设备更新升级等问题都由 SK 软件服务公司跟踪解决，SK 软件服务公司依据服务的不同性质，每年征收不同的费用。

（3）资源重构

A 企业原先在办公网络构建方面是内部自行解决，考虑到外部软件服务企业能够提供更专业化的信息产品，而费用上相比内部软件开发、网络维护成本而言也有所降低，因此选择将此业务外包给 SK 软件服务公司，由此，A 企业得以将信息部门中的部分员工抽调出来去开发影响 A 企业整体竞争力的

ERP系统，也能够由此节省下一定的资金用于核心产品的生产与创新。而A企业内部由于更为专业化的办公网络的建立，使得内部的运营变得更为顺畅，不同部门、层级之间信息的传递也更便利、准确。另外，SK软件服务企业提供的信息产品与服务，也巩固了A企业原有的网络基础，使之能够对A企业的核心能力构建发挥更有效的支撑作用。

（4）项目绩效

通过该项目，A企业能够将更多的精力放到ERP的构建上面。ERP是A企业的一个最佳实践，A企业在开发系统架构基础上，体现了自身管理的思想，因此使得企业内部运作效率大大提高了，这间接影响到产品响应速度，A企业的产品传递速度比以前快了，本来是要三天，现在只要一天。

5.4.1.6 E休闲用品企业—XHX战略咨询服务机构互动项目

（1）背景介绍

E休闲用品企业（以下简称E企业）是以设计、制造和销售户外休闲用品为主营业务的一家外向型制造企业。企业研发生产渔具、帐篷、户外餐包、登山包、户外家具、花园家具等几个系列、上万种产品，主要销往欧美、澳洲、亚洲等全球各个区域。

在近些年的发展过程中，E企业内部在管理方面的问题逐步暴露出来，如：战略方向不明确，企业发展缺少核心的方向支撑；资源投入不足，出现大量资源短板，成为制约企业发展的重要因素；人力资源不足，企业没有形成匹配公司发展阶段规模的文化与制度机制，中高端人才匮乏。E企业希望解决这些问题，从而取得新的突破。因此，近几年E企业会定期去做一些咨询。虽然E企业认为外部的管理咨询机构不能完全为企业做出战略，但是E企业自身仍需要听听外部的想法。

（2）互动水平

本项目从合同签订至最后方案落实共历时约3个月。期间，双方都进行了较为频繁的沟通与联络。在该项目中，E企业与XHX管理咨询公司之间的互动也主要经历了三个阶段。

需求表述阶段。E企业向XHX管理咨询公司表明本次项目合作的主要意图是帮助确立正确的战略方向，解决企业在人力资源管理、产品管理、制度设立、企业文化方面所存在的问题。在第一次较正式的讨论会议中，E企业的总经理、经理助理、副总经理、人力资源部主任、营销部主任以及一些骨干员工参与了与XHX项目组的讨论，帮助XHX项目组确定本次项目的主要基调。

共同生产阶段。XHX项目组在与E企业签订合同之后，首先是自己搜集了E企业内外部环境、战略定位、产品特征、人力资源状况等方面相关的资料，共历时半个月；随后，XHX项目区进行E企业的首次调研，获取了E企业对该项目的相关想法，并搜集了该企业各主要部门的发展资料（包括电子版以及纸质资料）后，XHX项目组通过内部的学习、讨论，将所获取资料与自身的经验和知识体系进行了整合，约一个月后，XHX项目组向E企业的总经理与副总经理汇报了方案的初稿，E企业的两位经理在此基础上纠正了初稿方案中某些与企业实际情况不符的地方，并据此提供了更为详细的信息，随后，XHX项目组根据总经理与副总经理所提出的几点问题，对E企业的相关人员进行了访谈，本次访谈时间共三天，涉及人力资源部门、营销部门、战略部、技术部的骨干员工。接下来，XHX项目组再次整合现有资料与自身知识，历时一个半月后提供了方案的终稿。E企业的总经理认为："这个战略项目给我们企业提出了很多大胆的想法，具有一定的前沿性，对我们的内部管理有一定的激发作用，但是，若能更符合企业实际情况、提出更为切实的对策方案则更好。"

传递跟踪阶段。方案汇报结束后，XHX与E企业之间的联络、沟通基本上结束了，不过XHX项目组的负责人与E企业的高管之间还保持着一定程度的联系，希望能有再次的合作。

（3）资源重构

E企业与XHX管理咨询机构的合作，影响了企业内部的人员、设备、技术等的调整与分配，正如E企业的副总经理而言，"我们要引入外部的管理思想，首先企业内部机制要调整好，而外部服务一定会对内部产生影响"。另外，XHX咨询公司主要是将E企业内隐性的战略显性化，然后，将企业内部的信息结构化，便于企业尽早发现内部的缺陷与不足之处。同时，也为E企业提供了外围的信息，这些信息虽没有直接影响E企业管理思想、方法的改变与调整，但具有一定的激发意义。

（4）项目绩效

XHX管理咨询机构向E企业提供了先进的理念，进而影响了E企业的创新,但是这种影响是间接的,创新也基本是渐进性的。E 企业的副总经理说道:"E 企业本身的这种突破性创新是很少的,而且突破式创新的产生还不一定是外源性服务的作用,有可能是企业内部平台的调整。"

5.4.1.7　E 休闲用品企业—TD 营销服务机构互动项目

（1）背景介绍

E 企业的基本情况由于在 5.4.1.6 中已介绍,此处不再赘述。E 企业不但在北美和欧洲市场投资了全资控股的海外销售公司,同时针对不断发展的国内需求,组建了境内销售公司,主营境内休闲用品市场的营销工作。在近几年的发展中,E 企业发现自身在营销方面主要存在三大问题,一是市场策略问题:局部产品线市场过度饱和,局部产品线因为技术、市场等能力偏弱发展缓慢,导致公司成长后劲不足;二是销售与生产存在严重的不匹配的情况:因为月度销售离差系数的不断变大,在巨大成本压力的前提下,不能有效增加生产产能,导致旺季生产产能无法满足销售的要求,出现大量质量、交期、浪费方面的问题;三是经营模式定位不清:没有遵循明确的"多品种小批量"的灵活柔性地进行生产和销售的模式定位和资源配置方式,造成销售和生产之间的大量矛盾和混乱。E 企业高层认为目前产品营销关乎企业的核心竞争力,但是,外部营销服务机构还不够专业化,因此大的疑难问题很难通过外部机构来协助解决,主要仍需要内部通过优秀人才招聘、内部员工培养等方式来缓解。不过,营销方面的辅助型任务可考虑由外部机构协助完成,这样有利于弥补企业内部营销部门人力资源的不足,E 也得以腾出更多有潜力的员工外出学习、深造。因此,优化自身营销资源的调配问题间接帮助了 E 企业缓解营销大问题。

（2）互动水平

TD 营销服务公司不但为客户企业提供营销方案策划、品牌建立等工作,同时也负责为客户企业进行消费市场调研、数据统计分析等工作。E 企业市场部经理通过朋友的关系找到了 TD 营销服务公司,本项目大致经历了三个阶段,从合同签订至最后调研结果审核通过,历时大约半年,但是,双方沟通、协商的时间并不长,集中起来只有半个月左右。

需求表述阶段。在本阶段,E 企业的营销部门经理、市场调研负责员工二人与 TD 公司的两位项目负责人进行了合同签订事宜的沟通,E 企业希望 TD

公司能够提供 E 企业的主要产品渔具、折叠家具、包袋、花园家具的主要消费群体、市场占比、市场定位及同类产品的市场占比、竞争对手的产品情况(包括销售额、市场定位、市场占比等)等信息,并希望能在此基础上形成一份未来 E 企业主导产品的市场预测分析结果。TD 公司的项目负责人表示这些数据的获取需要 E 企业挑选 1—2 名营销人员参与本项目的调查问卷设计并提供相关数据以协助工作。最终,双方达成一致意见,E 企业考虑到自身营销人员的薄弱,只选派了一名骨干员工参与本次项目,签订合同,首次沟通的时间大约集中在两天内完成。

共同生产阶段。TD 公司与 E 企业组建的项目团队,共三人,展开调研准备工作。项目团队结合 E 企业的目标要求,并结合 TD 公司自身已拥有的市场调研经验,在 TD 公司已有调研问卷模板的基础上结合 E 企业特征,修订完成问卷初稿以及相关的访谈提纲,该子阶段共历时约七天,之后,项目团队与 E 企业的营销部门经理围绕问卷与访谈提纲进行了半天的讨论,做了较少的修改后,便开始进入搜集相关数据的阶段。数据搜集的过程主要是 TD 公司一方负责完成,期间,约有两次通过 E 企业中参与项目的骨干员工向 E 企业了解相关产品信息,目的在于修正某些数据的偏颇之处。整个数据搜集过程历时大约三个月,分成了四大板块(四种主打产品)进行,每一板块均包含了 E 企业所需要的数据。首轮数据回收之后,项目团队对数据进行了初步的分析,将初步统计结果交由 E 企业营销部门讨论。认为数据具有一定的合理性之后,项目团队又开始第二轮的数据补充工作。同时,TD 公司单方开始着手搜集二手数据,补充实地调研所无法获取的数据。两方面的数据在 2010 年 12月月底全部搜集结束,项目团队完成了调研报告的初稿,同时报告中附有较为简单的 E 企业产品未来市场走向的分析结果。

传递跟踪阶段。由于本项目对 E 企业而言是一个较为简单的项目,因此,在最终市场调查报告完成之后,E 企业与 TD 公司之间的联络、沟通较少。

(3)资源重构

E 企业与 TD 公司的合作项目,帮助 E 企业获取了四大主导产品的市场信息,如该报告指出,E 企业渔具的产品市场占比太高,几乎达到同类产品的70%—80%,形成产业链上制造环节的垄断局面;折叠家具的定位在中端市场,市场占比较高,竞争对手主要为常州侨裕、广州新宇,低端市场被永康、义乌等小企业占有;包袋等餐包系列产品因为其产品市场迅速饱和而衰退,冰袋包只在日本存在小量市场,登山包系列由于介入不久,并不具备技术、设计、生产的任何优势,所有工作尚处于起步阶段,目前只能做一些小品牌的 OEM 生产(定点生产,俗称代工);花园家具进入市场较晚,行业竞争激烈,相对垄断,暂时没有建立起核心优势,原先的客户资源也无法有效嫁接使用,因为处于起步阶段,销售渠道没有太多设计、生产方面的优势支持而发展受限。总体而言,高端市场集中度高,竞争程度中等;中低端客户市场集中度不断提高,竞争激烈。这些关键信息的获取,一方面有助于 E 企业了解目前产品的市场情况,有利于企业产品的设计、研发、营销等工作更有针对性地展开;另一方面有利于 E 企业有效调配营销部门的人力、资金等资源,能够腾出更多精力加大企业品牌构建、产品营销等其他关键领域的投入。

(4)项目绩效

本项目的开展在一定程度上缓解了 E 企业在产品营销方面的问题,使得产品的质量、功能能够更有针对性地面向消费者,产品的市场定位变得更为清晰、明确。但是,E 企业的市场部经理指出:"本项目对企业产品创新方面的影响是间接的,而且也不非常明显。"

5.5 案例间数据分析

5.5.1 概念及维度编码

基于七个单案例的数据分析结果并结合现有文献的相关界定,本书对制造企业—知识型服务机构互动水平、资源重构、项目绩效进行了诠释性编码,得到互动水平衡量的两个维度:互动深度与互动宽度;资源重构的两个维度:资源重组与资源重置;项目绩效的两个方面:创新绩效与运营绩效。然后,笔者请研究团队内的另外两位调研合作者一起对这些构念在案例中的实际发展水平(程度)进行评价,采用的是李克特七点量表,评价的范围包括非常低、低、比较低、一般、比较高、高、非常高七个级别。

表 5.4 是案例中制造企业—知识型服务机构互动水平的编码结果。结果

显示,四个互补型互动项目中,各互动主体之间均表现出了较高程度的互动水平,主要表现为双方沟通、联络较为频繁,制造企业一方中参与人员均来自于不同部门、层级。总体而言,互动水平可以从互动强度与互动深度两方面来刻画,互动强度侧重刻画案例企业在互动中所持续的时间、频率,而互动深度则侧重刻画案例企业在互动过程中参与人员的职能范围与层级范围。A企业与BYM管理咨询公司的互动项目表现出了高水平的互动强度与互动深度,而B

表5.4 七个互动项目中制造企业—知识型服务机构互动水平

互动项目	互动水平		评分
	互动强度	互动深度	
A低压电气企业—BYM管理咨询公司互动项目	历时九个多月,每周一次讨论会,对方机构三人常驻企业,对方机构约一个月跟踪服务	对方机构组建七人的顾问团队,A企业八大部门齐参与,每个部门至少三名员工参与项目	6(高)
B氟硅企业—ZD研究中心互动项目	遇到难题才沟通、联络	非正式的小团队交流,对方专家不常来B企业,有时候是电话沟通解决	5(比较高)
C纺织印染企业—HX软件信息服务公司互动项目	拥有四五年的合作经历,组建了项目团队,通过面对面沟通	对方项目团队对C企业内不同层级的员工进行沟通	5(比较高)
D净水器企业—YD营销策划公司互动项目	首次访谈为期两天,第二次访谈维持一天半,之后是三个月的跟踪服务	一名营销部的员工参与项目,D企业的总经理、副总经理、研发部门负责人参与方案的汇报讨论	4(一般)
A低压电气企业—SK软件服务公司互动项目	项目历时三年多,首次安装调试后试用两星期	没有严格意义上的项目团队	4(比较高)
E休闲用品企业—XHX战略咨询服务机构互动项目	历时约三个月,首次访谈持续三天,一个半月后提供方案终稿	E企业总经理、副总经理参与方案汇报,人力资源部门、营销部门、战略部、技术骨干员工参与访谈	4(比较高)
E休闲用品企业—TD营销服务机构互动项目	双方沟通、协商时间大约半个月左右	营销部经理、市场调研负责人参与方案的设计	3(比较低)

企业与 ZD 研究中心互动项目则主要体现出了高程度的互动强度,互动深度上有一定的不足。辅助型互动的三个项目在同等水平下互动强度要高于互动深度,如 A 企业与 SK 软件服务公司的互动项目中,A 企业基本没有形成严格意义上的项目团队,A 企业中项目的参与人员只是信息部门的相关负责人,但在互动强度方面,A 企业与 SK 软件公司之间仍进行了较为频繁的沟通、联络;另外,E 企业与 TD 营销服务机构的互动项目中,E 企业与 TD 公司的沟通主要涉及的是营销部门的人员,双方组建的项目团队中,E 企业也只选派了一名营销部门的骨干成员参与。相对而言,E 企业与 XHX 战略咨询服务机构的互动项目中,互动强度与互动深度的程度都较高,总经理、副总经理、人力资源部门、营销部门、战略部、技术部的骨干员工均在一定程度上参与了与 XHX 项目组的调研访谈。

表 5.5 是案例项目中资源重构的编码结果,结果显示,资源重构可以从资源重组与资源重置两方面表现出来。四个互补型互动项目中,制造企业的资源重组水平相对要高于资源重置的水平,如 A 企业与 BYM 管理咨询公司的互动项目的开展,对 A 企业转变管理方法、模式的程度要远大于 A 企业对管理资源的优化配置。三个辅助型互动项目中,制造企业的资源重置水平相对要高于资源重组的水平,如 E 企业与 TD 营销服务机构的互动项目,大大减少了 E 企业在市场调研方面的精力投入,使得 E 企业得以有效调配营销资源,能够着手于企业品牌构建、产品营销等其他关键领域的投入;E 企业与 XHX 战略咨询服务机构的互动项目中,XHX 咨询公司将 E 企业内隐性的战略显性化,然后,将 E 企业内部的信息结构化,便于 E 企业尽早发现内部的缺陷与不足之处,大大减少了 E 企业战略部门员工对此的精力投入,优化了管理资源的调配。XHX 公司虽然也为 E 企业提供了外围的信息,但这些信息却没有直接影响 E 企业改变与调整管理思想及方法。

表 5.5 七个互动项目中的资源重构情况

互动项目	资源重构			
	资源重组	评分	资源重置	评分
A 低压电气企业—BYM 管理咨询公司互动项目	目标是实现由"敲钟人"到"造钟人"的转变	6(高)	部分旧的管理办法摒弃了	3(一般)
B 氟硅企业—ZD 研究中心互动项目	对原有的工艺流程进行了细节上的改进	5(比较高)	做了些许相关资源的调配	3(一般)
C 纺织印染企业—HX 软件信息服务公司互动项目	改变了员工信息管理的操作习惯内部人员、设备等有了较大的重组	6(高)	为相关员工节省了很多时间，因此能有更多精力发展其他核心业务	5(比较高)
D 净水器企业—YD 广告策划公司互动项目	原有的营销经验得到了完善	4(比较高)	优化了营销部门人员配置	3(一般)
A 低压电气企业—SK 软件服务公司互动项目	巩固了原有的网络基础	3(一般)	内部运营更为顺畅，不同部门、层级之间信息的传递更便利、准确	5(比较高)
E 休闲用品企业—XHX 战略咨询服务机构互动项目	没有直接影响企业的管理思想、方法的改变与调整	3(比较低)	企业内部信息变得结构化	5(比较高)
E 休闲用品企业—TD 营销服务机构互动项目	有助于企业了解目前产品的市场情况	2(低)	企业得以有效调配营销资源	4(一般)

表 5.6 是关于项目绩效的编码结果，结果显示，互动项目对企业绩效的影响可以从创新与运营两大方面进行评估，四个互补型互动项目中，有些项目主要体现了创新绩效的变化，有些则表现为运营绩效的改变。如 B 企业与 ZD 研究中心的互动项目主要表现为对 B 企业创新绩效的提升，而 A 企业与 BYM 管理咨询公司的互动项目、C 企业与 HX 软件信息服务公司的互动项目、D 企业与 YD 广告策划公司的互动项目则主要表现为对相应企业的运营绩效的提升。三个辅助型互动项目主要是对企业运营绩效产生影响，并间接对创新绩效产生影响。如 E 企业与 XHX 战略咨询服务机构的互动项目，XHX 管理咨询机构为 E

企业提供了先进的理念,进而影响了 E 企业的创新,但是这种影响是间接的,创新也基本是渐进性的;E 企业与 TD 营销服务机构的互动项目对企业产品创新方面的影响也是间接的,且并不非常明显,该项目的开展在一定程度上缓解了 E 企业在产品运营方面的问题,如产品大量交期、浪费的现象有所缓解,销售与生产的不协调也有了一定程度的解决,降低了相关运营成本。

表 5.6　七个互动项目的绩效

互动项目	绩效		评分
	创新绩效	运营绩效	
A 低压电气企业—BYM 管理咨询公司互动项目	新产品开发速度有了实质性提高	整体业务流程更为顺畅	6(高)
B 氟硅企业—ZD 研究中心互动项目	主要表现为产品的渐进性创新程度提升	几乎不受影响	5(比较高)
C 纺织印染企业—HX 软件信息服务公司互动项目	几乎不受影响	主要表现为内部信息化程度提升,因此,产品传递速度增加	5(比较高)
D 净水器企业—YD 广告策划公司互动项目	有利于核心产品的研发	产品销售额有了一定的提升	4(一般)
A 低压电气企业—SK 软件服务公司互动项目	间接影响到产品响应速度,使之比以前快了,如本来要三天完成,现在只用一天	企业内部运作效率大大提高	6(比较高)
E 休闲用品企业—XHX 战略咨询服务机构互动项目	间接影响企业的渐进性创新	几乎不受影响	4(一般)
E 休闲用品企业—TD 营销服务机构互动项目	对企业产品创新方面的影响是间接的,且并不非常明显	产品大量交期、浪费的现象有所缓解,销售与生产的不协调也有了一定程度的解决	4(一般)

5.5.2　结果讨论与命题提出

上述对制造企业—知识型服务机构互动、资源重构、项目绩效三个方面的情况进行详细阐述之后，为了清晰地看到案例企业在各方面的表现，并方便在不同案例之间进行比较，本书分别对制造企业—知识型服务机构互动水平、资源重构、项目绩效的表现进行了评判和编码，从"非常低"到"非常高"的程度评价，依次为：非常低→低→比较低→一般→比较高→高→非常高。初步编码结果如表5.7所示。

表 5.7　制造企业—知识型服务机构互动水平、资源重构、绩效汇总与编码

互动项目	互动水平	资源重构		项目绩效
		资源重组	资源重置	
A 企业—BYM 管理咨询公司互动项目	高	高	一般	高
B 企业—ZD 研究中心互动项目	比较高	比较高	一般	比较高
C 企业—HX 软件信息服务公司互动项目	比较高	高	比较高	比较高
D 企业—YD 广告策划公司互动项目	一般	比较高	一般	一般
A 低压电气企业—SK 软件服务公司互动项目	一般	一般	比较高	比较高
E 休闲用品企业—XHX 战略咨询服务机构互动项目	一般	一般	比较高	一般
E 休闲用品企业—TD 营销服务机构互动项目	比较低	比较低	一般	一般

5.5.2.1　制造企业—知识型服务机构互动与制造企业绩效的关系

基于对七个案例的比较分析，可以得到制造企业—知识型服务机构互动对制造企业项目绩效的影响关系，即制造企业与知识型服务机构之间的互动

水平越高,制造企业由此提升的绩效也越大,反之,则提升的绩效空间有限。这在七个案例中均有体现。如 A 企业与 BYM 管理咨询公司的互动项目中,A 企业表现为高水平的互动强度与互动深度,该项目为 A 企业带来了高绩效。D 企业与 YD 广告策划公司互动项目中,D 企业的互动强度表现为一般,互动深度较低,该项目为 D 企业带来的绩效水平也只是一般。其他案例具体如表 5.7 所示。然而,不可忽略的是,制造企业与知识型服务机构之间的互动水平究竟是影响了制造企业的创新绩效还是运营绩效,则主要视互动内容而定。一般而言,技术研发类的互动项目与制造企业的创新绩效影响更为直接,如 B 企业与 ZD 研究中心的互动项目,主要是对 B 企业产品的渐进性创新有较大影响,而对 B 企业的运营绩效几乎没有影响;管理咨询、营销、信息类的互动项目对制造企业的运营绩效、创新绩效则会产生不同程度的影响,如 A 企业与 BYM 管理咨询公司的互动项目,使得 A 企业的新产品开发速度有了实质性提高,同时整体业务流程也更为顺畅;D 企业与 YD 广告策划公司的互动项目,使得 D 企业由于精力的相对节省而有利于核心产品的研发,使其产品销售额有了一定的提升。据此,本书提出如下研究命题:

命题 1:制造企业与知识型服务机构的互动水平越高,即互动强度越大和(或)互动深度越深,为制造企业带来的创新方面与(或)运营方面的绩效也越大。

5.5.2.2 制造企业—知识型服务机构互动对制造企业绩效的作用机理

根据上述制造企业—知识型服务机构互动与制造企业绩效之间的因果链做进一步分析,通过多个单案例的反复比较分析发现,制造企业与知识型服务机构互动水平的特征变化,经由制造企业的内外部资源活动的变化,继而对制造企业的绩效造成影响。具体而言,制造企业通过与知识型服务机构的互动对制造企业的资源重构活动产生影响,主要体现在两方面,即资源重组与资源重置(Karim *et al.*,2004;Karim,2006),这两方面资源活动进而对制造企业的创新方面与(或)运营方面的绩效产生了影响。

第一,制造企业通过与知识型服务机构互动增强了制造企业的资源重组活动,该类活动继而又影响到制造企业的绩效。制造企业与知识型服务机构互动所获取的新资源有利于增加制造企业资源的重组要素,新资源通过与原有资源重组,能够直接提升重组潜力,而且新资源也能够刺激与诱发原有资源。如果制造企业不获取新资源，当原有资源所有可能的重构消耗殆尽时，制造企业也就失去了重组的潜力（Fleming，2001）。资源重组活动不但是制造企业创新的其中一种可能来源（Penrose，1959；Galunic et al.，1998），同时也会对制造企业绩效的不同方面产生影响。择典型而言，A 企业通过与 BYM 管理咨询公司互动，新的管理办法与 A 企业内部的部分旧管理办法进行了有效融合，使得 A 企业的内部管理办法、管理模式发生了高度的转变，A 企业因此解决了自身所无法解决的管理问题，从而实现了新产品开发速度的提高，同时 A 企业整体业务流程也变得更为顺畅。B 企业通过与 ZD 研究中心的互动，企业内部的工艺流程发生了两方面变化，一是 B 企业在 ZD 研究中心的建议下，原来的工艺流程有所改进；二是 B 企业将部分原有的工艺流程废弃掉，重新设计了新的工艺流程。总体而言，B 企业主要是结合 ZD 研究所的建议，通过重新思考，对原有流程做了一些细节上的改进，因此，B 企业产品的渐进性创新程度有所提升。据此，本书提出如下研究命题：

命题 2a：制造企业与知识型服务机构的互动，通过影响制造企业的资源重组活动，继而对制造企业的创新方面与（或）运营方面的绩效产生影响。

第二，制造企业通过与知识型服务机构互动也能便利制造企业的资源重置活动，而该类活动继而又影响到制造企业的绩效。制造企业与知识型服务机构互动，其本身就属于制造企业的外包行为，制造企业通过这种互动方式，将企业内的非核心资源重新分配到外部（Contractor et al.，2010），一方面能获取更低成本、更专业化的资源，企业得以将更多精力（包括人力资源、资金等）重新分配到核心能力的构建上；另一方面也能剥离企业内部原有的高成本、低效率资源，有利于企业绩效的提升。择典型而言，A 企业通过与 SK 软件服务公司的互动，选择将此业务外包给 SK 软件服务公司，A 企业得以将信息部门中的部分员工抽调出来去开发体现 A 企业整体竞争力的 ERP 系统，A 企业由此也能够节省下一定的资金用于核心产品的生产与创新。一方面该项目协助 A 企业内部建立了更为专业化的办公网络，使其内部的运营变得更为顺畅，不同部门、层级之间信息的传递也更便利、准确；另一方面由于 A 企业内部资源也得以优化配置，A 企业在核心产品的创新速度与质量方面也有了一定程度的提升。E 企业通过与 TD 营销服务机构的互动，大大减少了 E 企业在市场调研等非核心工作中的精力投入，E 企业得以有效调配营销部门中的人力、资金等资源，因此更有精力着手于本企业的品牌、产品营销等关键领域的建设。这在一定程度上减少了 E 企业产品大量交期、浪费的现象，销售与生产的不协调也有了一定程度的解决。同时，E 企业产品也能够更有针对性地面向消费者，产品的市场定位更为清晰、明确，E 企业因此提升了产品的质量（功能），削减了相关的成本。据此，本书提出如下研究命题：

命题 2b：制造企业与知识型服务机构的互动，通过影响制造企业的资源重置活动，进而对制造企业的创新方面与（或）运营方面的绩效产生影响。

5.5.2.3 制造企业—知识型服务机构互动对制造企业绩效的作用路径

基于制造企业与知识型服务机构的不同互动模式，本书分别对互补型互动模式下的四个单案例，以及辅助型互动模式下的三个单案例进行反复比较分析，发现不同互动模式下，制造企业—知识型服务机构互动对制造企业绩效的作用路径有所差异，即资源重组与资源重置在其中的作用效应不同，主要得到以下两方面发现。

第一，通过与知识型服务机构的互补型互动，制造企业的资源重组行为更重要于资源重置行为，即在同样的互动水平下，资源重组的程度要高于资源重置的程度。在互补型互动模式下，制造企业向知识型服务机构获取的是自身经验领域之外的资源，因此两者之间存在一定的资源（知识）位差，制造企业倾向于将新资源（知识）与企业内部原有资源（知识）相联系，而消化、吸收新的外部资源（知识），更容易激发企业的资源重组（Reagans *et al.*，2003）。继而，制造企业内部相关人员通过"干中学"、"用中学"等方式，将获取的差异化资源通过组合与重构实现价值的快速创造（Rothaermel *et al.*，2008）。择典型而言，通过与 ZD 研究中心的互动，B 企业从 ZD 研究中心获得了相应的建议，主要的影响是对原有的工艺流程进行细节上的改进，当然，B 企业因此也需要在内部做些许相关资源的调配，以便更便利地进行新思想、方法的消化吸收。与BYM 管理咨询公司的互动，A 企业主要是按照 BYM 制定的管理时钟在执行，但企业自身开始不断地摸索新的、更加适合企业长远发展的管理时钟。A 企业的主要目标是实现由"敲钟人"到"造钟人"的转变。当然，A 企业在实现目标的过程中，也需要根据不同任务指定相应的负责人，对内部成员之间的关系进行明确与强调，实现资源的优化配置。据此，本书提出如下研究命题：

命题 3a：制造企业与知识型服务机构的互补型互动，主要通过制造企业的资源重组活动，进而对制造企业的绩效产生影响。

第二，通过与知识型服务机构的辅助型互动，制造企业的资源重置行为更重要于资源重组行为，即在同样互动水平下，资源重置的程度要高于资源重租的程度。在辅助型互动模式下，知识型服务机构向制造企业转移的外部资源，通常是企业可以直接使用的，因此，企业所涉及的学习行为较少，制造企业与知识型服务机构互动的主要的目的并不是为了通过"干中学"、"用中学"等方式来提升企业能力，更多的是为了能够优化企业内部资源的配置（Ahuja et al.，2001）。因此，制造企业能够更为柔性地将人力、资金、技术等资源分配到核心项目中，有利于企业提升绩效。择典型而言，通过与 SK 软件服务公司的互动，将 A 企业的办公自动化、基础网络构建项目外包给 SK 软件服务公司完成，主要是能为信息部门合理配备人员、技术、设备、资金等资源，同时也能合理分配资源去开发体现 A 企业整体竞争力的 ERP 系统，当然，A 企业由此节省下的资金也有利于核心产品的生产与创新。E 企业通过与 TD 营销服务机构的互动，主要使得 E 企业得以有效调配营销资源，能够着手于企业品牌构建、产品营销等其他关键领域的投入，也有助于 E 企业了解目前产品的市场情况，间接对 E 企业产品的设计、研发、营销等工作得以更有针对性地展开提供帮助。据此，本书提出如下研究命题：

命题 3b：制造企业与知识型服务机构的辅助型互动，主要通过制造企业的资源重置活动，进而对制造企业的绩效产生影响。

5.6　本章小结

本书对七个互动项目进行了探索性案例研究。首先分别详尽地分析了项目的互动水平、资源重构（包括资源重组与资源重置）、项目绩效的状况。其次，通过对这些重要构念在七个案例中反复地比较与分析，发现了它们之间的因果关系，识别出了其中的作用机理。更进一步地，本书分别对互补型互动模式下的四个案例与辅助型互动模式下的三个案例进行比较，得出了不同互动模式下制造企业通过与知识型服务机构互动对制造企业项目绩效的不同作用路径。本书认为，制造企业与知识型服务机构互动有利于制造企业项目绩效的提升，这种作用部分是通过资源重组与资源重置这两个变量传导的，在互补型互动模式下，资源重组的作用要优于资源重置，在辅助型互动模式下，资源重置的作用优于资源重组。据此，共提出五大研究命题，为本书后续研究奠定了基本的理论基础，接下来的研究，将在此基础上，进一步验证与深入。

制造企业—知识型服务机构互动
对制造企业绩效的作用机理

6.1 引 言

服务业在全球经济中的地位与日俱增,尤其是在发达国家,甚至连制造业也逐步呈现出强烈的"服务化"趋势。虽然我国自 20 世纪 90 年代始逐步提倡制造业与服务业共同发展,少数大型制造企业,如海尔、华为等开始步入制造服务化道路,但绝大多数制造企业仍然在制造产品环节努力。总体而言,当前我国的制造业与服务业依然处于低层次的互动发展阶段,离制造服务化阶段还相距甚远。另外,我国正处于经济转型时期,相关法律、法规及政策仍处于完善过程中,市场交易监督体制及知识产权保护机制方面的薄弱,使得很多制造企业由于模仿者的迅速跟进而不能获得预期的收益,制造企业同行之间往往难以构建真正的联盟与合作关系。因而,转向非竞争性的知识型服务机构(第三方机构)获取资源(知识)支持,成为我国制造企业规避制度不完善的其中一项重要举措,也是提升制造企业竞争力的关键途径之一。

理论界长期以来关注制造企业与知识型服务机构之间的互动合作。现有研究多以国外样本为例,阐述知识型服务机构对制造企业在创新方面的作用(Bilderbeek *et al.*,1998;Hauknes,1998;Hertog *et al.*,1998a;Sundbo *et al.*,1998),但对知识型服务机构作用于创新绩效的机理却剖析不足,实有隔靴搔痒之嫌。另外,鲜有研究关注知识型服务机构对制造企业其他方面(如运营绩效)的作用。因此,剖析制造企业与知识型服务机构互动对制造企业绩效的作用机理和具体的作用路径,对促进我国制造业与服务业的有效互动发展具有重要的现实意义,同时对解释外部资源到企业内部绩效作用机理方面具有重要的理论意义。

本章将在第 5 章多案例分析制造企业—知识型服务机构互动、资源重构与绩效关系的基础上,结合现有的相关研究,从理论层面进行更为深入的探讨,以期得出制造企业—知识型服务机构互动对绩效作用机理的概念模型和一系列假设。

6.2 模型构建与假设提出

6.2.1 制造企业—知识型服务机构互动与绩效

6.2.1.1 制造企业—知识型服务机构互动和创新绩效

知识型服务机构发挥着创新的便利者、携带者与创新源三大作用(Bilderbeek *et al.*,1998)。因此,制造企业通过与知识型服务机构合作,能够获取外部信息与知识资源(Caloghirou *et al.*,2004),通过增加对外部专业的、知识型服务的使用(Rajala *et al.*,2008),有利于内部知识的积累,增强企业的吸收能力,进而促进创新(Caloghirou *et al.*,2004)。知识型服务机构在与客户企业的合作过程中,能发生知识的重新加工(Hauknes,1998)。客户企业将先前从知识型服务机构所获取的知识重组,使得他们能够创造出"自己的市场",客户对这些知识的占有性是通过将其整合到他们自身的认知背景形成的(Müller *et al.*,2001)。客户企业通过与知识型服务机构之间的个体互动,其知识基能够不断变得丰富,各种形式的隐性与显性知识在互动的过程中,不断地混合、重新定义、联系、交换、重塑与丰富(Bilderbeek *et al.*,1998)。另外,制造企业与知识型服务机构互动,其实际是制造企业将部分任务外包给了外部知识型服务机构。企业通过将任务外包给专业组织,能够更好地关注他们自身最具价值创造的活动,因此能够最大化这些活动潜在的有效性。通过外包部分非核心的活动,企业得以专注于核心业务,因而拥有了技术与知识的独特的经济性,从而能够重视并将资源分配到那些表现最好的任务中,进行创新(Jiang,2006)。据此,提出如下假设:

H1a:制造企业—知识型服务机构互动对创新绩效具有正向影响。

6.2.1.2 制造企业—知识型服务机构互动和运营绩效

资源基础观认为企业是独特资源与能力的集合,具有价值、稀缺、难以模仿、不可替代特征的资源是企业获取竞争优势的主要来源(Penrose,1959;Wernerfelt,1984;Dierickx *et al.*,1989;Barney,1991)。制造企业与知识型服务机构之间的互动关系既可视为一种资源,同时也可视为制造企业获取资源的一种能力(Rungtusanatham *et al.*,2003)。资源依赖理论强调,当企业内部资源稀缺时,便会对外部掌握该资源的企业具有高度的依赖(Pfeffer *et al.*,1978;Boyd,1990)。因此,一方面,制造企业通过与知识型服务机构互动,有利于其获取所需资源,通过对资源的组合和重构进而形成具有自身独特优势的资源;另一方面,制造企业与知识型服务机构互动,表现为制造企业对知识型服务机构的一种依赖,通过互动过程,制造企业将部分任务委托给外部专业化的知识型服务机构完成(Jiang,2006)。这两方面因素有助于制造企业从产品的可靠性、柔性、成本与质量方面改善运营绩效(Narasimhan *et al.*,1998),同时能促使企业对具有竞争优势的资源更好地配置(Vachon *et al.*,2009),另外还有利于改善制造企业的产品传递时间(Salvador *et al.*,2001),并能快速地改变产品数量与价格(Armistead *et al.*,1993)。据此,提出以下假设:

H1b:制造企业—知识型服务机构互动对运营绩效具有正向影响。

6.2.2 资源重构与绩效

企业的竞争优势通过具有创意的、价值和柔性的方式,持续不断地组合与重组企业和个人的资源来形成(Ravasi *et al.*,2001)。因此,重构内外部资源,促使企业构建更大、更广泛的产品组合,能够获取并保持竞争优势(Rothaermel *et al.*,2006)。总体而言,资源重构与企业的创新与运营方面存在着较为紧密的关系,具体可以从资源重构的维度层面,即资源重组与资源重置两方面进行阐述。

(1)资源重组与绩效

创新即对现存的实物材料、概念等进行一定程度的重组(Nelson *et al.*,1982)。因此,资源的重组是企业创新的其中一种可能来源(Penrose,1959;Galunic *et al.*,1998)。企业通过合作获取的资源(知识)与它们原有资源(知识)在实验中经过产品开发设计、制作、检验等过程的不断反复进行,促进了资源的重组,进而推动了新产品的成功开发,实现了技术创新(Hung *et al.*,2008)。重组资源(无论是内部开发的还是外部获取的),若以不同的方式使用它们,或者以新的方式组合它们,都能为企业提供创新的机会(Karim *et al.*,2004)。

另外,由于知识型服务机构涉及多种类型,因此,不同类型的知识型服务机构与制造企业互动时,向制造企业所转移的资源(知识)类型也不同。技术型知识型服务机构与制造企业互动时,通常是向制造企业转移了技术相关的知识,更多时候也伴随着一些相关设备的转移,如软件、检验设备等,均有利于企业创新。而传统的专业型服务机构与制造企业互动时,更多的则是向企业转移管理办法、营销理念等无形知识,有利于企业合理配置内部资源,一方面能够降低内部管理、营销等资源的消耗成本,另一方面也能增强企业生产的过程柔性,并能加速产品传递时间,进而提升企业的运营绩效,因此,重组的资源(知识)类型的不同,将对企业的绩效的不同方面产生影响。据此,提出如下假设:

H2a:资源重组对创新绩效具有正向影响;

H2b:资源重组对运营绩效具有正向影响。

(2)资源重置与绩效

制造企业与知识型服务机构互动,其本身则属于企业的外包行为,Contractor等(2010)认为,外包(outsourcing)即属于组织重置(organizational relocation),是通过外部购买、合资与战略联盟的形式,将组织内的资源(知识)分配到外部(Contractor *et al.*,2010)。我国知识型服务业由于还处于起步阶段,因此主要是为客户提供操作性的外部资源而非核心资源。客户购买知识型服务主要是为了获取操作性的外部资源,从而能将其主要精力放在企业核心能力的培育上。这种通过服务外部化获取非核心资源的行为,有利于企业降低成本,降低市场不确定性所带来的风险(刘顺忠,2008),因而有利于企业运营绩效的提升。

制造企业内部的资源是有限的,企业通常需要建立明确的政策来分配这些资源,将资源分配到技术开发项目还是技术探索项目,决定着企业会开展开发式创新还是探索式创新(Garcia et al.,2003),是选择侧重推动内部的私有创新还是外部的共同创新(Grand et al.,2004)。另外,企业通过资源的重新配置,能够腾出更多的精力来发展核心能力,这往往与企业的创新息息相关,因此,资源重置也有利于创新。据此,提出如下假设:

H2c:资源重置对创新绩效具有正向影响;

H2d:资源重置对运营绩效具有正向影响。

6.2.3 制造企业—知识型服务机构互动与资源重构

制造企业—知识型服务机构互动的实质为知识型服务机构向制造企业进行资源的转移与扩散(Müller et al.,2001),表现为制造企业向知识型服务机构获取资源的过程(Bilderbeek et al.,1998;Windrum et al.,1999)。资源重构的产生往往是由资源(部件)的规模或其他一些设计参数的变化所引起的(Henderson et al.,1990),外部获取的资源比内部开发的资源更容易被重构(Karim,2006)。企业所拥有的资源总量与水平是资源重构的主要决定因素(Dierickx et al.,1989),资源获取是企业重构内外部资源的重要方式(Capron et al.,2001)。因此,制造企业通过与知识型服务机构互动,能够获取(acquire)与汲取(access)外部资源(Mowery et al.,1996),进而通过改变资源本身特征或资源之间的关系而触发资源重构。

具体而言,制造企业—知识型服务机构互动会对资源重构的两大方面产生影响。

一是当互动过程中知识型服务机构向制造企业转移异质性资源时,尤其是差异性较大的资源,极容易激活制造企业的原有资源,激发企业改变原有资源之间的互动关系,进而引发资源的重组(魏江等,2011)。另外,制造企业与知识型服务机构活动所获取的新资源有利于增加企业资源的重组要素,新资源通过与原有资源重组,能够直接提升重组潜力,而且原有资源的重组也需要新资源的刺激与诱发。如果企业不获取新资源,当原有资源所有可能的重构消耗殆尽时,企业也就失去了重组的潜力(Fleming,2001)。制造企业获取异质性的无形资源(如隐性知识)时,通过"干中学"、"用中学"等行为,也更容易激发其内部资源的互动与重新组合。

二是当互动过程中知识型服务机构向制造企业转移相似性资源时,这些资源大多与制造企业日常的操作性运作相关,一般为非核心资源,由此,制造企业通过这种互动方式,将组织内的非核心资源重新分配到外部(Contractor *et al.*,2010)。企业一方面能获取更低成本、更专业化的资源,得以将更多精力(包括人力资源、资金等)重新分配到核心能力的构建上,另一方面也能剥离企业内部原有的高成本、低效率资源,这在一定程度上影响了制造企业对资源的重新配置。另外,在中国情境下,由于信任机制的极度缺乏,政府要求某些制造企业的产品必须通过第三方服务机构进行认证,此时,制造企业不得不向该类知识型服务机构获取第三方认证,因此,这种合作可能更多的是影响了企业的资源配置。据此,提出以下假设:

H3a:制造企业—知识型服务机构互动对资源重组具有正向影响;

H3b:制造企业—知识型服务机构互动对资源重置具有正向影响。

6.2.4 资源重构的中介作用

资源基础观和资源依赖理论能较好地解释制造企业为什么与知识型服务机构互动,却无法剖析制造企业—知识型服务机构互动(资源)到绩效(竞争优势)的作用黑箱。知识基础观则致力于解剖企业内部机理的黑箱(Spender,1996),认为知识本身并不能构筑企业的能力,但知识的组合和重构才能构筑组织能力(Grant,1996a)。然而不同类型的知识型服务机构与制造企业互动时向制造企业转移的资源类型不同,因而知识基础观虽然能够解剖企业内部生产的黑箱,但却只局限于知识这一资源,忽视了其他类型资源的作用。综合资源基础观、资源依赖理论与知识基础观三大理论视角,本书认为,制造企业—知识型服务机构互动是通过激发企业内部一系列的资源(知识)活动,进而影响企业绩效的。同时结合上述三大类假设,即制造企业—知识型服务机构互动对绩效具有正向影响,资源重构(资源重组、资源重置)对绩效具有正向影响,制造企业—知识型服务机构对资源重构(资源重组、资源重置)也具有正向影响,本书认为,资源重构在制造企业—知识型服务机构互动与绩效之间发挥了中介作用。据此,提出如下假设:

H4a:制造企业—知识型服务机构互动通过资源重组作用于创新绩效;

H4b:制造企业—知识型服务机构互动通过资源重组作用于运营绩效;

H4c:制造企业—知识型服务机构互动通过资源重置作用于创新绩效;

H4d:制造企业—知识型服务机构互动通过资源重置作用于运营绩效。

在第 5 章探索性案例研究的基础上,本章通过对现有相关研究进行系统的梳理和归纳,针对本书中一大研究问题,即"制造企业—知识型服务机构如何影响绩效"构建了理论模型(见图 6.1),并提出相关研究假设(见表 6.1)。本书整合以往文献中存在的关于制造企业—知识型服务机构互动作用于绩效的两种机制(即资源重组与资源重置),同时整合制造企业—知识型服务机构互动对绩效的两大方面的作用效果(即创新绩效与运营绩效),从而对探索性案例研究得出的初始命题做进一步的细化。

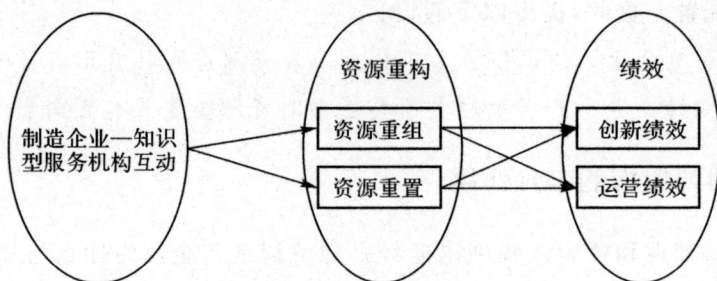

图 6.1　本书的概念模型

表 6.1　制造企业—知识型服务机构互动对制造企业绩效作用机理假设汇总

研究假设
制造企业—知识型服务机构互动与绩效之间的关系
H1a:制造企业—知识型服务机构互动对创新绩效具有正向影响
H1b:制造企业—知识型服务机构互动对运营绩效具有正向影响

续　表

资源重构与绩效之间的关系
H2a：资源重组对创新绩效具有正向影响
H2b：资源重组对运营绩效具有正向影响
H2c：资源重置对创新绩效具有正向影响
H2d：资源重置对运营绩效具有正向影响
制造企业—知识型服务机构互动与资源重构之间的关系
H3a：制造企业—知识型服务机构互动对资源重组具有正向影响
H3b：制造企业—知识型服务机构互动对资源重置具有正向影响
资源重构的中介作用
H4a：制造企业—知识型服务机构互动通过资源重组作用于创新绩效
H4b：制造企业—知识型服务机构互动通过资源重组作用于运营绩效
H4c：制造企业—知识型服务机构互动通过资源重置作用于创新绩效
H4d：制造企业—知识型服务机构互动通过资源重置作用于运营绩效

6.3　研究方法

在上述理论分析的基础上，本书接下来将采用大样本问卷调查的方法对所构建的理论模型与研究假设进行检验。具体而言，主要从问卷设计、变量测度、数据搜集、分析方法四方面进行详细阐述。

6.3.1　问卷设计

问卷设计是否合理关系到测度信度和效度准确与否，因此，科学地设计问卷是本章进行数据分析的前提与基础。本部分的问卷设计，围绕制造企业—知识型服务机构互动对项目层面绩效的作用机理而展开，运用相关分析、多元线性回归分析等对这些数据进行统计分析。围绕这些研究目的和研究内容，问卷涉及四方面内容：企业基本信息；互动项目的创新绩效、运营绩效；互动的水平（强度、深度）；资源重构（资源重组、资源重置）。

Churchill(1979)指出，在测量题项具有较高内部一致性的情况下，多题项测量相比单题项测量具有更高的信度。因此，本书将尽可能采用多个题项来测量所涉及的变量。另外，借鉴 Gebing 和 Anderson(1988)及 Dunn、Seaker 和 Waller(1994)与吴明隆(2010)等学者的观点，本书主要遵循以下流程对问卷进行设计：

①在探索性案例研究、文献梳理、理论分析的基础上，确定问卷需涉及的变量。进一步地，通过整合归纳现有研究对这些变量的测量量表，结合调研所获得的启示，确定本问卷涉及的变量的测度题项，形成问卷初稿。

②问卷初稿请笔者所在的 co-learning 团队的同学阅读并提出修改建议，主要是为了评价变量的测度题项是否能科学测量变量、变量之间的逻辑关系是否合理，以及评价题项的表述是否准确。这一轮问卷的评价，主要目的在于从理论层面对变量之间的逻辑关系进行评价，对相关的语句进行修正、完善，形成问卷二稿。

③问卷二稿再次请企业界人士阅读并提出修改建议。首先请制造企业的三位中高层管理者对变量之间的逻辑关系是否符合企业实际情况进行评价与建议。其次，请制造企业中的五位普通员工对本次问卷中的题项措辞是否易于理解进行评价与建议。这一轮问卷的评价，主要目的在于从实践层面对变量之间的逻辑关系进行评价，对相关的语句进行修正、完善，形成问卷三稿。

④预测问卷(即问卷第三稿)首次发放到笔者所在学校的 2011 级的 MBA 班级，共发放 80 份问卷，其中回收 44 份。在确保理论逻辑正确的前提下，通过探索性因子分析，对内部一致性较差的题项进行删除或做相应的修改，从而形成问卷的最终稿。这 44 份预测问卷的结果不包含在最终的调研数据中。

为避免问卷填答者隐瞒或拒绝回答涉及企业或者互动项目实际情况的敏感数据，问卷的大多数题项采用了李克特七点量表，这使得问卷填答者的回答主要建立在主观评价之上，因此，很大程度上会影响测量的客观性以及准确性。为此，本书针对 Fowler(2002)提出的造成问卷填答者回答偏差的四大主要原因，采取了相应的控制措施：

①为防止问卷填答者无法正确理解题项，笔者在问卷设计阶段经过了三轮的修正，对问卷题项的措辞多次完善与润色，以求问卷填答者能够充分理解题项。同时，笔者尽可能通过面对面的方式发放问卷，或者与问卷填答者保持

一定的联系,请他们在不理解题项的情况下随时与笔者联系沟通。

②为防止问卷填答者不能清晰回忆起题项相关的情况,问卷中涉及的题项主要针对的是现阶段情况,或近三年的状况。

③为防止问卷填答者不熟悉题项而错误填写,本书选择了在制造企业工作,并且参与过本企业与知识型服务机构互动项目的相关负责人员来回答,必要时,请问卷填答者就不清楚的问题向其他相关人员咨询。

④为防止问卷填答者不愿如实回答而给予错误信息,笔者在问卷首页保证问卷的匿名性,郑重承诺问卷所得数据用于大样本统计分析,不会针对企业做个案分析,所获信息也不会用于任何商业目的,并对问卷填答者提供的信息予以保密。

6.3.2 变量测量

准确有效的变量测量是进行科学研究的前提与基础。"资源重构的概念解析与测度"这一章已对中介变量资源重构的量表进行了详细的阐述,因此,本部分主要针对解释变量、被解释变量、控制变量的测量进行说明。

6.3.2.1 解释变量

制造企业—知识型服务机构互动是指制造企业向知识型服务机构购买无形服务与相关有形资源的过程(Windrum *et al.*,1999;Müller *et al.*,2001;Rajala *et al.*,2008)。Hakansson(1982)认为,销售者—购买者互动由四大要素组成,即互动主体、互动环境、互动氛围与互动过程。Wynstra、Axelsson 和Valk(2006)在此基础上提出,由于互动主体、互动环境、互动氛围是互动过程的前因,因此互动过程是反应互动本质的核心要点。通常情况下,互动过程分为短期导向的事件(episode)与长期导向的关系(relationship),而关系是由事件组合、演化形成的。事件通常是用复杂(complex)与否来衡量,包括产品/服务、信息、资金、社会交换,具体可以从产品的传递频率与传递时间来测量(Hakansson,1982)。Wynstra、Axelsson 和 Valk(2006)认为与互动过程直接相关的特征,包括:短期方面的特征,如频率、密度与买卖双方接触的层级范围与功能范围;长期方面的特征,如活动的适应性、对特定资源的关系性投资。Vachon、Halley 和 Beaulieu (2009)采用六个指标所发生的频率来测量企业与供应商之间的互动水平,包括:①我们的交换仅局限于合同条款;②我们为每个产品寻找新的供应商;③我们与供应商保持着短期合同关系;④我们建立了与供应商之间的冲突解决机制;⑤我们与供应商为产品开发建立了共同的目标;⑥我们拥有衡量绩效的协议。Yam 等(2011)指出,企业与外部创新源互动的频率与密度很大程度上决定着企业对知识的使用与创造。另外,也有学者基于社会资本视角提出了对互动的理解,他们将社会资本划分为三大维度,即结构维度、关系维度与认知维度,认为社会性互动代表了社会资本的结构维度,而社会性互动可以用互动的时间与互动时的密切联系程度来测量(Tsai *et al*.,1998)。

基于此,本书主要参照 Hakansson(1982),Wynstra、Axelsson 和 Valk(2006),Vachon 等(2009),Yam 等(2011)的观点,使用表 6.2 所示的量表,强调互动的强度与深度两方面,互动强度由互动时间来测量,互动深度则主要关注制造企业与知识型服务机构互动过程中制造企业中参与人员所涉及的层级范围与功能范围。制造企业—知识型服务机构互动共采用八个指标进行衡量。

表 6.2 制造企业—知识型服务机构互动测量量表

请依据本互动项目的实际情况,在相应的数值上打"√"。

测量题项
互动强度
我们因为服务、产品问题而长时间与对方联络、沟通
我们为了交换相关信息而长时间与对方联络、沟通
我们为了解决项目牵涉到的资金问题而长时间与对方联络、沟通
我们为了建立良好的社会关系而长时间与对方联络、沟通
互动深度
我们从高层到基层不同层次人员围绕服务、产品问题参与到了与对方的联络、交流和合作中
我们从高层到基层不同层次人员为了交换相关信息而参与到了与对方的联络、交流和合作中
我们从高层到基层不同层次人员为了解决项目牵涉到的资金问题而参与到了与对方的联络、交流和合作中
我们从高层到基层不同层次人员为了构建良好社会关系而参与到了与对方的联络、交流和合作中

题项来源:Hakansson(1982);Wynstra, Axelsson & Valk(2006);Vachon *et al*.(2009),Yam *et al*.(2011)。

注:此处略去数值选项。

6.3.2.2 被解释变量

因变量用来驱动分析层次、选择自变量以及决定理论所欲解释的联结过程(陈晓萍等,2008),本书的分析层次为互动层面,因此,被解释变量(因变量)是互动层面的绩效。

制造企业与不同类型的知识型服务机构互动时,由于知识型服务机构转移给制造企业的资源类型不同,因此可能对绩效的不同方面产生影响。本书主要对管理咨询服务机构、信息服务机构、技术研发服务机构、营销服务机构等典型的知识型服务机构进行实证研究。由于这些机构中有些是对制造企业转移了与创新相关的资源(如技术研发机构服务等),有些是对制造企业转移了与运营相关的知识(如营销服务机构、管理咨询服务机构、信息服务机构等),本书中的绩效主要从创新绩效与运营绩效两方面来考虑。

测量创新绩效有多种方法,传统的指标一般包括研发花费(Figueiredo,2011)、专利数目、专利引用率(Li et al.,2010)、新产品数(Jiang et al.,2009)、成功应用的专利数(Keil et al.,2008)。也有研究是在确定各专利权重的基础上,再用专利数来测量创新绩效(Sampson,2007)。Brettel 等(2011)使用创新效果与创新效率来测量创新绩效,其中,创新效果是基于新产品创新的结果测量的,而创新效率是基于产品在开发阶段、市场化阶段中表现出来的过程特征来测量的(Brettel et al.,2011)。另有学者分别对突破式创新绩效与渐进式创新绩效进行了测量(Laursen et al.,2006)。基于此,本书中的创新绩效主要从新产品创新效果与效率两方面来测量,具体用四个指标来度量。

运营绩效是企业运营活动对企业目标贡献程度的评价(Ward et al.,1996;1998),关于运营绩效的测量方法也比较多见。Frohlich 和 Westbrook(2002)、Jiang(2006)基于成本收益的角度,认为传递时间、交易成本、收益率、库存额等方面可以界定运营绩效。Chen 和 Paulraj(2004)从供应链的角度,指出购买企业的运营绩效可以从传递速度、传递可靠性、产品专业性、成本、顾客订单响应度、顾客抱怨处理度来理解。Devaraj、Krajewski 和 Wei(2007)综合了上述学者的观点,认为运营绩效具体可以由八方面组成,分别为:①顾客退回的产品百分比;②生产过程中缺陷产品百分比;③传递速度;④传递可靠性;⑤生产成本;⑥生产领先时间;⑦库存额;⑧过程柔性。基于前人研究基础,本书将从成本、质量、柔性与传递四方面来界定运营绩效,具体用四个指标来度量。绩效测量量表见表 6.3。

表 6.3　绩效测量量表

请您依据实际情况,在相应的数值上打"√"。

测量题项
创新绩效
通过该项目企业开发出较多的新产品/新工艺/新服务
通过该项目企业申请到了很多新的专利
通过该项目企业缩短了新产品的开发周期
通过该项目企业缩短了新产品的市场推广周期
运营绩效
通过该项目企业降低了生产成本
通过该项目企业提升了产品的质量/功能
通过该项目企业增加了业务流程的柔性
通过该项目企业加快了产品的传递速度

题项来源:Brettel *et al.*(2011);Devaraj,Krajewski & Wei(2007);Chen & Paulraj(2004);Ward,Bickford & leong(1996);Ward *et al.*(1998)。
注:此处略去数值选项。

6.3.2.3　控制变量

　　为进一步保证研究结果的可靠性,本书除解释变量之外,对制造企业绩效有可能产生主要关键影响的其他变量进行了控制。本书主要是从内、外两方面来考虑的。其中,外部的影响因素中与制造企业互动的服务机构的类型是最为直接关键的因素,因为不同类型的服务机构与制造企业互动时,对企业所转移的资源类型不同,这将对制造企业—知识型服务机构互动所导致的绩效的不同方面产生影响(Doloreux *et al.*,2010;Zhang *et al.*,2010)。内部影响因素中,本书一方面控制了企业的特征因素,包括企业规模与企业年龄,它们可能影响企业的能力与绩效(Weigelt,2009)。对企业规模的控制是因为越大规模的企业通常越具层级性,同时越难适应,企业规模可能影响企业的综合吸收能力(Zhao *et al.*,2009),进而影响企业绩效。另外,大规模的企业比小企业更倾向于搜寻合作伙伴的不同特征类型,因此规模也可能会影响企业在合作联盟中主导合作伙伴的能力。而对企业年龄的控制是因为合作双方年龄的差异会较大地改变合作联盟的最终结果(Lin *et al.*,2009)。另一方面,本书也控制了制造企业内部在互动之外的相关投入基础,有研究指出,制造企业从外部获取研发服务时,企业内部的研发投入强度常需要控制起来(Sofka *et al.*,2010)。因此,本书采用内部相关投入基础作为控制变量,具体指除制造企业与外部知识型服务机构互动之外,企业内部对同类相关资源、能力培育的投入积累。

本书将知识型服务机构类型设置为虚拟变量,并主要基于 Miles 等(1995),Muller 和 Doloreux(2009),魏江、陶颜和王琳(2007),Strambach(2008)对知识型服务机构的分类,结合实地调研,将知识型服务机构划分为四大类,包括技术研发服务机构、信息服务机构、管理咨询服务机构与营销服务机构。因此,所有与制造企业互动的知识型服务机构类型均主要在此之列。本书在后续回归分析中,进行了简易处理,将技术研发服务机构设置为1,其他服务机构类型设置为0。而企业规模用员工人数的自然对数来表征,企业年龄用企业的运作年数表征(Li *et al.*,2008)。关于内部相关投入基础,本书只设置了一个题项来测量,测量方式为衡量企业在过去三年中,相对于同行企业而言,企业在与特定知识型服务机构互动之外,内部对同类资源的投入程度。投入程度共分 7 个等级,从非常少一直到非常多。

6.3.3 数据搜集

本章与"资源重构的概念、构成与测度"这一章使用了同一份问卷,问卷发放、回收和样本统计情况请参见上述章节,此处不再赘述。

6.3.4 分析方法

本书使用的分析方法主要包括描述性统计分析、信度与效度分析、相关分析、多元线性回归分析。所用的统计分析软件为 SPSS 19.0 和 Amos 18.0,其中 SPSS 19.0 用于信度、效度、描述性统计分析、相关分析、多元线性回归分析,Amos 18.0 用于效度分析。

(1)描述性统计分析

描述性统计分析主要是对互动项目所在企业的基本特征进行分析,具体包括企业年龄、规模、所属行业、销售额,分析这些基本特征的均值和百分比。

（2）信度与效度分析

信度是指测量结果的一致性和稳定性（李怀祖，2004）。本章采用 Cronbach's α 系数对信度进行检验。构念效度是指量表是否能够测量到所要测量的潜在概念（陈晓萍等，2008）。由于本书所使用的量表均不是完全来自于成熟量表，而是对现有成熟量表进行了一定程度的修改与补充，因此本书对变量的量表均依次通过探索性因子分析、验证性因子对聚合效度进行检验，并通过配对卡方差异检验（chi-square difference tests）对相似构念进行区别效度检验（Anderson et al.，1988）。

（3）相关分析

本书通过 Pearson 相关分析来考察制造企业—知识型服务机构互动强度、制造企业—知识型服务机构互动深度、资源重组、资源重置、创新绩效、运营绩效、控制变量的相关系数矩阵，作为多元线性回归分析的基础。

（4）多元线性回归分析

本书主要通过多元线性回归分析做三方面的分析：一是检验了制造企业—知识型服务机构互动对绩效的影响，二是检验了制造企业—知识型服务机构互动对资源重构的影响，三是检验了资源重构在制造企业—知识型服务机构互动与绩效之间的中介效应。

（5）结构方程模型分析

本书采用结构方程模型分析制造企业—知识型服务机构互动（包括强度与深度）、资源重组、资源重置、绩效这些构念的聚合效度，使用以往实证研究常用的拟合指数 χ^2、χ^2/df、RMSEA、CFI、GFI、IFI 进行判断，还分析了制造企业—知识型服务机构互动强度与互动深度、资源重组与资源重置、创新绩效与运营绩效三对相似构念之间的区别效度，通过 $\Delta\chi^2$、df 来判断。

6.4　数据分析

6.4.1　信度和效度检验

本书采用因子分析检验变量测度的信度与效度。在此之前,本书主要检验非回应偏差与共同方法偏差两大问题。对于非回应偏差问题,本书通过SPSS 19.0检验中、早期回应者(前 25％回收的问卷)与晚期回应者(最后25％回收的问卷)是否存在显著差异,对两组样本的企业年龄、行业类型、企业规模进行 T 检验,结果显示这两组样本在企业年龄、行业类型、企业规模三方面的 t 值均不显著,表明本书中不存在应答偏差的问题。对于共同方法偏差问题,本书依据 Podsakoff 和 Organ(1986)的建议,在问卷设计和统计上都采取了相应的措施,一方面保证了问卷的匿名性(减少社会称许性问题);另一方面告知问卷填答者答案无对错之分,并尽可能使用清晰的、无歧义的语句(避免题项模糊性)。在统计上,本书采用哈曼单因子检验方法(Harman one-factor method)进行了共同方法偏差的检验。具体的做法是将控制变量、解释变量、中介变量、被解释变量涉及的所有量表题项放在一起进行因子分析(Podsakoff et al.,1986)。结果显示,在未旋转时第一个因子方差解释率为27.77％,而所有涉及变量的总解释率为 64.63％,未出现单一因子方差解释率过高的情况(27.77/64.63＝0.43＜0.5),因此共同方法偏差并不是本书中突出的问题。接着,本书对变量测度的信度和效度进行检验,从 323 份有效问卷中随机提取 90 份问卷进行探索性因子分析,对剩下的 233 份问卷进行验证性因子分析。

6.4.1.1　解释变量

(1)探索性因子分析

制造企业—知识型服务机构互动变量的 KMO 值为 0.779,大于 0.7,且Bartlett 统计值显著异于 0,因此适合进一步做因子分析。根据特征根大于 1,最大因子载荷大于 0.5 的要求,提取出两个因子,累积解释变异为 70.563％。

由表 6.4 可以发现，题项"互动深度 3"在两大因子下面的载荷均大于 0.5，去掉该题项，再次进行因子分析。在第二次因子分析前，先对互动有有关变量的 KMO 值进行检验，此时，KMO 值为 0.730，大于 0.7，且 Bartlett 统计值显著异于 0，因此适合进一步做因子分析。根据特征根大于 1，最大因子载荷大于 0.5 的要求，提取出两个因子，累积解释变异为 71.688%。

表 6.4　制造企业—知识型服务机构互动的探索性因子分析（一）

题项（简写）	因子载荷	
	1	2
互动深度 4	0.890	0.160
互动深度 2	0.824	0.235
互动深度 1	0.750	0.296
互动深度 3	0.595	0.573
互动强度 4	0.557	0.462
互动强度 2	0.198	0.863
互动强度 1	0.243	0.823
互动强度 3	0.289	0.795

注：此为旋转后的因子载荷矩阵，旋转方法为方差最大法（Varimax）。

表 6.5　制造企业—知识型服务机构互动的探索性因子分析（二）

题项（简写）	因子载荷	
	1	2
互动深度 4	0.886	0.157
互动深度 2	0.829	0.241
互动深度 1	0.757	0.304
互动强度 4	0.570	0.476
互动强度 2	0.199	0.864
互动强度 1	0.247	0.828
互动强度 3	0.288	0.795

注：此为旋转后的因子载荷矩阵，旋转方法为方差最大法（Varimax）。

由表 6.5 可以发现,题项"互动强度 4"在因子 1(互动深度)下面的载荷大于 0.5,而在因子 2(互动强度)下面的载荷小于 0.5,去掉该题项,再次进行因子分析。第三次因子分析前,首先对互动的 KMO 值进行检验,此时,KMO 值为 0.703,大于 0.7,且 Bartlett 统计值显著异于 0,因此适合进一步做因子分析。根据特征根大于 1,最大因子载荷大于 0.5 的要求,提取出两个因子,累积解释变异为 75.727%,如表 6.6 所示。

表 6.6　制造企业—知识型服务机构互动的探索性因子分析(三)

题项(简写)	因子载荷	
	1	2
互动强度 2	0.865	0.183
互动强度 1	0.835	0.255
互动强度 3	0.801	0.280
互动深度 2	0.262	0.852
互动深度 4	0.154	0.851
互动深度 1	0.327	0.793

注:此为旋转后的因子载荷矩阵,旋转方法为方差最大法(Varimax)。

接下来,对因子 1(互动强度)、因子 2(互动深度)进行信度分析,以检验各题项之间的内部一致性。结果如表 6.7 所示,所有的题项—总体相关系数均大于 0.35,同时两大因子的 Cronbach's α 系数均大于 0.8。因此,修正后的制造企业—知识型服务机构互动的各维度的题项之间具有较好的内部一致性。

表 6.7　修正后的制造企业—知识型服务机构互动的信度检验($N=90$)

变量	题项(简写)	题项—总体相关系数	删除该题项后 Cronbach's α 系数	Cronbach's α 系数
互动深度	互动深度 1	0.690	0.781	0.836
	互动深度 2	0.745	0.729	
	互动深度 4	0.662	0.809	
互动强度	互动强度 1	0.709	0.779	0.841
	互动强度 2	0.716	0.768	
	互动强度 3	0.698	0.788	

（2）验证性因子分析

对制造企业—知识型服务机构互动进行验证性因子分析之前,首先检验 233 份样本中变量题项之间的信度,如表 6.8 所示,所有的题项—总体相关系数均大于 0.35,同时两大因子的 Cronbach's α 系数均大于 0.7。因此,经上述探索性因子修正后的制造企业—知识型服务机构互动各维度的题项之间具有较好的内部一致性。

表 6.8　修正后的制造企业—知识型服务机构互动的信度检验($N=233$)

变量	题项(简写)	题项—总体相关系数	删除该题项后 Cronbach'a 系数	Cronbach's α 系数
互动深度	互动深度 1	0.505	0.702	0.728
	互动深度 2	0.671	0.503	
	互动深度 4	0.490	0.710	
互动强度	互动强度 1	0.515	0.694	0.730
	互动强度 2	0.600	0.596	
	互动强度 3	0.552	0.644	

表 6.9　制造企业—知识型服务机构互动测量模型的拟合结果($N=233$)

			标准化估计值	非标准化估计值	S.E.	C.R.	p
互动深度 2	←	互动深度	0.923	1.325	0.156	8.501	***
互动深度 1	←	互动深度	0.607	1.000			
互动深度 4	←	互动深度	0.597	0.907	0.116	7.785	***
互动强度 3	←	互动强度	0.662	0.987	0.123	8.030	***
互动强度 2	←	互动强度	0.825	1.109	0.129	8.622	***
互动强度 1	←	互动强度	0.627	1.000			
χ^2		17.351	RMSEA	0.080		IFI	0.979
df		7	GFI	0.977			
χ^2/df		2.48	CFI	0.979			

注:*** 表示显著性水平 $p<0.001$。

　　对制造企业—知识型服务机构互动进行验证性因子分析,测量模型与拟合结果如表6.9和图6.2所示。制造企业—知识型服务机构互动的测量模型拟合结果表明:χ^2值为17.351,自由度df为7,χ^2/df的值为2.48,小于3;RMSEA=0.080,小于1;GFI=0.977,大于0.9;CFI=0.979,大于0.9;IFI=0.979,大于0.9,各路径系数在$p<0.001$水平上显著。依据上述指标综合判断可知,该模型的拟合效果较好,且题项对构念的路径系数均大于0.7或接近于0.7,因此具有较好的聚合效度。

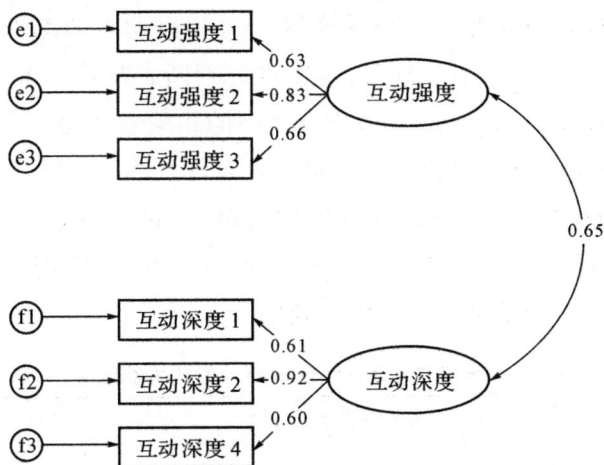

图6.2　制造企业—知识型服务机构互动验证性因子分析结果

　　由上述分析可以发现,经探索性因子分析、验证性因子分析修正与检验后的制造企业—知识型服务机构互动的维度较Hakansson(1982)提出的互动四维度有一定程度上的改变。其中,互动强度中剔除了社会关系构建这一维度,仅包含三个方面,即围绕服务、相关信息、资金的互动强度,主要原因在于,本书对互动强度的测量主要关注的是互动时间的长短,而制造企业与知识型服务机构之间相关社会关系的强弱并不只在于互动项目持续的时间长短,有些互动项目虽然持续时间较长,但是双方在感情交流方面投入并不多,因此社会关系构建这一维度在互动强度中并不总是显著的,本书的数据证实了这一点。另外,互动深度也只包含三个方面,即围绕服务、相关信息、社会关系构建的互动深度,而关于资金这一维度被剔除了,主要原因在于本书对互动深度的测量主要关注的是互动过程中制造企业中参与该互动项目的人员的层级范围,而关于项目中资金的流通只需要相关负责人参与即可,并不需要不同层级的人员都参与进来,尤其是在发展较为成熟的企业,分工细致,资金的管理更为规范。因此,这一维度在互动深度中也不总是显著,本书的数据也证实了这一点。总体而言,经探索性因子分析修正后的制造企业—知识型服务机构互动量表是对 Hakansson(1982)所提出的泛指的购买者—供应者互动维度的进一步精炼。

(3)配对卡方差异性检验

本书通过对互动强度与互动深度这一对相似构念的配对卡方差异检验(chi-square difference tests)对区别效度进行判断。在每一个配对检验中,通过比较限制模型(restricted model,构念之间的相关系数为1)与自由估计模型(freely estimated model,构念之间的相关系数自由估计)之间的卡方是否存在显著差异来判断构念之间是否具有区别效度(Anderson & Gerbing,1988)。如表 6.10 所示,$\Delta\chi^2(1)=4.56$,在 $p<0.05$ 的水平显著,因此互动强度与互动深度在 $p<0.05$ 的水平上具有区别效度。

表 6.10　互动强度与互动深度的配对卡方差异性检验($N=233$)

	限制模型(相关系数为 1)	自由估计模型(自由估计相关系数)
卡方	21.911	17.351
自由度	8	7
$\Delta\chi^2(1)$	4.56(1)	
显著性水平	$p<0.05$	

6.4.1.2　被解释变量

(1)探索性因子分析

创新绩效的 KMO 值为 0.782,大于 0.7,且 Bartlett 统计值显著异于 0,因此适合进一步做因子分析。根据特征根大于 1,最大因子载荷大于 0.5 的要求,提取出 1 个因子,如表 6.11 所示,累积解释变异为 69.129%。

表 6.11 创新绩效的探索性因子分析结果

题项（简写）	因子载荷
	1
创新绩效 1	0.885
创新绩效 3	0.818
创新绩效 2	0.817
创新绩效 4	0.803

注:此为旋转后的因子载荷矩阵,旋转方法为方差最大法(Varimax)。

运营绩效的 KMO 值为 0.765,大于 0.7,且 Bartlett 统计值显著异于 0,因此适合进一步做因子分析。根据特征根大于 1,最大因子载荷大于 0.5 的要求,提取出 1 个因子,如表 6.12 所示,累积解释变异为 67.338%。

表 6.12 运营绩效的探索性因子分析结果

题项（简写）	因子载荷
	1
运营绩效 3	0.848
运营绩效 4	0.835
运营绩效 1	0.819
运营绩效 2	0.779

注:此为旋转后的因子载荷矩阵,旋转方法为方差最大法(Varimax)。

表 6.13 修正后的创新绩效、运营绩效的信度检验($N=90$)

变量	题项（简写）	题项—总体相关系数	删除该题项后 Cronbach's α 系数	Cronbach's α 系数
创新绩效	创新绩效 1	0.763	0.770	0.846
	创新绩效 2	0.665	0.816	
	创新绩效 3	0.674	0.817	
	创新绩效 4	0.658	0.815	
运营绩效	运营绩效 1	0.669	0.795	0.838
	运营绩效 2	0.617	0.817	
	运营绩效 3	0.706	0.779	
	运营绩效 4	0.690	0.787	

接下来,本书分别对创新绩效、运营绩效进行信度分析,以检验各题项之间的内部一致性。结果如表 6.13 所示,所有的题项—总体相关系数均大于 0.35,同时两大因子的 Cronbach's α 系数均大于 0.7。因此,修正后的创新绩效、运营绩效的各维度的题项之间具有较好的内部一致性。

（2）验证性因子分析

本书对创新绩效、运营绩效分别进行验证性因子分析之前,先检验 233 份样本中题项之间的信度,如表 6.14 所示,所有的题项—总体相关系数均大于 0.35,同时两大因子的 Cronbach's α 系数均大于 0.7。因此,经探索性因子修正后的绩效各维度的题项之间具有较好的内部一致性。

表 6.14　修正后的创新绩效、运营绩效的信度检验（N＝233）

变量	题项（简写）	题项—总体相关系数	删除该题项后 Cronbach's α 系数	Cronbach's α 系数
创新绩效	创新绩效 1	0.584	0.733	0.782
	创新绩效 2	0.541	0.752	
	创新绩效 3	0.647	0.697	
	创新绩效 4	0.587	0.730	
运营绩效	运营绩效 1	0.620	0.764	0.809
	运营绩效 2	0.565	0.790	
	运营绩效 3	0.692	0.728	
	运营绩效 4	0.630	0.759	

首先对创新绩效进行验证性因子分析,测量模型与拟合结果如表 6.15 和图 6.3 所示。创新绩效的测量模型拟合结果表明:χ^2 值为 2.447,自由度 df 为 2,χ^2/df 的值为 1.224,小于 2;RMSEA＝0.031,小于 0.05;GFI＝0.995,大于 0.9;CFI＝0.998,大于 0.9;IFI＝0.998,大于 0.9,各路径系数在 $p<0.001$ 水平上显著。依据上述指标综合判断可知,该模型的拟合效果较好,由此,创新绩效量表通过了验证。

表 6.15 创新绩效测量模型的拟合结果($N=233$)

			标准化 估计值	非标准化 估计值	S. E.	C. R.	p
创新绩效 3	←	创新绩效	0.779	1.000			
创新绩效 2	←	创新绩效	0.614	0.691	0.085	8.097	***
创新绩效 1	←	创新绩效	0.681	0.740	0.084	8.790	***
创新绩效 4	←	创新绩效	0.681	0.844	0.096	8.789	***
χ^2		2.447	RMSEA	0.031		IFI	0.998
df		2	GFI	0.995			
χ^2/df		1.224	CFI	0.998			

注：*** 表示显著性水平 $p<0.001$。

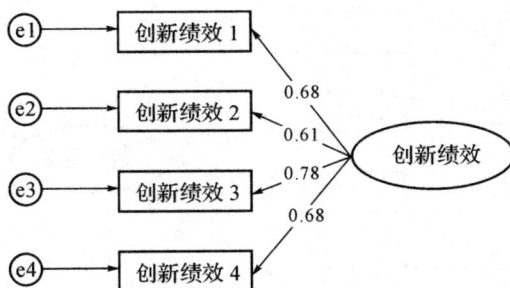

图 6.3 创新绩效验证性因子分析结果

接下来本书对运营绩效进行验证性因子分析，测量模型与拟合结果如表6.16和图6.4所示。运营绩效的测量模型拟合结果表明：χ^2 值为 2.887，自由度 df 为 2，χ^2/df 的值为 1.444，小于 2；RMSEA$=0.044$，小于 0.05；GFI$=0.994$，大于 0.9；CFI$=0.997$，大于 0.9；IFI$=0.997$，大于 0.9，各路径系数在 $p<0.001$ 水平上显著。依据上述指标综合判断可知，该模型的拟合效果较好，由此，运营绩效量表通过了验证。

表 6.16　运营绩效测量模型的拟合结果($N=233$)

			标准化估计值	非标准化估计值	S. E.	C. R.	p
运营绩效 3	←	运营绩效	0.899	1.722	0.211	8.155	***
运营绩效 2	←	运营绩效	0.545	1.178	0.182	6.476	***
运营绩效 1	←	运营绩效	0.543	1.000			
运营绩效 4	←	运营绩效	0.811	1.542	0.189	8.150	***
χ^2		2.887	RMSEA	0.044		IFI	0.997
df		2	GFI	0.994			
χ^2/df		1.444	CFI	0.997			

注:*** 表示显著性水平 $p<0.001$。

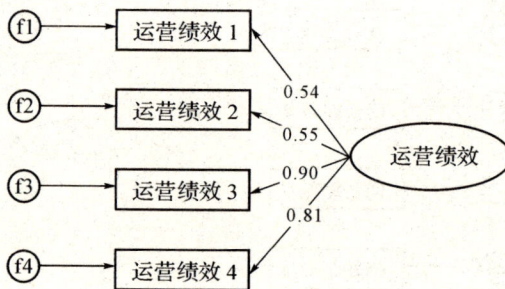

图 6.4　运营绩效验证性因子分析结果

(3)配对卡方差异性检验

本书对创新绩效与运营绩效这一对相似构念进行配对卡方差异检验(chi-square difference tests),进而对区别效度进行判断。在每一个配对检验中,我们通过比较限制模型(restricted model,构念之间的相关系数为1)与自由估计模型(freely estimated model,构念之间的相关系数自由估计)之间的卡方是否存在显著差异来判断构念之间是否具有区别效度(Anderson *et al.*, 1988)。

如表 6.17 所示,$\Delta\chi^2(1)=3.603$,在 $p<0.1$ 的水平显著,因此创新绩效与运营绩效在 $p<0.1$ 的水平上具有区别效度。

表 6.17　创新绩效与运营绩效的配对卡方差异性检验（N＝233）

	限制模型（相关系数为 1）	自由估计模型（自由估计相关系数）
卡方	132.410	128.807
自由度	20	19
$\Delta\chi^2(1)$	3.603(1)	
显著性水平	$p<0.1$	

6.4.2　相关分析

本书通过相关分析，先考察不同变量之间的相关关系，如表 6.18 所示，控制变量服务类型与被解释变量运营绩效存在正相关关系；解释变量互动强度、互动深度均与中介变量资源重组、资源重置、被解释变量创新绩效、运营绩效存在正相关关系；中介变量资源重组、资源重置与被解释变量创新绩效、运营绩效存在正相关关系，另外，解释变量、中介变量与被解释变量之间的相关系数最大为 0.651，均小于 0.7 的临界值。在一定程度上初步支持了本书的相关假设。接下来，本书将通过多元线性回归分析对研究假设进行更为精确的检验。

表 6.18　描述性统计分析与变量间相关关系 (N=233)

	均值	标准差	企业规模	企业年龄	服务机构类型	互动外相关投入人基础	互动强度	互动深度	资源重组	资源重置	创新绩效	运营绩效
控制变量												
企业规模	5.725	1.743	1									
企业年龄	13.730	11.672	0.570**	1								
服务机构类型	0.280	0.449	0.074	0.049	1							
内部相关投入基础	3.150	1.577	0.131*	0.107	-0.058	1						
解释变量												
互动强度	3.714	1.189	0.032	0.026	-0.009	0.037	1					
互动深度	3.768	1.189	0.091	0.048	0.123	0.076	0.555**	1				
中介变量												
资源重组	4.733	0.987	0.037	-0.023	0.208**	0.031	0.228**	0.322**	1			
资源重置	4.640	1.032	-0.041	-0.100	0.177**	0.018	0.147*	0.198**	0.225**	1		
被解释变量												
创新绩效	4.179	1.129	0.071	-0.004	0.116	0.048	0.277**	0.428**	0.319**	0.460**	1	
运营绩效	4.533	1.060	0.024	0.032	0.143*	-0.018	0.155*	0.225**	0.339**	0.549**	0.651**	1

注:**表示显著性水平 $p < 0.01$(双尾检验),*表示显著性水平 $p < 0.05$(双尾检验)。

6.4.3 多元线性回归分析

6.4.3.1 多元线性回归三大问题检验

多元线性回归中需要注意的三大问题是多重共线性、序列相关以及异方差(马庆国,2002)。为保证多元线性回归得出正确的统计结论,本章检验了回归模型是否存在多重共线性、异方差和序列相关的问题。

①多重共线性检验。本章采用方差膨胀因子(variance inflation factor,VIF)判断多重共线性问题。一般而言,VIF≥10,表示解释变量存在比较严重的多重共线性问题(Cohen et al.,2003)。本章的各回归模型的结果显示,各回归模型的 VIF 值均介于 1 与 2 之间,因此,多重共线性不会成为本书的一个突出问题。

②异方差检验。通过残差散点图可以判断是否存在异方差(马庆国,2002)。以标准化预测值为横轴,标准化残差为纵轴,进行残差散点图分析。结果发现,本书中的各回归模型的残差散点图没有明显的变化趋势,因此,异方差不会成为本书的一个突出问题。

③序列相关检验。序列相关即表示变量在不同时间点的相关关系,可用 Durbin-Waston 值进行判断(马庆国,2002)。本书采用的是横截面数据,因此,在理论上不存在序列相关问题,另外,各回归模型的 Durbin-Waston 值大于 1.5、小于 2.5,因此,序列相关不会成为本书的一个突出问题。

6.4.3.2 制造企业—知识型服务机构互动对绩效的影响

表 6.19 通过 6 个模型对制造企业—知识型服务机构互动与绩效之间的关系进行了检验,被解释变量分为创新绩效与运营绩效。模型 1 中的解释变量仅包含控制变量,即为了检验企业规模、企业年龄、服务机构类型、内部相关投入基础给创新绩效带来的影响。模型 2 在模型 1 的基础上加入解释变量互动强度,即为了检验互动强度对创新绩效的正向影响,结果显示,模型 2 在模型 1 基础上加入解释变量互动强度后,R^2 值有显著提高($p<0.001$,R^2 变动 0.076),这说明互动强度对创新绩效具有重要的解释作用。具体而言,互动强度的回归系数为正且显著($p<0.001$),意味着互动强度对创新绩效有显著的正向影响。模型 3 在模型 1 的基础上加入解释变量互动深度,即为了检验互

表 6.19　制造企业—知识型服务机构互动对制造企业绩效的影响($N=233$)

	被解释变量:创新绩效			被解释变量:运营绩效		
	模型 6	模型 1	模型 2	模型 3	模型 4	模型 5
控制变量						
企业规模	0.095	0.089	0.063	0.000	−0.003	−0.016
企业年龄	−0.069	−0.071	−0.064	0.027	0.025	0.029
服务机构类型	0.115†	0.117†	0.064	0.141*	0.143*	0.115†
内部相关投入基础	0.049	0.040	0.018	−0.013	−0.018	−0.029
解释变量						
互动强度		0.276***			0.156*	
互动深度			0.417***			0.213**
模型统计量						
R^2	0.023	0.099	0.191	0.021	0.046	0.065
调整后的 R^2	0.005	0.079	0.174	0.004	0.025	0.045
F 统计值	1.318	4.961***	10.751***	1.243	2.169†	3.181**
VIF 最大值	1.498	1.499	1.504	1.498	1.499	1.504

注:*** 表示显著性水平 $p<0.001$,** 表示显著性水平 $p<0.01$,* 表示显著性水平 $p<0.05$,† 表示显著性水平 $p<0.10$。

动深度对创新绩效的正向影响,结果显示,模型 3 在模型 1 基础上加入解释变量互动深度后,R^2 值有显著提高($p<0.001$,R^2 变动 0.168),这说明互动深度对创新绩效具有重要的解释作用。具体而言,互动深度的回归系数为正且显著($p<0.001$),意味着互动深度对创新绩效有显著的正向影响,因此,H1a 得到支持。模型 4 中的解释变量仅包含控制变量,即为了检验企业规模、企业年龄、服务机构类型、内部相关投入基础给运营绩效带来的影响。模型 5 在模型 4 的基础上加入解释变量互动强度,即为了检验互动强度对运营绩效的正向影响,结果显示,模型 5 在模型 4 基础上加入解释变量互动强度后,R^2 值有显著提高($p<0.1$,R^2 变动 0.025),这说明互动强度对运营绩效具有重要的解释作用。具体而言,互动强度的回归系数为正且显著($p<0.05$),意味着互动强度对运营绩效有显著的正向影响。模型 6 在模型 4 的基础上加入解释变量互动深度,即为了检验互动深度对运营绩效的正向影响,结果显示,模型 6 在

模型 4 基础上加入解释变量互动深度后,R^2 值有显著提高($p<0.01$,R^2 变动 0.044),这说明互动深度对运营绩效具有重要的解释作用。具体而言,互动深度的回归系数为正且显著($p<0.01$),意味着互动深度对运营绩效有显著的正向影响,因此,H1b 得到支持。

此外,控制变量服务类型在五个回归模型中均为正且显著(除模型 3),控制变量企业规模、企业年龄、内部相关投入基础在六个回归模型中均不显著,这说明服务机构类型对创新绩效、运营绩效有显著的正向影响,企业规模、企业年龄、内部相关投入基础对创新绩效、运营绩效没有显著的影响。

6.4.3.3 制造企业—知识型服务机构互动对资源重构的影响

表 6.20 通过 6 个模型对制造企业—知识型服务机构互动与资源重组、资源重置的关系进行了检验,被解释变量分别为资源重组、资源重置。模型 1 的解释变量仅包含控制变量,即为了检验企业规模、企业年龄、服务机构类型、内部相关投入基础给资源重组带来的影响。模型 2 在模型 1 的基础上加入解释变量互动强度,即为了检验互动强度对资源重组的正向影响。结果显示,模型 2 在模型 1 基础上加入解释变量互动强度后,R^2 值有显著提高($p<0.001$,R^2 变动 0.052),这说明互动强度对资源重组具有重要的解释作用。具体而言,互动强度的回归系数为正且显著($p<0.001$),意味着互动强度对资源重组有显著的正向影响。模型 3 在模型 1 的基础上加入解释变量互动深度,为了检验互动深度对资源重组的正向影响。结果显示,模型 3 在模型 1 基础上加入解释变量互动深度后,R^2 值有显著提高($p<0.001$,R^2 变动 0.087),这说明互动深度对资源重组具有重要的解释作用。具体而言,互动深度的回归系数为正且显著($p<0.001$),意味着互动深度对资源重组有显著的正向影响。因此,H3a 得到支持。另外,控制变量服务类型在模型 1、模型 2、模型 3 中均为正且显著,控制变量企业规模、企业年龄、内部相关投入基础在这三个回归模型中均不显著,这说明服务机构类型对资源重组有显著的正向影响,企业规模、企业年龄、内部相关投入基础对资源重组没有显著的影响。

表 6.20　制造企业—知识型服务机构互动对资源重构的影响($N=233$)

	被解释变量:资源重组			被解释变量:资源重置		
	模型 6	模型 1	模型 2	模型 3	模型 4	模型 5
控制变量						
企业规模	0.055	0.050	0.032	0.007	0.003	−0.008
企业年龄	−0.069	−0.071	−0.066	−0.117	−0.118	−0.115
服务机构类型	0.210**	0.212**	0.173**	0.184**	0.186**	0.162**
内部相关投入基础	0.043	0.036	0.021	0.040	0.035	0.026
解释变量						
互动强度		0.229***			0.150*	
互动深度			0.299***			0.183**
模型统计量						
R^2	0.049	0.101	0.136	0.045	0.067	0.077
调整后的 R^2	0.032	0.081	0.117	0.028	0.047	0.057
F 统计值	2.908*	5.095***	7.131***	2.667*	3.270**	3.798**
VIF 最大值	1.498	1.499	1.504	1.498	1.499	1.504

注:*** 表示显著性水平 $p<0.001$,** 表示显著性水平 $p<0.01$,* 表示显著性水平 $p<0.05$,† 表示显著性水平 $p<0.10$。

　　模型 4 中的解释变量仅包含控制变量,即为了检验企业规模、企业年龄、服务机构类型、内部相关投入基础给资源重置带来的影响。模型 5 在模型 4 的基础上加入解释变量互动强度,即为了检验互动强度对资源重置的正向影响。结果显示,模型 5 在模型 4 基础上加入解释变量互动强度后,R^2 值有显著提高($p<0.01$,R^2 变动 0.022),这说明互动强度对资源重置具有重要的解释作用。具体而言,互动强度的回归系数为正且显著($p<0.05$),意味着互动强度对资源重置有显著的正向影响。模型 6 在模型 4 的基础上加入解释变量互动深度,为了检验互动深度对资源重置的正向影响。结果显示,模型 6 在模型 4 基础上加入解释变量互动深度后,R^2 值有显著提高($p<0.01$,R^2 变动 0.032),这说明互动深度对资源重置具有重要的解释作用。具体而言,互动深度的回归系数为正且显著($p<0.01$),意味着互动深度对资源重置有显著的

正向影响。因此,H3b得到支持。另外,控制变量服务类型在模型4、模型5、模型6中均为正且显著,控制变量企业规模、企业年龄、内部相关投入基础在这三个回归模型中均不显著,这说明服务机构类型对资源重置有显著的正向影响,企业规模、企业年龄、内部相关投入基础对资源重置没有显著的影响。

6.4.3.4 资源重构对制造企业—知识型服务机构互动与制造企业绩效的中介作用

依据Baron和Kenny(1986)的建议,本书检验了资源重构对制造企业—知识型服务机构互动与绩效的中介效应,分别以创新绩效、运营绩效为被解释变量,建立两组回归模型,如表6.21和表6.22所示。

表6.21中的8个模型检验了资源重组、资源重置在制造企业—知识型服务机构互动与创新绩效关系中的中介作用。模型1中的解释变量仅包含控制变量企业规模、企业年龄、服务机构类型、内部相关投入基础和解释变量互动强度。模型2在模型1的基础上加入中介变量资源重组,即为了检验资源重组在互动强度与创新绩效关系中的中介作用。结果显示,模型2在模型1的基础上加入中介变量资源重组后,模型2的R^2有显著意义的提高($p<0.001$,R^2变动0.056),这说明资源重组对创新绩效有重要的解释作用。资源重组的回归系数为正且显著($p<0.001$),意味着资源重组对创新绩效有显著的正向影响。因此,H2a得到支持。模型2在模型1基础上加入中介变量资源重组后,互动强度的回归系数为正且显著($p<0.01$),但回归系数较模型1减小,显著性水平较模型1明显降低,这说明资源重组在互动强度与创新绩效关系中起着显著的部分中介作用。模型3在模型1的基础上加入中介变量资源重置,即为了检验资源重置在互动强度与创新绩效关系中的中介作用。模型3在模型1的基础上加入中介变量资源重置后,模型3的R^2有显著意义的提高($p<0.001$,R^2变动0.167),这说明资源重置对创新绩效有重要的解释作用。资源重置的回归系数为正且显著($p<0.001$),意味着资源重置对创新绩效有显著的正向影响。因此,H2c得到支持。模型3在模型1基础上加入中介变量资源重置后,互动强度的回归系数为正且显著($p<0.001$),回归系数较模型1减小,但显著性水平较模型1没有改变,这说明资源重置没有在互动强度与创新绩效关系中发挥显著的中介作用。模型4在模型1基础上同时

加入中介变量资源重组、资源重置后，模型 4 的 R^2 有显著意义的提高（$p<$ 0.001，R^2 变动 0.174），互动强度的回归系数为正且显著（$p<0.01$），回归系数较模型 1 减少，且显著性水平较模型显著降低，同时，可以发现，资源重组的回归系数为正但不显著，资源重置的回归系数为正且显著（$p<0.001$），另外，比较模型 4 与模型 2，可以认为，模型 4 是在模型 2 的基础上加入了变量资源重置，此时，模型 4 的 R^2 有显著意义的提高（$p<0.001$，R^2 变动 0.118），资源重置的回归系数为正且显著（$p<0.001$），资源重组的回归系数较模型 2 减少，变为不显著，这说明资源重置在资源重组与创新绩效之间发挥了完全中介的作用，却没有在互动强度与创新绩效之间发挥显著中介作用。

表 6.21 中，模型 5 中的解释变量仅包含控制变量企业规模、企业年龄、服务机构类型、内部相关投入基础和解释变量互动深度。模型 6 在模型 5 的基础上加入中介变量资源重组，模型 7 在模型 5 的基础上加入中介变量资源重置，即为了分别检验资源重组、资源重置在互动深度与创新绩效关系中的中介作用。结果显示，模型 6 在模型 5 的基础上加入中介变量资源重组、模型 7 在模型 5 的基础上加入中介变量资源重置后，模型 6、模型 7 中资源重组（$p<$ 0.01）、资源重置（$p<0.001$）的回归系数分别为正且显著，意味着资源重组、资源重置对创新绩效有显著的正向影响。模型 6、模型 7 中互动深度的回归系数均为正且显著（$p<0.001$），回归系数较模型 5 减小，但显著性水平没有变化，这说明资源重组、资源重置在互动深度与创新绩效关系中均未发挥中介作用。模型 8 在模型 5 的基础上，同时加入了资源重组、资源重置，此时，模型 8 的 R^2 有显著意义的提高（$p<0.001$，R^2 变动 0.140），资源重组的回归系数为正但不显著，资源重置的回归系数为正且显著（$p<0.001$），互动深度的回归系数均为正且显著（$p<0.001$），回归系数较模型 5 减小，但显著性水平没有变化，交叉证明了资源重组、资源重置在互动强度与创新绩效之间未发挥中介作用。

因此，只有资源重组在互动强度与创新绩效之间起到了部分中介的作用，而资源重置并没有在互动强度与创新绩效之间发挥中介作用；资源重组、资源重置在互动深度与创新绩效之间也均未发挥中介作用。因此，H4a、H4c 均只得到部分支持。

表 6.21　资源重构对制造企业—知识型服务机构互动与创新绩效的中介

	模型 1	模型 2	模型 3	模型 4	模型 5	模型 6	模型 7	模型 8
控制变量								
企业规模	0.089	0.076	0.087	0.083	0.063	0.057	0.066	0.064
企业年龄	−0.071	−0.053	−0.021	−0.019	−0.064	−0.052	−0.019	−0.018
服务机构类型	0.117†	0.064	0.039	0.025	0.064	0.030	0.000	−0.005
内部相关投入基础	0.040	0.031	0.025	0.023	0.018	0.014	0.008	0.007
解释变量：制造企业—知识型服务机构互动								
互动强度	0.276***	0.218**	0.212***	0.195**				
互动深度					0.417***	0.359***	0.345***	0.334***
中介变量：资源重构								
资源重组		0.251***		0.098		0.193**		0.047
资源重置			0.423***	0.386***			0.392***	0.375***
模型统计量								
R^2	0.099	0.155	0.266	0.273	0.191	0.224	0.334	0.335
调整后的 R^2	0.079	0.133	0.246	0.250	0.174	0.203	0.316	0.315
F 统计值	4.961***	6.912***	13.628***	12.074***	10.751***	10.860***	18.854***	16.210***
VIF 最大值	1.499	1.502	1.499	1.502	1.504	1.506	1.505	1.506

注：*** 表示显著性水平 $p<0.001$，** 表示显著性水平 $p<0.01$，* 表示显著性水平 $p<0.05$，† 表示显著性水平 $p<0.10$。

表 6.22 资源重构对制造企业—知识型服务机构互动与运营绩效的中介

	模型 1	模型 2	模型 3	模型 4	模型 5	模型 6	模型 7	模型 8
控制变量								
企业规模	-0.003	-0.019	-0.005	-0.010	-0.016	-0.026	-0.012	-0.016
企业年龄	0.025	0.047	0.089	0.092	0.029	0.048	0.090	0.092
服务机构类型	0.143*	0.078	0.042	0.027	0.115†	0.065	0.029	0.019
内部相关投入基础	-0.018	-0.029	-0.037	-0.039	-0.029	-0.035	-0.043	-0.044
解释变量：制造企业—知识型服务机构互动								
互动强度	0.156*	0.086	0.075	0.056				
互动深度					0.213**	0.127†	0.116*	0.094
中介变量：资源重构								
资源重组		0.306***		0.109†		0.287***		0.095
资源重置			0.539***	0.498***			0.530***	0.495***
模型统计量								
R^2	0.046	0.130	0.317	0.326	0.065	0.137	0.324	0.331
调整后的 R^2	0.025	0.107	0.299	0.305	0.045	0.114	0.306	0.310
F 统计值	2.169†	5.609***	17.491***	15.558***	3.181**	5.975***	18.081***	15.902***
VIF 最大值	1.499	1.502	1.499	1.502	1.504	1.506	1.505	1.506

注：*** 表示显著性水平 $p<0.001$，** 表示显著性水平 $p<0.01$，* 表示显著性水平 $p<0.05$，† 表示显著性水平 $p<0.10$。

　　表 6.22 中的 8 个模型检验了资源重组、资源重置在制造企业—知识型服务机构互动与运营绩效关系中的中介作用。模型 1 中的解释变量仅包含控制变量企业规模、企业年龄、服务机构类型、内部相关投入基础和解释变量互动强度。模型 2 在模型 1 的基础上加入中介变量资源重组，即为了检验资源重组在互动强度与运营绩效关系中的中介作用。结果显示，模型 2 在模型 1 的基础上加入中介变量资源重组后，模型 2 的 R^2 有显著意义的提高（$p<$ 0.001，R^2 变动 0.086），这说明资源重组对运营绩效有重要的解释作用。资源重组的回归系数为正且显著（$p<0.001$），意味着资源重组对运营绩效有显著的正向影响。因此，H2b 得到支持。模型 2 在模型 1 基础上加入中介变量资源重组后，互动强度的回归系数为正但不显著，回归系数较模型 1 减小，显著性水平较模型 1 明显降低，这说明资源重组在互动强度与运营绩效关系中起着显著的完全中介作用。模型 3 在模型 1 的基础上加入中介变量资源重置，即为了检验资源重置在互动强度与运营绩效关系中的中介作用。模型 3 在模型 1 的基础上加入中介变量资源重置后，模型 3 的 R^2 有显著意义的提高（$p<$ 0.001，R^2 变动 0.271），这说明资源重置对运营绩效有重要的解释作用。资源重置的回归系数为正且显著（$p<0.001$），意味着资源重置对运营绩效有显著的正向影响。因此，H2d 得到支持。模型 3 在模型 1 基础上加入中介变量资源重置后，互动强度的回归系数为正但不显著，回归系数较模型 1 减小，显著性水平较模型 1 明显降低，这说明资源重置在互动强度与运营绩效关系中起着显著的完全中介作用。模型 4 在模型 1 基础上同时加入中介变量资源重组、资源重置后，模型 4 的 R^2 有显著意义的提高（$p<0.001$，R^2 变动 0.280），互动强度的回归系数为正但不显著，回归系数较模型 1 减少，且显著性水平较模型 1 显著降低，同时可以发现，资源重组的回归系数为正且显著（$p<0.10$），资源重置的回归系数为正且显著（$p<0.001$），交叉证明了资源重组、资源重置在互动强度与运营绩效之间发挥着中介作用。

　　表 6.22 中，模型 5 中的解释变量仅包含控制变量企业规模、企业年龄、服务机构类型、内部相关投入基础和解释变量互动深度。模型 6 在模型 5 的基础上加入中介变量资源重组，模型 7 在模型 5 的基础上加入中介变量资源重置，即为了分别检验资源重组、资源重置在互动深度与运营绩效关系中的中介作用。结果显示，模型 6 在模型 5 的基础上加入中介变量资源重组、模型 7 在

模型 5 的基础上加入中介变量资源重置后，模型 6、模型 7 中资源重组、资源重置的回归系数为正且显著（$p<0.001$），意味着资源重组、资源重置对运营绩效有显著的正向影响。模型 6 中互动深度的回归系数为正且显著（$p<0.1$），模型 7 中互动深度的回归系数为正且显著（$p<0.05$），模型 6、模型 7 中互动深度的回归系数均较模型 5 减小，显著性明显降低，这说明资源重组、资源重置在互动深度与运营绩效关系中均发挥了部分中介作用。因此，H4b、H4d 得到支持。模型 8 在模型 5 的基础上，同时加入了资源重组、资源重置，此时，模型 8 的 R^2 有显著意义的提高（$p<0.001$，R^2 变动 0.266），资源重组的回归系数为正但不显著，资源重置的回归系数为正且显著（$p<0.001$），互动深度的回归系数均为正且不显著，回归系数较模型 5 减小，显著性水平明显降低，交叉证明了资源重置在互动深度与运营绩效之间发挥了中介作用。

6.5　结果与讨论

探讨制造企业—知识型服务机构互动对制造企业项目层面绩效的作用机理是深入理解两者关系的一个关键且重要的研究议题。本书主要基于资源基础观、资源依赖理论、知识基础观剖析了资源重构这一中介机制，并采用多元线性回归分析对此加以验证，表 6.23 对本章假设的验证情况进行了总结。

表 6.23　本章的假设检验结果

假设序号	假设内容	结果
H1a	制造企业—知识型服务机构互动对创新绩效具有正向影响	支持
H1b	制造企业—知识型服务机构互动对运营绩效具有正向影响	支持
H2a	资源重组对创新绩效具有正向影响	支持
H2b	资源重组对运营绩效具有正向影响	支持
H2c	资源重置对创新绩效具有正向影响	支持
H2d	资源重置对运营绩效具有正向影响	支持
H3a	制造企业—知识型服务机构互动对资源重组具有正向影响	支持
H3b	制造企业—知识型服务机构互动对资源重置具有正向影响	支持

续　表

假设序号	假设内容	结果
H4a	制造企业—知识型服务机构互动通过资源重组作用于创新绩效	部分支持
H4b	制造企业—知识型服务机构互动通过资源重组作用于运营绩效	支持
H4c	制造企业—知识型服务机构互动通过资源重置作用于创新绩效	不支持
H4d	制造企业—知识型服务机构互动通过资源重置作用于运营绩效	支持

6.5.1　制造企业—知识型服务机构互动与绩效的关系

讨论制造企业绩效提升的问题不能忽略服务机构在其中的作用。制造业与服务业的互动发展已成为共识,并在我国大力推行。H1a与H1b强调制造企业—知识型服务机构互动与绩效的关系,制造企业通过与知识型服务机构互动,获取所需资源,通过资源重构转化为企业绩效。知识型服务机构所提供资源的多样性,导致互动对制造企业绩效的不同方面产生影响,包括创新与运营两方面。本书通过相关分析与多元线性回归分析从统计上支持了这两大假设,即制造企业—知识型服务机构互动能正向影响制造企业项目层面的创新绩效与运营绩效。这一结果不但支持了服务创新研究领域诸多学者关于知识型服务机构有利于制造企业创新的观点(Miles *et al.*,1995;Bilderbeek *et al.*,1998;Hertog,2000;Müller *et al.*,2001;Aslesen *et al.*,2007;Valminen *et al.*,2012),同时也强化了产业营销研究领域学者关于服务供应商—购买者关系的分析研究(Hakansson,1982;Brito *et al.*,2009;Valk *et al.*,2009;Hughes *et al.*,2011)。服务创新研究领域对知识型服务机构与创新关系的研究,主要从宏观创新系统视角入手,通过分析知识型服务机构在创新系统中的作用,进而提出知识型服务机构对制造企业创新的影响。本书从更为微观的项目层面,通过分析制造企业与知识型服务机构互动,来分析其对项目层面绩效的影响。同时,本书对知识型服务机构所提供的资源类型进行了具体的划分,不但包括创新方面的资源,如技术研发知识等,还包括运营方面的资源,如信息资源、管理资源、营销资源等。因此,研究得出知识型服务机构不仅对制造企业创新有利,同时也有利于其运营绩效的提升,这是对服务创新研究的一种补充。另外,相对于产业营销领域的研究,本书不只是局限于分析服务供应商与购买者之间的关系,而且结合服务供应商(知识型服务机构)提供产品的特性,通过聚焦两类主体之间的互动行为来分析其对购买者(制造企业)绩效的影响,拓展了产业营销领域只聚焦于互动要素分析的相关研究。

另外,分析现有文献,发现现有研究主要关注的是知识型服务机构对制造企业创新绩效的提升作用,而对于运营绩效的关注甚少。究其原因,可能是因为现有研究大多以外国企业作为分析对象,国外知识型服务机构较国内知识型服务机构更为专业化,使得国外制造企业与国内制造企业在选择与知识型服务机构互动合作时的目的不一样。国外制造企业更倾向于与知识密集度高的服务机构合作,属于高层次互动(魏江等,2011),知识密集度高的服务机构更有利于企业创新。相比之下,分析制造企业与知识型服务机构互动与运营绩效之间的关系更切合我国实际。我国正处于经济转型时期,知识产权保护制度仍在不断完善中,致使我国很多制造企业不放心将关乎自身核心竞争力的产品研发任务交由知识型服务机构来完成,制造企业只有在万不得已的情况下才会求助于知识型服务机构,且互动合作的目的大多在于如何优化内部生产流程、降低内部生产成本、提高产品传递效率等运营方面。因此,本书同时分析制造企业—知识型服务机构互动与创新绩效、运营绩效之间的关系,具有一定的现实意义。

6.5.2 资源重构与绩效的关系

资源重构的两大维度,即资源重组与资源重置,分别正向影响绩效的两大方面,即创新绩效与运营绩效,通过一一配对,共形成四大假设:H2a、H2b、H2c与H2d。本书的统计结果支持了这些假设,综合起来,得出资源重构正向影响绩效的结论。在过去的研究中,资源重构与绩效之间为正向关系得到了广泛的支持。如Karim(2006)认为,重构有利于企业发现机会,并能创新性地使用资源,促进创新。Galunic和Rodan(1998)指出,资源重组是企业创新的其中一种可能来源。Garcia、Calantone和Levine(2003)认为,制造企业内部的资源是有限的,企业通常需要以明确的政策来分配这些资源,将资源分配到技术开发项目还是技术探索项目,决定着企业是会开展开发式创新还是开展探索式创新。Grand等(2004)提出,企业可以通过资源的分配,选择侧重推动内部的私有创新还是外部的共同创新。但这些研究主要关注的是资源重构与创新绩效之间的正向关系。究其原因,主要是因为上述研究均对资源重构进行了狭义的理解,主要关注的是创新方面资源的重构,而本书对资源重构的理解不仅包括技术研发等创新方面的资源,同时也囊括了其他运营方面的资源,因此,提出资源重构同样能正向影响运营绩效,这是对资源重构与绩效关系相关文献的一个重要补充。

6.5.3　制造企业—知识型服务机构互动与资源重构的关系

H3a 和 H3b 提出制造企业—知识型服务机构互动分别对资源重组、资源重置具有正向影响。本书通过相关分析与多元线性回归分析的统计检验验证了这两大假设,据此得出制造企业—知识型服务机构互动能正向影响资源重构的结论。关于制造企业—知识型服务机构互动对资源重构的影响虽然并未在以往研究中明确提出,一部分成熟的研究已从企业获取知识资源对其资源重构方面的影响方面进行了阐述。例如,Henderson 和 Clark(1990)提出,架构创新的产生往往是由部件知识的变化引起的,可能是部件知识的规模或其他一些设计参数的变化所导致的。本书认为,资源重构与架构创新具有非常相似的内涵,同时,制造企业—知识型服务机构互动的内涵又是知识型服务机构以服务的形式向制造企业进行无形知识与有形资源的转移(Bilderbeek *et al.*,1998;Müller *et al.*,2001;Rajala *et al.*,2008),因此,Henderson 和 Clark(1990)的研究从侧面为本书假设的提出提供了非常有力的支持。另外,Fleming(2001)也从新资源对资源重组影响的角度提出了相似的观点,他认为新资源的引入不但会引起新、旧资源的重组,也会诱发企业原有资源之间的重组,因此,企业获取新资源,有利于提升企业资源重组的潜力。本书聚焦制造企业—知识型服务机构互动这一无形服务与有形资源转移的过程,提出互动对资源重构具有正向影响,同时从资源重构的维度入手,即资源重组与资源重置,来探讨这三者之间的关系,弥补了以往研究只分析两个变量之间关系的不足,同时,对互动与资源重构关系的探讨做了进一步深化。

6.5.4　资源重构的中介作用

H4a、H4b、H4c 和 H4d,主要是提出了制造企业—知识型服务机构互动能够分别通过资源重组与资源重置,作用于制造企业的创新绩效与运营绩效。

本书通过相关分析与多元线性回归分析对此进行了统计检验。结果发现，制造企业—知识型服务机构互动通过资源重组、资源重置作用于运营绩效的假设得到了支持，而制造企业—知识型服务机构互动通过资源重组、资源重置作用于创新绩效的假设只得到了部分支持。这一结果打开了资源到绩效的作用黑箱，说明制造企业—知识型服务机构互动引发企业内部一系列的资源（包括知识）活动，这些资源活动继而影响企业的绩效。

H4a、H4c 分别提出制造企业—知识型服务机构互动通过资源重组、资源重置作用于创新绩效，共得到三点研究发现：一是资源重组只有在制造企业—知识型服务机构互动强度与创新绩效之间发挥部分中介作用；二是资源重组、资源重置均未在制造企业—知识型服务机构互动深度与创新绩效之间发生任何中介作用；三是资源重置单独并没有在制造企业—知识型服务机构互动强度与创新绩效之间发挥中介作用。而只有在资源重组共同作为中介变量进入回归模型时，才在互动强度与创新绩效之间发挥了部分中介效应，而此时资源重组的回归系数并不显著。

针对第二点研究发现，本书认为，可能是因为互动深度表征制造企业与知识型服务机构互动过程中，制造企业内部从基层到高层不同层级人员围绕服务产品、相关信息、社会关系构建等方面的参与程度，所以当制造企业—知识型服务机构之间互动越深入时，表明制造企业与知识型服务机构在该合作项目中，所参与的人员的层次范围越大。由于不同层级人员之间的知识体系、价值观等有很大不同，因此他们在互动过程中均已要求对相关资源进行获取与吸收，甚至要组合、重构后才能更好互动下去，导致制造企业与知识型服务机构的互动深度对其创新绩效的直接影响要远大于通过资源重构对创新绩效的间接影响。因此，在多元线性回归模型中，互动深度直接对创新绩效产生了显著的正向影响，资源重构在其中的中介效应由于相对不显著而无法表现出来。

针对第三点发现，本书认为可能有四点原因：①虽然制造企业通过与知识型服务机构互动为其进行资源的重新配置提供了动力，使得企业能够将更多的资源或者精力安放到更为核心、重要的领域，增加了创新的可能性，但并不必然地导致创新绩效的提升。因此，资源重置不能单独在制造企业—知识型服务机构互动与创新绩效之间发挥中介效应。②本书实证所采用的样本大多为中小型制造企业，中小型制造企业创新的可能性高，但是，其创新却不一定能成功,进而能提升其创新绩效。因此,可能资源重置在制造企业—知识型服务机构互动与创新可能性之间发挥了作用,而未能在制造企业—知识型服务机构互动与创新绩效之间发挥中介作用。③企业通常会首先对价值小的资源进行重组,然后再决定是否需要剥离(配置)(Karim,2006)。资源的剥离通常是资源重组(redeployment)的结果,因为企业倾向于保留新近重组资源中的有价值部分并剥离过多无用的资源(Capron et al.,2001)。制造企业与知识型服务机构互动对创新绩效的作用可能更需要首先通过资源的重组,再影响资源的重置,进而对其创新绩效产生影响。如表6.21与表6.22的模型4、模型8的结果所示,资源重组与资源重置之间存在着一定的相互影响关系,可能在一定程度上也影响了资源重置单独并不能在制造企业—知识型服务机构互动与创新绩效之间发挥中介作用,这一点可以在未来的研究中进一步来剖析。④如探索性案例所述,不同互动模式下,资源重组、资源重置在制造企业—知识型服务机构互动与创新绩效之间的中介程度会有所差异。因此,实证分析中样本的分布可能在一定程度上影响了互动模式的分布,进而影响了资源重组与资源重置的中介效应的发挥。

另外,以往学者在分析知识型服务机构对客户企业作用机理时,基于知识基础观,并出自不同的研究目的与背景,提出了多种多样的知识活动,包括知识提供、知识转变(Nonaka,1994;Hertog et al.,1998a)、知识重组(Müller et al.,2001)、知识创造(Nonaka et al.,1995)、知识获取、知识积累(Caloghirou et al.,2004)等,但大多缺乏实证研究的支持,研究结果较为分散,也未得到一致的结论。本书认为,由于现阶段我国的服务业还不能够完全脱离实物设备而产生,很多知识型服务机构与客户企业互动时,往往是依托有形资源向客户企业提供无形服务的(如信息服务机构通常是基于软件提供服务)。因此,本书基于资源基础观,通过整合先前研究中关于知识活动的诸多提法,明确提出了制造企业—知识型服务机构互动与制造企业绩效之间的中介机制为资源重构,并进一步从资源重组、资源重置两方面来分别验证其中介效应,这是对现有研究的一种推进。

6.6 本章小结

本章基于资源基础观、资源依赖理论与知识基础观，构建了制造企业—知识型服务机构互动、资源重构（包括资源重组、资源重置）、绩效之间的理论关系，并通过实证研究检验了理论假设。进一步地，本章根据实证结果，对制造企业—知识型服务机构互动、资源重组、资源重置、创新绩效、运营绩效之间的关系进行了讨论。

制造企业—知识型服务机构互动
对制造企业绩效的作用路径

上述探索性案例分析提出了命题,即资源重组、资源重置在制造企业—知识型服务机构的不同互动模式与绩效之间发挥了不同程度的中介效应:资源重组在制造企业—知识型服务机构的互补型互动与绩效之间的中介效应要大于资源重置的中介效应,资源重置在制造企业—知识型服务机构的辅助型互动与绩效之间的中介效应反而要大于资源重组的中介效应。另外,通过上述制造企业—知识型服务机构互动对绩效的作用机理的实证分析发现,在不区分互动模式的前提下,多元线性回归模型识别出了资源重构(包括资源重组与资源重置两大维度)在制造企业—知识型服务机构互动与绩效之间发挥了中介效应。为了进一步验证探索性案例所提出的命题,同时对上述实证研究结果做更深入的分析,本章将在此基础上,结合现有相关研究,从互动模式入手,并着眼于资源重构的维度层面(即资源重组、资源重置),进行更为深入的探讨,以期得出资源重组、资源重置是如何在制造企业—知识型服务机构的不同互动模式与绩效之间发挥效应的,并针对两种不同模式下作用路径的异同进行探讨。

7.1   研究假设

7.1.1   互补型互动对制造企业绩效的作用路径

制造企业—知识型服务机构的互补型互动的主要目的是弥补制造企业内部资源的空缺，强调互动过程中制造企业所获取资源与原有资源之间的差异性（Wernerfelt，1984；Das et al.，2000；Knudsen，2007）。因此，知识型服务机构与制造企业之间存在一定的资源（知识）位差，制造企业倾向于将新资源（知识）与企业内部原有资源（知识）相联系，消化、吸收新的外部资源（知识），激发企业的资源重组（Reagans et al.，2003）。制造企业内部相关人员通过"干中学"、"用中学"等方式，将获取的差异化资源通过组合与重构实现价值的快速创造（Rothaermel et al.，2008）。在资源的处理方面，制造企业往往采取重组先于重置的方式，即企业倾向于先尝试进行资源重组来寻找其价值，而不是直接将某些资源进行剥离（重置）（Karim，2006）。据此，提出如下假设：

H5：制造企业—知识型服务机构的互补型互动通过资源重组作用于绩效的效果要大于其通过资源重置作用于绩效的效果。

7.1.2   辅助型互动对制造企业绩效的作用路径

辅助型互动模式强调知识型服务机构所提供的资源与制造企业原有资源之间的相似性（Wernerfelt，1984；Das et al.，2000；Knudsen，2007），外部资源与内部资源由于性质、类型的相似而形成高效率的资源协同（Das et al.，2000；Knudsen，2007）。在辅助型互动模式下，知识型服务机构向制造企业转移的外部资源，通常是企业可以直接使用的，因此，企业所涉及的学习行为较少。制造企业与知识型服务机构的辅助型互动的主要的目的并不是为了通过"干中学"、"用中学"等方式来提升企业能力，更多的是为了能够优化企业内部资源的配置（Ahuja et al.，2001）。通过该类互动，一方面，制造企业获取了与现有知识基相似的资源，有利于制造企业提升原有知识基的专业水平，提高内部专业化程度或效率；另一方面，制造企业获取的相似资源有利于形成规模经济,降低内部开发成本,节省相关费用。因此,在辅助型互动模式下,制造企业能够更为柔性地将人力、资金、技术等资源分配到核心项目中,有利于企业提升绩效。据此,提出如下假设:

H6:制造企业——知识型服务机构的辅助型互动通过资源重置作用于绩效的效果要大于其通过资源重组作用于绩效的效果。

7.1.3 先前互动经历的调节作用

先前互动经历即制造企业之前与知识型服务机构互动合作的相关经历,包括之前互动合作的次数、时间等。有研究提出,先前互动经历有助于企业积累相关知识,从而有利于企业能力的积累与期望的形成,因此,先前互动经历越多,制造企业内部就拥有越多相应的资源,越能为企业提供构建新能力的平台(Nelson et al.,1982;Helfat et al.,2003),并减少错误发生的可能性(Cohen et al.,1994),对企业的创新越具有积极的推动作用(Caloghirou et al.,2004),同时也越能减弱企业外部合作对市场绩效带来的负面影响(Weigelt,2009)。另外,由于企业知识转移的容易程度受到接收方企业对外部知识的解释、消化与吸收能力大小的影响(Cohen et al.,1990),因此,企业拥有先前相关经历越多,表明企业越具备实质性的研究能力(Rosenberg,1990)以及理解、解释与评价知识的能力,从而能够更便利地重构从知识型服务机构中获取的资源,也更容易提升绩效。由于辅助型互动模式下,制造企业向知识型服务机构获取的资源与企业原有资源较为相似,因而相对而言,先前互动经历在制造企业—知识型服务机构的互补型互动与资源重构之间的调节效应会更为显著。因此,互补型互动模式下检验先前互动经历的调节效应更有意义。据此,提出以下假设:

H7a:制造企业的先前互动经历正向调节制造企业—知识型服务机构的互补型互动与资源重组的关系;

H7b:制造企业的先前互动经历正向调节制造企业—知识型服务机构的互补型互动与资源重置的关系。

然而,先前相关经历又会引发企业的路径依赖与锁定行为,导致企业忽视发现新知识的机会(Cohen et al.,1990;Vergne et al.,2010),不利于企业对新资源的重构。而且,若企业拥有过多的先前互动经历,即企业过度使用外部资源来完成内部价值活动,则会导致机会主义倾向并产生过多的交易成本,也容易减弱企业重构外部知识（资源）的能力（Rothaermel *et al.*，2006）。据此，提出假设：

H7a_alt：制造企业的先前互动经历负向调节制造企业—知识型服务机构的互补型互动与资源重组的关系；

H7b_alt：制造企业的先前互动经历负向调节制造企业—知识型服务机构的互补型互动与资源重置的关系。

在上述探索性案例研究、制造企业—知识型服务机构互动对绩效的作用机理分析的基础上，本书通过对现有相关研究的系统梳理和归纳，针对"制造企业—知识型服务机构的不同互动模式对绩效影响的路径"、"制造企业先前的互动经历如何在制造企业—知识型服务机构的互补型互动与资源重构之间起调节作用"这两大研究问题，提出相关研究假设（见表 7.1）。

表 7.1　制造企业—知识型服务机构对制造企业绩效作用路径假设汇总

研究假设
制造企业—知识型服务机构的互动模式对绩效的作用路径
H5：制造企业—知识型服务机构的互补型互动通过资源重组作用于绩效的效果要大于其通过资源重置作用于绩效的效果
H6：制造企业—知识型服务机构的辅助型互动通过资源重置作用于绩效的效果要大于其通过资源重组作用于绩效的效果
先前互动经历的调节作用
H7a：制造企业的先前互动经历正向调节制造企业—知识型服务机构的互补型互动与资源重组的关系
H7b：制造企业的先前互动经历正向调节制造企业—知识型服务机构的互补型互动与资源重置的关系
H7a_alt：制造企业的先前互动经历负向调节制造企业—知识型服务机构的互补型互动与资源重组的关系
H7b_alt：制造企业的先前互动经历负向调节制造企业—知识型服务机构的互补型互动与资源重置的关系

7.2　研究方法

本书对制造企业—知识型服务机构的互动模式对绩效的作用路径分析，是结合第 3 章关于互补型互动与辅助型互动模式的特征，分别分析制造企业—知识型服务机构的互补型互动与辅助型互动对绩效的不同作用路径。

7.2.1 变量测量

由于本章与第六章的研究使用的是同一份问卷，因此，解释变量、中介变量、被解释变量的测量是完全一样的，此处不再赘述。

（1）制造企业—知识型服务机构互动模式

本书对制造企业—知识型服务机构的互补型互动与辅助型互动的区分，是基于第3章所提出的互补型互动与辅助型互动的识别表（见表3.5），从制造企业—知识型服务机构互动目的、互动所获取资源特征、互动中沟通行为、互动后适应行为四方面设计了量表，分别采用四个题项来度量两种互动类型，具体题项如表7.2所示。

表 7.2　制造企业—知识型服务机构互动模式识别测量表（$N=233$）

请您依据实际情况，在相应的数值上打"√"。

测量题项
互补型互动模式
我们与外部知识型服务机构合作的目的是学习全新的管理知识、技术信息
我们从外部知识型服务机构获取服务或有形资源是企业之前从来没有做过的或者具备的
我们从外部知识型服务机构获取服务或有形资源需要经历边干边学、边用边学的过程
我们需要大幅度调整内部人员、设备、组织结构等从而能够更好地从外部知识型服务机构中获取服务或有形资源
辅助型互动模式
我们与外部知识型服务机构合作的目的是节约成本
我们所外部知识型服务机构获取的服务或有形资源是企业之前就做过的或者具备的
我们从外部知识型服务机构获取服务或有形资源不太需要经历学习的过程
我们甚至不需要调整内部任何的人员、设备、组织结构就能较好地从外部知识型服务机构中获取服务或有形资源

题项来源：Wernerfelt（1984）；Das & Teng（2000）；Knudsen（2007）；Kim & Finkelstein（2009）；Hitt & Lane（2010）。

注：此处略去数值选项。

（2）先前互动经历

本书将先前互动经历理解为企业与知识型服务机构互动合作的相关经历

(experience)。Weigelt(2009)以银行业中的 PC 业务为例,对先前相关技术经历进行了测量,将其视为一个二元变量,1 代表银行曾经在某一时间点为他们的零售顾客配备过个人电脑直接拨号项目,0 则代表其他情况。Dowell 和 Killaly(2009)在分析资源变动和企业经验对决定企业市场进入的影响时,对企业的先前相关经历进行了测量,他们使用企业之前进入其他市场(除企业目前所在市场以外)的次数来表征企业市场进入的先前相关经历。Barkema 和 Vermeulen (1998)测量了企业的本地经历(local experience),即企业先前进入东道国的次数。而 Delios 和 Henisz (2003)则测量了企业的国际经历(international experience),即使用本企业的子公司在其他国家中的运营年份的对数作为企业的国际经历。本书借鉴前人对先前经历的相关测量,将企业在开展这次互动项目之前与其他同类型知识型服务机构互动合作的项目数量作为企业的先前互动经历,本书从"从来没有"到"10 个及以上"共设置了 7 个程度来测量。

7.2.2　样本选择

7.2.2.1　样本区分点预测

本书采用多题项的李克特七点量表来区分互补型与辅助型两种互动模式,但是,关于应该选择 1 至 7 哪个数值作为临界点来划分样本,目前存在多种说法,在类似的研究中,有些是以均值(4)作为区分点,但也有研究是以均值以上(或以下)一个标准差作为区分点。本书站在用尽可能简单的方法来解决复杂问题的立场,预采用均值作为区分点来划分样本。为了使得该处理方法具有一定的合理性,本书首先对以均值来划分样本的合理性进行预测,以求后续实际分析过程更为科学有据。

本书采用曾用于探索性因子分析的 90 份问卷作为预测问卷,并基于第 3 章所提出的互补型与辅助型互动模式的前提区分题项对 90 份预测问卷进行初步划分,其中互补型互动测度题项"我们从外部知识型服务机构获取的服务或有形资源是企业之前从来没有做过的或者具备的"得分大于 4,并且辅助型互动测度题项"我们从外部知识型服务机构获取的服务或有形资源是企业之前就做过的或者具备的"得分小于 4 的样本为 41 份;辅助型互动测度题项"我们从外部知识型服务机构获取的服务或有形资源是企业之前就做过的或者具备的"得分大于 4,并且互补型互动测度题项"我们从外部知识型服务机构获取的服务或有形资源是企业之前从来没有做过的或者具备的"得分小于4的样本为49份。

由于本章接下来主要是检验不同互动模式下,资源重组与资源重置的中介效应的差异,同时考虑到预测样本的数量具有一定的局限性,因此本部分将通过独立样本 T 检验来检验上述两类样本中资源重组、资源重置之间是否分别存在显著差异。

如表7.3所示,关于资源重组,由于 F 检验(Levene 检验)表明方差齐性成立($p=0.373>0.05$),而在方差齐性条件下,t 统计量的显著性(双尾)概率 $p=0.000<0.05$,即 T 假设检验未通过,表明以均值(4)划分的两组样本在资源重组方面具有显著差异;关于资源重置,由于 F 检验(Levene 检验)表明方差齐性成立($p=0.872>0.05$),而在方差齐性条件下,t 统计量的显著性(双尾)概率 $p=0.014<0.05$,即 T 假设检验未通过,表明以均值(4)划分的两组样本在资源置方面也具有显著差异。

表 7.3　独立样本 T 检验

		方差齐性 Levene 检验		均值齐性 T 检验		
		F	Sig.	t	df	Sig.（双尾）
资源重组	方差齐性	0.803	0.373	5.468	88	0.000
	方差不具齐性			5.463	84.912	0.000
资源重置	方差齐性	0.026	0.872	−2.516	88	0.014
	方差不具齐性			−2.506	83.772	0.014

据此,以上分析结果一定程度上支持了本书选择均值划分样本的合理性与可行性。

7.2.2.2　样本选择

上述样本区分点预测为本书接下来进行实际的样本选择奠定了科学的依据。由于本章要区分出不同互动模式下,资源重组与资源重置的中介效应大小,而不是仅仅检验两者是否存在显著差异,因此本书接下来将采用结构方程模型对不同互动模式下资源重组与资源重置的中介效应进行比较。同时,样本的选择也将在第一步确定样本区分点的前提下,再增加一个步骤,力求研究结果更为严谨。具体而言,本书基于互补型互动与辅助型互动的区别量表,依据被调查者对两种互动模式的测度打分,通过两大步骤,分别选择了合适的样本对互补型互动与辅助型互动进行路径分析。首先,本书如上述"样本区分点预测"的做法,通过两个题项"我们从外部知识型服务机构获取的服务或有形资源是企业之前就做过的或者具备的"(辅助型互动测度题项)、"我们从外部知识型服务机构获取的服务或有形资源是企业之前从来没有做过的或者具备的"(互补型互动测度题项)的得分高低将样本初步分成两类,即满足互补型互动的前提是在题项"我们从外部知识型服务机构获取的服务或有形资源是企业之前从来没有做过的或者具备的"的得分高于 4,同时,在题项"我们从外部知识型服务机构获取的服务或有形资源是企业之前就做过的或者具备的"的得分低于 4;满足辅助型互动的前提则是在题项"我们从外部知识型服务机构获取的服务或有形资源是企业之前就做过的或者具备的"的得分高于 4,同时,在题项"我们从外部知识型服务机构获取的服务或有形资源是企业之前从来没有做过的或者具备的"的得分低于 4。其次,本书分别计算了度量互补型互动与辅助型互动的四个题项的均值,互补型互动与辅助型互动均需在符合第一个前提题项要求的基础上,同时满足总体四个题项的均值得分均高于 4 的条件。据此,本书将 233 份样本划分为两类,最终得到互补型互动的样本数为 90 份,辅助型互动的样本数为 108 份,剩下的 35 份样本由于不能同时满足这两大条件而被剔除。

7.2.3 分析方法

路径分析,又称结构方程模型,它能够同时让所有预测变量进入回归模型中,路径分析不仅关注变量间的相关关系,更关注变量间的因果关系。通常可以采用复回归法或结构方程模型进行路径分析。复回归法一般适用于显变量之间的路径分析,而结构方程模型则适用于潜变量之间的分析。由于本书涉及潜变量,因而采用结构方程模型更为合适。结构方程模型通常由两部分组成:一是结构模型,用于表示潜变量之间的关系;二是测量模型,表示测量指标及潜变量之间的关系(吴明隆,2010)。一般而言,结构方程模型包括建构、拟合、评价、修正四个阶段。在模型评价阶段,通常可以采用 χ^2、χ^2/df、RMSEA、CFI、GFI、IFI 等指数来衡量模型的拟合程度,并可参考模型输出的修正指数和残差矩阵进行模型修正(侯杰泰等,2004)。

7.3　数据分析

由于本书所需要检验的假设（H5、H6）的重点在于辨别资源重组、资源重置分别在制造企业—知识型服务机构的不同互动模式与绩效之间的作用效应的大小，本书将在制造企业—知识型服务机构互动、绩效的衡量模式上，以各子变量的测度题项得分的均值作为该变量的值，再由第一级变量作为第二级变量的多重衡量指标。因此，制造企业—知识型服务机构互动为潜变量时，其观测变量为互动强度和互动深度两个指标；绩效为潜变量时，其观测变量为创新绩效与运营绩效，这样可以有效地缩减衡量指标的数目，同时也能更为清晰地检验本书的研究假设。据此，本书中路径分析总共涉及四个变量，即制造企业—知识型服务机构互动、资源重组、资源重置、绩效。第6章中各变量均通过了信度和效度的检验，本部分不再赘述。

7.3.1　结构方程建模

7.3.1.1　制造企业—知识型服务机构的互补型互动对制造企业绩效的作用路径

（1）初步数据分析

本书首先对样本数据进行了偏度与峰度的分析，如表7.4所示，各变量题项的样本数据均符合偏度小于2、峰度小于5的要求（Ghiselli *et al.*，1981），数据样本满足了正态分布的要求，因此可以进行结构方程模型估计。

表 7.4　互补型互动样本数据的偏度与峰度检验

题项	偏度	峰度	题项	偏度	峰度
互动强度	−0.065	−0.460	资源重置 4	−0.477	−0.188
互动深度	0.190	0.000	资源重置 5	−0.264	−0.051
资源重组 1	−0.368	−0.486	资源重置 6	−0.167	−0.867
资源重组 2	−0.671	0.626	资源重置 7	−0.228	−0.806
资源重组 3	−0.671	0.618	创新绩效	−0.408	−0.698
资源重置 3	−0.291	−0.257	运营绩效	−0.548	0.285

（2）初始模型构建

根据第 6 章以及本章前面部分的分析可知，本书的样本数据均已通过信度和效度检验、偏度与峰度检验。接下来将根据本章前面所提出的概念模型，并结合第 6 章多元线性回归分析的结果，构建制造企业—知识型服务机构的互补型互动对绩效影响的初始结构方程模型（见图 7.1）。由于上述多元线性回归分析中对控制变量的影响已做了分析，这里为了模型的简约性，将不再引入控制变量（侯杰泰等，2004）。

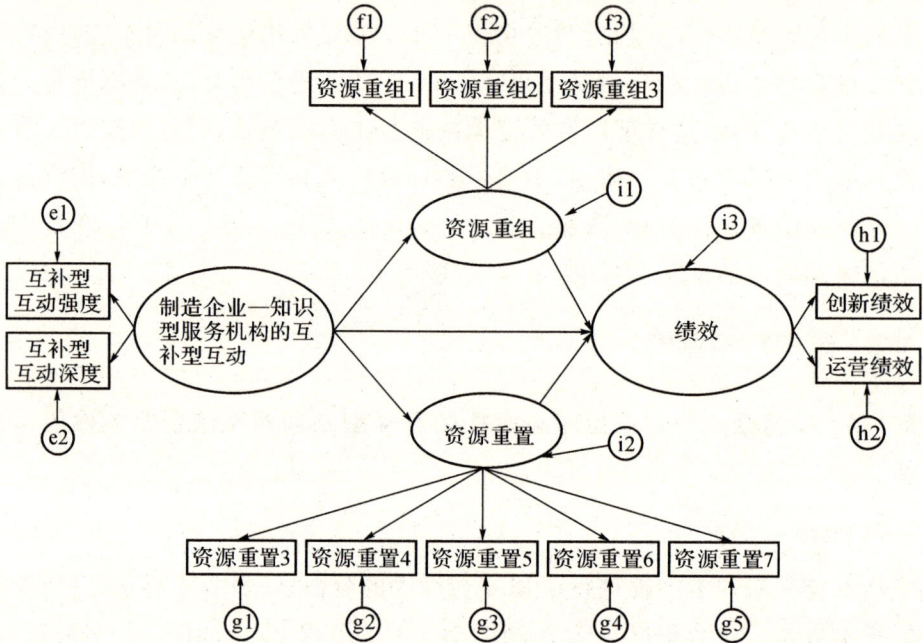

图 7.1 互补型互动对制造企业绩效的作用路径初始结构方程模型

（3）模型初步拟合

如表 7.5 所示，制造企业—知识型服务机构的互补型互动对绩效作用机理的初始结构方程模型的 χ^2 值为 102.362，自由度 df 为 49，χ^2/df 值为 2.089，小于 3；RMSEA 值为 0.111 大于 0.10；CFI、GFI、IFI 的分别为 0.874、0.843、0.879，都小于 0.9，因此，拟合指标不符合判定标准。而且，"绩效←制造企业—知识型服务机构的互补型互动"的 C. R. 值明显低于 1.96，因此，需要将这条路径从初始模型中删除，对初始模型进行修正。

表 7.5 互补型互动作用于绩效的初始结构方程模型拟合结果($N=90$)

		标准化估计值	非标准化估计值	S. E.	C. R.	p
资源重组 ←	制造企业—知识型服务机构的互补型互动	0.446	0.379	0.114	3.331	***
资源重置 ←	制造企业—知识型服务机构的互补型互动	0.344	0.319	0.116	2.755	0.006
绩 效 ←	资源重置	0.478	0.528	0.144	3.674	***
绩 效 ←	资源重组	0.371	0.447	0.165	2.702	0.007
绩 效 ←	制造企业—知识型服务机构的互补型互动	0.169	0.172	0.131	1.318	0.188
χ^2	102.362	RMSEA	0.111		IFI	0.879
df	49	GFI	0.843			
χ^2/df	2.089	CFI	0.874			

注:*** 表示显著性水平 $p<0.001$,** 表示显著性水平 $p<0.01$,* 表示显著性水平 $p<0.05$,† 表示显著性水平 $p<0.10$。

(4)模型的修正与完善

若整体模型适配度不佳或路径系数不显著,可考虑将系数不显著的路径删除,或依据修正指标值增列部分遗漏的路径(吴明隆,2009)。由于一个参数的修改可能引起整个系统的变化,因而模型每修改一次应只调整一个参数(侯杰泰等,2004)。基于这些原则,本书首先删除"绩效←制造企业—知识型服务机构的互补型互动"这条路径,对初始模型经过重新评估,形成最终结构模型,如图 7.2 所示。

如表 7.6 所示,制造企业—知识型服务机构的互补型互动对绩效作用机理的最终结构方程模型的 χ^2 值为 84.985,自由度 df 为 49,χ^2/df 值为 1.734,小于 2;RMSEA 值为 0.091,小于 0.10;CFI、GFI、IFI 的分别为 0.915、0.860、0.919,都接近或大于 0.9,且所有路径的 C. R. 值均明显高于 1.96。另外,通常采用 AMOS 进行结构方程分析的样本容量数范围至少为 100—150(Ding *et al*.,1995),由于本书中制造企业—知识型服务机构的互补型互动样本数为 90,可能样本数量对该模型拟合度具有一定的影响。但是,综合而言,该最终结构方程模型可以认为达到了拟合要求。

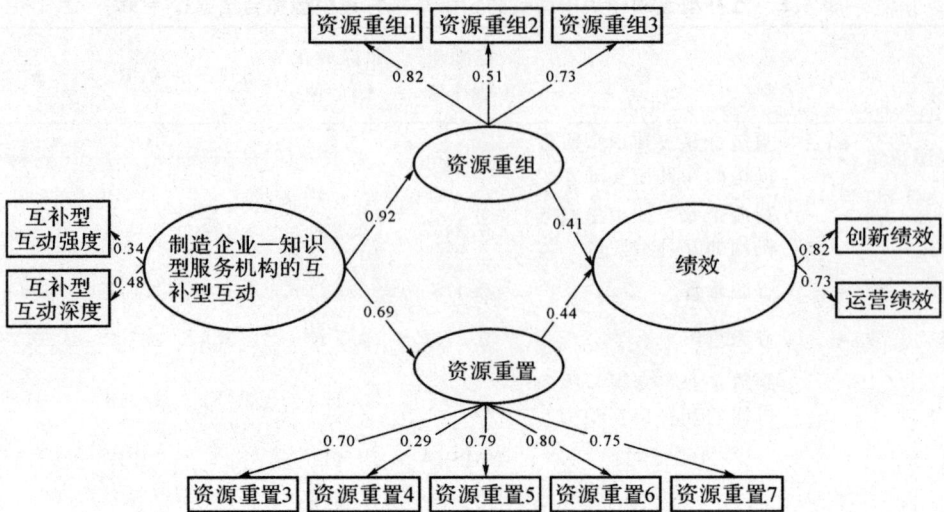

图 7.2　互补型互动对制造企业绩效作用机理的最终结构方程模型

表 7.6　互补型互动作用于绩效的最终结构方程模型拟合结果($N=90$)

		标准化 估计值	非标准化 估计值	S.E.	C.R.	p
资源重组 ←	制造企业—知识型服务 机构的互补型互动	0.916	1.782	0.772	2.309	0.021
资源重置 ←	制造企业—知识型服务 机构的互补型互动	0.686	1.493	0.600	2.487	0.013
绩　效 ←	资源重置	0.438	0.484	0.176	2.750	0.006
绩　效 ←	资源重组	0.413	0.511	0.200	2.555	0.011
χ^2	84.985	RMSEA	0.091		IFI	0.919
df	49	GFI	0.860			
χ^2/df	1.734	CFI	0.915			

注:*** 表示显著性水平 $p<0.001$,** 表示显著性水平 $p<0.01$,* 表示显著性水平 $p<0.05$,† 表示显著性水平 $p<0.10$。

(5)模型的效应分解

从图 7.2 所示的结构方程可以看出,制造企业—知识型服务机构的互补型互动与绩效之间存在两条路径,即制造企业—知识型服务机构的互补型互动可以分别通过资源重组、资源重置对绩效产生影响。

　　表 7.7 给出了模型中的直接效应与间接效应。直接效应指解释变量对被解释变量的直接影响;间接效应指解释变量通过一个或多个中介变量,对被解释变量产生的间接影响。可以发现,制造企业—知识型服务机构的互补型互动对绩效只产生间接效应。其中,制造企业—知识型服务机构的互补型互动通过资源重组对绩效产生的间接效应为 0.38,其通过资源重置对绩效产生的间接效应为 0.30。这说明制造企业—知识型服务机构的互补型互动通过资源重组对绩效所产生的效应要大于通过资源重置对绩效所产生的影响。因此,H5 得到支持。

表 7.7　互补型互动作用于制造企业绩效的最终模型路径($N=90$)

效应类型	路　径	路径系数	检验结果
直接效应	制造企业—知识型服务机构的互补型互动——→资源重组	0.92^{*}	H5 得到支持
	制造企业—知识型服务机构的互补型互动——→资源重置	0.69^{*}	原因:$0.38>0.30$,即资源重组作用效应大于资源重置
	资源重组——→绩效	0.41^{*}	
	资源重置——→绩效	0.44^{**}	
间接效应	制造企业—知识型服务机构的互补型互动——→资源重组——→绩效	$0.92\times0.41=0.38$	
	制造企业—知识型服务机构的互补型互动——→资源重置——→绩效	$0.69\times0.44=0.30$	
拟合指标	$\chi^2=84.985, df=49, \chi^2/df=1.734$, GFI$=0.860$;CFI$=0.915$;IFI$=0.919$;RMSEA$=0.091$		

注:*** 表示显著性水平 $p<0.001$,** 表示显著性水平 $p<0.01$,* 表示显著性水平 $p<0.05$,† 表示显著性水平 $p<0.10$。

7.3.1.2　制造企业—知识型服务机构的辅助型互动对制造企业绩效的作用路径

　　(1)初步数据分析

　　本书首先对样本数据进行了偏度与峰度的分析,如表 7.8 所示,各变量题项的样本数据均符合偏度小于 2、峰度小于 5 的要求(Ghiselli *et al.*,1981),数据样本满足了正态分布的要求,因此可以进行结构方程模型估计。

表 7.8　辅助型互动样本数据的偏度与峰度检验

题项	偏度	峰度	题项	偏度	峰度
互动强度	0.039	−0.585	资源重置 4	−0.118	−0.724
互动深度	0.176	0.461	资源重置 5	−0.239	−0.355
资源重组 1	−0.327	−0.632	资源重置 6	−0.355	−0.362
资源重组 2	−0.576	0.400	资源重置 7	−0.469	−0.323
资源重组 3	−0.395	−0.382	创新绩效	−0.067	−0.797
资源重置 3	−0.349	−0.776	运营绩效	−0.192	−0.400

（2）初始模型构建

根据本书前面部分分析可知,样本数据均已通过信度和效度检验、相关分析、偏度与峰度检验;接下来将根据本书前面所提出的概念模型,并结合多元线性回归分析的结果,构建制造企业—知识型服务机构的辅助型互动对绩效影响的初始结构方程模型(见图 7.3)。由于上述多元线性回归分析中对控制变量的影响已做了分析,这里为了模型的简约性,将不再引入控制变量(侯杰泰等,2004)。

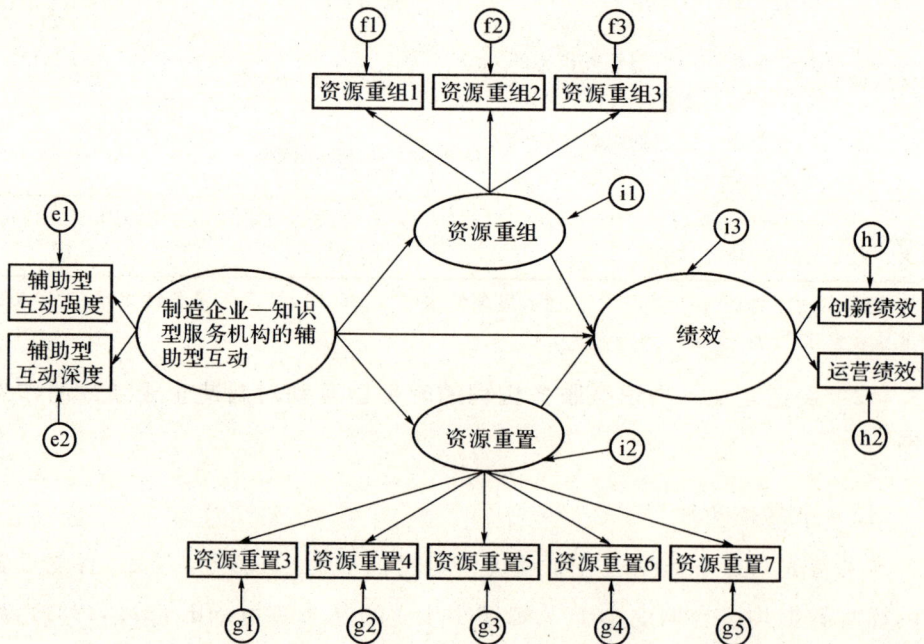

图 7.3　辅助型互动对制造企业绩效的作用路径初始结构方程模型

（3）模型初步拟合

如表 7.9 所示,制造企业—知识型服务机构的辅助型互动对绩效的初始结构方程模型的 χ^2 值为 96.800,自由度 df 为 49,χ^2/df 值为 1.976,小于 2;RMSEA 值为 0.095,小于 0.10;CFI、GFI、IFI 的分别为 0.900、0.884、0.904,都接近或大于 0.9,因此,拟合指标基本符合判定标准。但是,"绩效←制造企业—知识型服务机构的辅助型互动"、"绩效←资源重组"的 C.R. 值明显低于 1.96,因此需要将这两条路径逐次从初始模型中删除,对模型进行修正。本书首先将"绩效←制造企业—知识型服务机构的辅助型互动"这条路径删除,重新对模型进行评估。

表 7.9　辅助型互动作用于绩效的初始结构方程模型拟合结果($N=108$)

		标准化估计值	非标准化估计值	S.E.	C.R.	p
资源重组 ←	制造企业—知识型服务机构的辅助型互动	0.500	0.470	0.120	3.921	***
资源重置 ←	制造企业—知识型服务机构的辅助型互动	0.335	0.302	0.112	2.705	0.007
绩　效 ←	资源重置	0.619	0.493	0.114	4.336	***
绩　效 ←	资源重组	0.201	0.153	0.092	1.669	0.095
绩　效 ←	制造企业—知识型服务机构的辅助型互动	0.199	0.142	0.096	1.488	0.137
χ^2	96.800	RMSEA	0.095		IFI	0.904
df	49	GFI	0.884			
χ^2/df	1.976	CFI	0.900			

注:*** 表示显著性水平 $p<0.001$,** 表示显著性水平 $p<0.01$,* 表示显著性水平 $p<0.05$,† 表示显著性水平 $p<0.10$。

（3）模型的修正与完善

若整体模型适配度不佳或路径系数不显著,可考虑将系数不显著的路径删除,或依据修正指标值增列部分遗漏的路径(吴明隆,2009)。由于一个参数的修改可能引起整个系统的变化,因此,模型每修改一次应只调整一个参数(侯杰泰等,2004)。基于这些原则,本书只删除了"绩效←制造企业—知识型服务机构的辅助型互动"这条路径,形成最终结构模型,如图 7.4 所示。

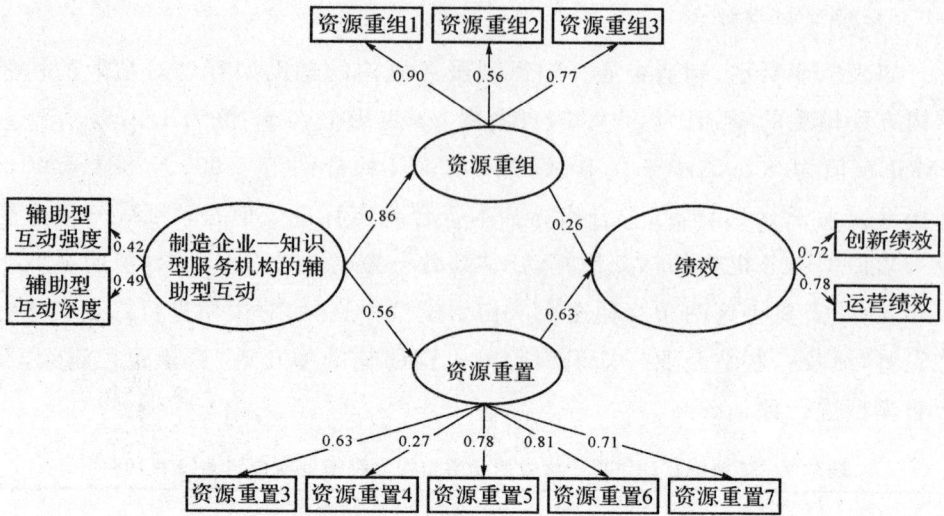

图 7.4　辅助型互动对制造企业绩效的作用机理的最终结构方程模型

如表 7.10 所示，制造企业—知识型服务机构的辅助型互动对绩效作用机理的最终结构方程模型的 χ^2 值为 87.859，自由度 df 为 49，χ^2/df 值为 1.793，小于 2；RMSEA 值为 0.086，小于 0.10；CFI、GFI、IFI 的分别为 0.919、0.889、0.922，都接近或大于 0.9，且所有路径的 C.R. 值均明显高于 1.96，综合而言，该最终结构方程模型达到拟合要求。

表 7.10　辅助型互动作用于绩效的最终结构方程模型拟合结果（$N=108$）

		标准化估计值	非标准化估计值	S.E.	C.R.	p
资源重组 ←	制造企业—知识型服务机构的辅助型互动	0.861	1.508	0.597	2.526	0.012
资源重置 ←	制造企业—知识型服务机构的辅助型互动	0.556	0.919	0.321	2.862	0.004
绩效 ←	资源重置	0.634	0.504	0.122	4.142	***
绩效 ←	资源重组	0.257	0.193	0.089	2.163	0.031
χ^2	87.859	RMSEA	0.086		IFI	0.922
df	49	GFI	0.889			
χ^2/df	1.793	CFI	0.919			

注：*** 表示显著性水平 $p<0.001$，** 表示显著性水平 $p<0.01$，* 表示显著性水平 $p<0.05$，† 表示显著性水平 $p<0.10$。

(4)模型的效应分解

从图 7.4 所示的结构方程可以看出,制造企业—知识型服务机构的辅助型互动与绩效之间存在两条路径,即制造企业—知识型服务机构的辅助型互动可以分别通过资源重组、资源重置对绩效产生影响。

表 7.11 给出了模型中的直接效应与间接效应。直接效应指解释变量对被解释变量的直接影响;间接效应指解释变量通过一个或多个中介变量,对被解释变量产生的间接影响。可以发现,制造企业—知识型服务机构的辅助型互动对绩效只产生间接效应。其中,制造企业—知识型服务机构的辅助型互动通过资源重组对绩效产生的间接效应为 0.22,其通过资源重置对绩效产生的间接效应为 0.35。这说明制造企业—知识型服务机构的辅助型互动通过资源重置对绩效所产生的效应要大于通过资源重组对绩效所产生的影响。因此,H6 得到支持。

表 7.11 辅助型互动作用于绩效的最终模型路径($N=108$)

效应类型	路 径	路径系数	检验结果
直接效应	制造企业—知识型服务机构的辅助型互动——资源重组	0.86*	H6 得到支持
	制造企业—知识型服务机构的辅助型互动——资源重置	0.56**	原因:0.22<0.35,即资源重组的中介效应小于资源重置
	资源重组——绩效	0.26*	
	资源重置——绩效	0.63***	
间接效应	制造企业—知识型服务机构的辅助型互动——资源重组——运营绩效	0.86×0.26=0.22	
	制造企业—知识型服务机构的辅助型互动——资源重置——运营绩效	0.56×0.63=0.35	
拟合指标	$\chi^2=87.859, df=49, \chi^2/df=1.793, \mathrm{GFI}=0.889; \mathrm{CFI}=0.919; \mathrm{IFI}=0.922; \mathrm{RMSEA}=0.086$		

注:*** 表示显著性水平 $p<0.001$,** 表示显著性水平 $p<0.01$,* 表示显著性水平 $p<0.05$,† 表示显著性水平 $p<0.10$。

7.3.2 相关分析

在进行多元线性回归分析之前，本书首先进行相关分析，考察不同变量之间的相关关系，如表 7.12 所示，解释变量制造企业—知识型服务机构的互补型互动强度、互动深度均与被解释变量资源重组、资源重置存在显著的正相关关系，说明先前互动经历在制造企业—知识型服务机构的互补型互动（互动强度与互动深度）与资源重构（包括资源重组、资源重置）之间关系的调节效应是有意义的。但是，可以发现，先前互动经历并没有与被解释变量形成显著的相关关系，因此需要在接下来的多元线性回归分析中对先前互动经历与制造企业—知识型服务机构的互补型互动（包括互动强度与互动深度）的交互项做进一步的分析，以对研究假设进行更为精确的检验。

7.3.3 多元线性回归分析

本书主要是采用多元线性回归分析来检验先前互动经历在制造企业—知识型服务机构的互补型互动与资源重构之间关系的调节效应。因此，解释变量为制造企业—知识型服务机构的互补型互动（包括互动强度与互动深度），被解释变量为资源重组、资源重置，调节变量为先前互动经历，控制变量为企业规模、企业年龄、服务机构类型、内部相关投入基础。在对调节效应进行分析前，需要先将解释变量与调节变量进行中心化或标准化处理（陈晓萍等，2008）。本书将解释变量制造企业—知识型服务机构的互补型互动强度与互动深度、调节变量先前互动经历进行了标准化处理，即变量值减去均值后再除以标准差。将标准化后的制造企业—知识型服务机构的互补型互动强度与互动深度分别与先前互动经历相乘，作为交互项进入多元线性回归模型，但进入回归模型的解释变量与被解释变量不进行标准化处理。

7.3.3.1 先前互动经历在互补型互动与资源重组之间的调节效应分析

先前互动经历在制造企业—知识型服务机构的互补型互动与资源重组之间的调节效应分析结果如表 7.13 所示。实证结果表明，先前互动经历对资源重组没有产生显著的影响，但是，先前互动经历能显著地正向调节互补型互动强度与资源重组之间的关系（$\beta = 0.270$，$p < 0.05$），这表明互补型互动强度所引起的资源重组的大小在很大程度上依赖于制造企业在相关项目中的先前互

表 7.12 描述性统计分析与变量间相关关系 (N=90)

	均值	标准差	企业规模	企业年龄	服务类型	互动外相关投入基础	先前互动经历	互补型互动强度	互补型互动深度	资源重组	资源重置
控制变量											
企业规模	6.055	1.907	1								
企业年龄	15.622	13.286	0.542**	1							
服务机构类型	0.340	0.475	0.056	-0.041	1						
内部相关投入基础	3.070	1.556	-0.132	-0.046	-0.088	1					
中介变量											
先前互动经历	4.500	1.455	-0.137	-0.080	-0.080	0.193	1				
解释变量											
互补型互动强度	4.022	1.250	-0.076	-0.001	-0.013	0.109	0.068	1			
互补型互动深度	3.974	1.265	-0.073	0.008	0.034	0.138	0.060	0.655**	1		
被解释变量											
资源重组	4.985	0.906	0.066	0.013	0.123	0.123	0.105	0.284**	0.434**	1	
资源重置	4.807	1.032	0.076	0.078	0.035	-0.063	-0.061	0.252*	0.294**	0.474**	1

注：** 表示显著性水平 $p<0.01$(双尾检验)，* 表示显著性水平 $p<0.05$(双尾检验)。

动经历的多少。如果制造企业的先前互动经历很少，制造企业与知识型服务机构之间的互补型互动强度对资源重组的影响就十分有限了。

表 7.13 先前互动经历在互补型互动与资源重组之间的调节效应($N=90$)

	模型 1	模型 2	模型 3	模型 4	模型 5
控制变量					
企业规模	0.102	0.127	0.139	0.071	0.135
企业年龄	−0.023	−0.038	−0.051	−0.049	−0.056
服务机构类型	0.135	0.133	0.112	0.155	0.118
内部相关投入基础	0.125	0.099	0.073	0.123	0.074
调节变量					
先前互动经历	0.100	0.087	0.090	0.120	0.101
解释变量					
互补型互动强度		0.278**		0.236*	
互补型互动深度			0.425***		0.407***
交互项					
互补型互动强度×先前互动经历				0.270*	0.047
互补型互动深度×先前互动经历					
模型统计量					
R^2	0.048	0.124	0.224	0.189	0.226
调整后的 R^2	−0.009	0.060	0.168	0.119	0.159
F 统计值	0.839	1.933†	3.955**	2.702*	3.381**
VIF 最大值	1.455	1.463	1.463	1.510	1.474

注：*** 表示显著性水平 $p<0.001$，** 表示显著性水平 $p<0.01$，* 表示显著性水平 $p<0.05$，† 表示显著性水平 $p<0.10$。

图 7.5 直观地展示出了先前互动经历对互补型互动强度与资源重组之间关系的调节效应。从图中可以看出，制造企业的先前互动经历越多，其与知识型服务机构之间的互补型互动强度对其本身资源重组的影响程度越大，当制造企业的先前互动经历很少时，制造企业与知识型服务机构之间的互补型互

动强度与资源重组之间的回归线相当平坦,表明先前互动经历不足的情况下,互补型互动强度对资源重组的影响十分有限。

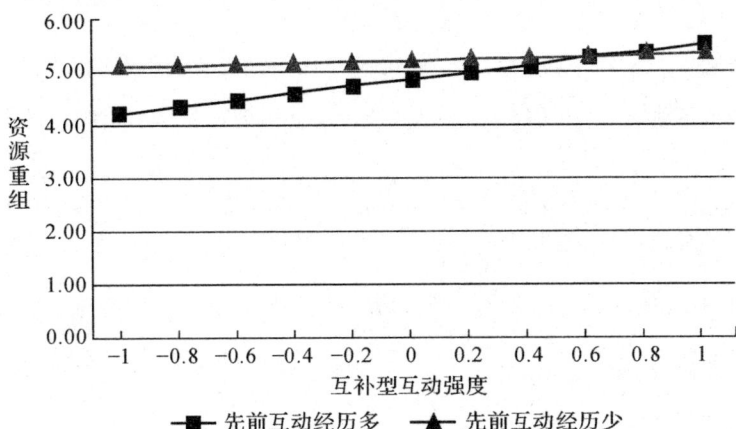

图 7.5 先前互动经历对互补型互动强度与资源重组之间关系的调节效应①

7.3.3.2 先前互动经历在制造企业—知识型服务机构的互补型互动与资源重置之间的调节效应分析

先前互动经历在制造企业—知识型服务机构的互补型互动与资源重置之间的调节效应分析结果如表 7.14 所示。实证结果表明,先前互动经历既不能对资源重置产生显著的影响,也不能调节互补型互动强度与资源重置之间的关系,这表明制造企业—知识型服务机构的互补型互动所引起的资源重置的大小不依赖于制造企业在相关项目中的先前互动经历的多少。

表 7.14 先前互动经历在互补型互动与资源重置之间的调节效应($N=90$)

	模型 1	模型 2	模型 3	模型 4	模型 5
控制变量					
企业规模	0.030	0.054	0.057	0.016	0.058
企业年龄	0.058	0.043	0.037	0.036	0.038

---

① 图 7.5 中横坐标以标准化数据为刻度,-1.0 表示低于均值一个标准差,1.0 表示高于均值一个标准差,以此类推;"先前互动经历多"是指先前互动经历高于均值一个标准差,"先前互动经历少"是指先前互动经历低于均值一个标准差。

续　表

	模型 1	模型 2	模型 3	模型 4	模型 5
控制变量					
服务机构类型	0.029	0.028	0.012	0.042	0.011
内部相关投入基础	−0.043	−0.068	−0.081	−0.052	−0.081
调节变量					
先前互动经历	−0.036	−0.049	−0.044	−0.027	−0.046
解释变量					
互补型互动强度		0.267**		0.239*	
互补型互动深度			0.314**		0.318**
交互项					
互补型互动强度×先前互动经历				0.182	
互补型互动深度×先前互动经历					−0.099
模型统计量					
R^2	0.012	0.082	0.108	0.112	0.109
调整后的 R^2	−0.047	0.015	0.043	0.035	0.032
F 统计值	0.204	1.224	1.663	1.458	1.409
VIF 最大值	1.455	1.463	1.463	1.510	1.474

注：*** 表示显著性水平 $p < 0.001$，** 表示显著性水平 $p < 0.01$，* 表示显著性水平 $p < 0.05$，† 表示显著性水平 $p < 0.10$。

7.4　结果与讨论

在上一章关于制造企业—知识型服务机构互动对制造企业绩效的作用机理分析的基础上，本章进一步分析制造企业—知识型服务机构的不同互动模式对制造企业绩效的不同作用路径，以及制造企业的先前互动经历对制造企业—知识型服务机构的互补型互动与资源重构关系的调节效应，这是对制造企业—知识型服务机构互动对制造企业绩效作用机理剖析的进一步深化。表

7.15 对本章研究假设的验证情况进行了总结。

表 7.15　本章的假设检验结果

假设序号	假设内容	结果
H5	制造企业—知识型服务机构的互补型互动通过资源重组作用于绩效的效果要大于其通过资源重置作用于绩效的效果	支持
H6	制造企业—知识型服务机构的辅助型互动通过资源重置作用于绩效的效果要大于其通过资源重组作用于绩效的效果	支持
H7a	制造企业的先前互动经历正向调节制造企业—知识型服务机构的互补型互动与资源重组的关系	支持
H7b	制造企业的先前互动经历正向调节制造企业—知识型服务机构的互补型互动与资源重置的关系	不支持
H7a_alt	制造企业的先前互动经历负向调节制造企业—知识型服务机构的互补型互动与资源重组的关系	不支持
H7b_alt	制造企业的先前互动经历负向调节制造企业—知识型服务机构的互补型互动与资源重置的关系	不支持

7.4.1　制造企业—知识型服务机构的互动模式对制造企业绩效的作用路径

H5 提出制造企业—知识型服务机构的互补型互动通过资源重组作用于绩效的效果要大于通过资源重置作用于绩效的效果。H6 提出资源重置在制造企业—知识型服务机构的辅助型互动与运营绩效之间的中介效应优于资源重组。本书通过路径分析,支持了这两大假设,认为资源重组在制造企业—知识型服务机构的互补型互动与制造企业绩效之间发挥了主要中介效应,而资源重置在制造企业—知识型服务机构的辅助型互动与制造企业绩效之间发挥了重要中介效应。前者强化了知识基础观中,知识资源是企业动态性基础的观点(Grant,1996a;Spender,1996),认为在动态竞争环境下,企业为保持持续竞争优势,需要增加动态性,或者通过拓展现有能力来吸收更多新知识资源,或者需重组现有知识资源(Grant,1996a),因此新资源易与企业原有资源发生重组(Reagans et al.,2003)。互补型互动模式下,制造企业接触到的是差异化的新资源,因此更容易触发制造企业的资源重组。后者则强化了知识基础观中知识资源也能形成规模经济与范围经济的观点(Grant,2006),这一结果与 Contractor 等(2010)、Das 和 Teng(2000)、Knudsen(2007)的研究较为相符。在辅助型互动模式下,知识型服务机构向制造企业转移的知识资源,大多已经具有规模经济与范围经济的特性。对于企业而言,获取这些资源,能够将组织内的非核心资源分配到外部(Contractor *et al.*,2010),从而有更多的精力来发展核心能力,为其创造与配置资源提供了更大的发展空间,因此,其最大的目的是优化内部资源的配置,进而提升绩效。此外,由于我国国内信任机制的建立仍在完善之中,政府通常要求制造企业的产品必须通过第三方服务机构进行认证,此时制造企业不得不向该类知识型服务机构获取第三方认证服务,因此,这种辅助型互动可能更多的是通过影响制造企业对资源的重新配置来提升制造企业的绩效。

7.4.2 先前互动经历的调节效应

H7a、H7b 分别提出制造企业的先前互动经历能正向调节制造企业—知识型服务机构的互补型互动与资源重组、资源重置之间的关系。本书的实证分析部分验证了这两大假设。通过多元线性回归分析发现,制造企业的先前互动经历主要在互补型互动强度与资源重组之间发挥了正向的调节效应。先前互动经历对制造企业—知识型服务机构的互补型互动强度与资源重组之间关系的正向调节作用的分析主要是基于吸收能力理论视角提出的。企业知识(资源)转移的容易程度部分受到接收方企业对外部知识(资源)的吸收能力的影响(Cohen *et al.*,1990),若制造企业拥有先前相关经验越多,表明制造企业越具备转化该知识(资源)的能力(Rosenberg,1990),因而更容易激发重构知识型服务机构转移过来的资源(知识)。然而,制造企业的先前互动经历并没有对制造企业—知识型服务机构的互补型互动强度与资源重置之间关系之间发挥任何调节作用,可能的原因如 H5 所述,制造企业—知识型服务机构的互补型互动通过资源重组作用于绩效的效果要大于通过资源重置作用于绩效的效果,由于互补型互动与资源重置之间关系较弱,因而可能在一定程度上影响了调节效应的验证。

H7a、H7b 的备择假设(即 H7a_alt、H7b_alt)提出制造企业的先前互动经历负向调节互补型互动与资源重组、资源重置之间的关系,这两大假设主要是基于路径依赖理论提出的,认为若制造企业拥有过多的先前互动经历,则容易使企业形成路径依赖与锁定,而不易引发资源重构(包括资源重组与资源重置)(Cohen *et al.*,1990)。但这两大备择假设均没有被实证数据所支持。究其原因,本书认为可能有以下两点:①目前我国制造企业与知识型服务机构合作互动不足(魏江等,2010),很多制造企业的互动经历还未达到由于互动过多而导致路径依赖的地步,因此也不会显著影响到随后的资源重构行为;②我国内部信任机制的缺乏以及知识产权保护的薄弱,使得很多制造企业管理者在与知识型服务机构互动过程中,不愿意全身心地投入,而总是抱着试试看的想法来参与,他们不太放心使从外部知识型服务机构中获取的资源重构进入自身的资源体系当中。因此,即便有一部分制造企业已拥有较多的互动经历,管理者主观上的顾忌会阻碍制造企业—知识型服务机构互动对企业内部资源的重新组合、配置的影响。据此,本书认为,制造企业的先前互动经历在制造企业—知识型服务机构的互补型互动与资源重组、资源重置之间的负向调节效应有待在知识产权保持制度更为完善的发达国家或地区做进一步的检验。

7.5 本章小结

本章在第 5 章探索性案例分析下制造企业—知识型服务机构互动对绩效作用机理与路径的基础上,结合第 6 章制造企业—知识型服务机构互动对制造企业绩效的作用机理的实证分析,着眼于资源重构的维度层面(即资源重组、资源重置),采用路径分析法围绕制造企业—知识型服务机构的不同互动模式对制造企业绩效的作用路径进行了更为深入的探讨,并运用多元线性回归分析检验了制造企业的先前互动经历对制造企业—知识型服务机构的互补型互动与资源重组、资源重置之间关系的调节效应。根据实证结果,本章对制造企业—知识型服务机构的互补型互动对制造企业绩效的作用路径、制造企业—知识型服务机构的辅助型互动对制造企业绩效的作用路径进行了讨论,并进一步阐述了先前互动经历对互补型互动强度与资源重组之间关系的调节效应。

研究结论与未来展望

通过对前面七章的论述,本书已将制造企业—知识型服务机构互动、资源重构和绩效之间关系和作用机理,以及制造企业—知识型服务机构的不同互动模式对制造企业绩效的作用路径进行了较为系统、全面的分析与探讨。本章将总结本书的主要结论、理论贡献、实践启示,归纳本书研究中的不足,并进一步指出未来可发展的研究方向。

8.1　研究结论

本书围绕一大基本问题"制造企业与知识型服务机构互动如何提升制造企业绩效",将其逐层深入地分解为三个子问题:①制造企业与知识型服务机构互动对制造企业绩效的作用机理是怎样的?②制造企业与知识型服务机构的互动模式如何识别?③制造企业—知识型服务机构的不同互动模式对制造企业绩效的作用路径是怎样的?制造企业的先前互动经历对制造企业—知识型服务机构的互补型互动与资源重构之间的关系起到了怎样的调节作用?围绕所提出的这三个子问题,本书通过文献分析、调研访谈、案例研究、问卷调查等研究方法进行分析解决,所得到的研究结论主要体现在以下四个方面:

其一,制造企业—知识型服务机构互动模式分为互补型与辅助型两类,可以从互动所获取资源特征、互动目的、互动中沟通行为、互动后适应行为四方面进行识别。

本书首先通过文献分析,对互补型与辅助型这两大概念进行辨析,并结合制造企业—知识型服务机构互动内涵,提出制造企业—知识型服务机构互动模式识别维度的一系列假设。在此基础上,本书通过验证性的多案例分析(10个案例),对上述假设进行检验与修正。结果表明:制造企业—知识型服务机构互动模式可以从互动所获取资源特征、互动目的、互动中沟通行为、互动后适应行为四方面进行识别,其中,制造企业—知识型服务机构的互补型互动目的是弥补制造企业内部资源欠缺,互动所获取的资源特征表现为所获取资源属于制造企业现有经验领域之外,互动中沟通行为表现为"干中学"、"用中学"程度高,而互动后适应行为则表现为需要大幅度调整企业内部人员、设备、组织结构等;制造企业—知识型服务机构的辅助型互动目的为降低制造企业内部开放成本,以腾出更多精力发展核心关键能力,互动所获取的资源特征表现为所获取资源在制造企业现有经验领域之内,互动中沟通行为表现为"干中学"、"用中学"程度低,甚至可以直接使用所获取资源,互动后适应行为则表现为不太需要(甚至不需要)调整企业内部人员、设备、组织结构等。

本书的研究结论从制造企业—知识型服务机构互动过程的本质特征出发,采用结构性二元思想(Gibson et al.,2004),从四方面对两种模式进行识别,为本书具体分析不同互动模式对制造企业绩效的作用路径奠定了扎实的理论基础,补充丰富了二元性思想在组织间层次的应用,同时深化了制造业与服务业互动发展的机理研究。

其二,资源重构包括资源重组与资源重置两大构成要素。

本书基于前期的文献综述,对资源重构与资源整合这两大相近概念的区别与联系进行辨析。在此基础上,通过探索性因子分析、验证性因子分析、卡方差异性检验等规范的量表构建步骤,设计了资源重构的测度量表,并对该量表的信度与效度进行检验。结果表明:资源重构主要包含两层涵义,即资源重组与资源重置,资源重组关注的是企业内外资源之间的互动关系,而资源重置关注的则是企业内外部资源如何分配的问题。

本书的研究结论解决了资源重构这一资源活动的内在本质属性问题,弥补了以往研究通常只将资源重构作为一个整体概念进行分析的欠缺，为本书精准地分析制造企业—知识型服务机构互动与绩效之间的关系奠定了科学、准确的理论基础。

其三，资源重构在制造企业—知识型服务机构互动与制造企业绩效之间的关系中发挥了中介作用；不同互动模式下，资源重组、资源重置在制造企业—知识型服务机构互动与绩效之间关系中具有不同程度的中介效应。

首先，本书通过探索性多案例研究与理论分析，发现制造企业—知识型服务机构互动、资源重构、绩效之间的相关关系；其次，为保证构念的准确性，本书将资源重构解构为资源重组与资源重置两大类，继而通过探索性因子分析、验证性因子分析、配对卡方差异性检验对资源重构的测量量表进行了信度与效度检验。在此基础上，采用多元线性回归模型检验了资源重构（包括资源重组、资源重置）在制造企业—知识型服务机构互动与制造企业绩效之间的中介效应。结果表明：资源重组在制造企业—知识型服务机构互动强度与创新绩效关系中起着显著的部分中介作用，但是在制造企业—知识型服务机构互动深度与创新绩效关系中未发挥中介作用；资源重置没有在制造企业—知识型服务机构互动（包括强度与深度）与创新绩效关系中发挥显著的中介作用；资源重组、资源重置均在制造企业—知识型服务机构互动强度与运营绩效关系中起着显著的完全中介作用，但在制造企业—知识型服务机构互动深度与运营绩效关系中发挥了部分中介作用。

在上述分析基础上，本书首先基于制造企业—知识型服务机构互动模式识别框架，严格按照识别维度得分，从 233 份样本中，挑选出符合互补型互动模式的 90 份样本，以及符合辅助型互动模式的 108 份样本，剩下的 35 份样本由于不能严格满足条件而被剔除。然后，本书以结构方程建模的方式分别对互补型互动与辅助型互动模式下，制造企业—知识型服务机构互动通过资源重组、资源重置到绩效的路径（效应）进行分析，结果表明：制造企业—知识型服务机构的互补型互动通过资源重组作用于制造企业绩效的效果要大于其通过资源重置作用于制造企业绩效的效果；制造企业—知识型服务机构的辅助型互动通过资源重置作用于制造企业绩的效果要大于其通过资源重组作用于制造企业绩效的效果。

该研究结论是本书的核心结论之一，这一结论不但解决了服务创新研究领域关于知识型服务机构对绩效作用机制研究中所存在的缺乏实证研究支持、研究结果未得到一致结论等问题,同时也弥补了资源基础观与资源依赖理论对于解释制造企业—知识型服务机构互动到制造企业绩效的转化过程中缺乏详细而具体的交代的不足。

其四,制造企业的先前互动经历在制造企业—知识型服务机构的互补型互动与资源重构之间的关系中起到了正向的调节作用。

本书基于文献分析,对制造企业的先前互动经历对制造企业—知识型服务的互补型互动和资源重构关系的调节作用提出了相关研究假设,继而采用多元线性回归模型对这 90 个样本进行实证分析,结果表明:在互补型互动模式下,制造企业的先前互动经历对资源重组没有产生显著的影响,但是,制造企业的先前互动经历能显著地正向调节制造企业—知识型服务机构的互补型互动强度与资源重组之间的关系,即制造企业的先前互动经历越多,其与知识型服务机构之间的互补型互动强度对其本身资源重组的影响程度越大,当制造企业的先前互动经历很少时,制造企业与知识型服务机构之间的互补型互动强度对资源重组的影响就十分有限了;制造企业的先前互动经历对资源重置既没有产生显著的影响,也没能显著地调节制造企业—知识型服务机构的互补型互动强度与资源重置之间的关系;另外,制造企业的先前互动经历没有在制造企业—知识型服务机构的互补型互动深度与资源重组(资源重置)的关系之间发挥任何调节作用。

该研究结论揭示了吸收能力理论、路径依赖理论在不同情境下的适用程度。吸收能力理论适合在我国制造企业与知识型服务机构互动不足的情况下使用,而路径依赖理论有望在其他发达国家或地区中制造企业与知识型服务机构有效互动的情境下起到解释作用。因此,本书丰富了吸收能力理论与路径依赖理论对先前互动经历在制造企业—知识型服务机构互动与资源重构关系中的调节作用的解释。

8.2 理论贡献与实践启示

8.2.1 理论贡献

本研究有如下几方面的理论贡献：

其一，深层次构建制造企业—知识型服务机构互动模式识别的分析框架，补充丰富了二元性思想在组织间层次的应用，并进一步深化了制造业与服务业互动发展的机理研究。

现有研究只关注主体之间互动模式面上的表现形式（Tordoir，1995；Gadrey *et al*.，1998；Vachon *et al*.，2009；Valk *et al*.，2009），鲜有研究是基于互动的本质特征、过程机理对互动模式进行识别。本书在现有研究的基础上，借鉴二元性思想（Duncan，1976；Simsek，2009），将制造企业—知识型服务机构互动模式划分为互补型与辅助型两类。基于互补型与辅助型的现有研究基础，紧密结合制造企业—知识型服务机构互动过程的本质特征，采用验证性的多案例研究方法，从互动所获取资源特征、互动目的、互动中沟通行为、互动后适应行为四方面构建制造企业—知识型服务机构互动模式识别的分析框架，为分析知识型服务机构对制造企业绩效的作用机理奠定了概念基础，深化了制造业与服务业互动发展机理的相关研究。另外，目前二元性思想在组织间层次应用的研究相对较少，主要集中于企业联盟领域，本书将二元性思想应用于知识型服务机构与制造企业之间互动模式的分析上，补充并丰富了二元性研究在组织间关系上的应用。

其二，基于相似构念的比较分析，从如何"重构"的视角，剖析资源重构的内涵与构成维度，探索了资源活动的内在本质属性问题，开发了资源重构的测量量表，为推进资源观视角下的后续研究奠定了扎实的概念基础。

资源基础观视角下的许多构念，如资源获取、资源汲取、资源整合、资源组合、资源重组、资源重构、资源使用等内涵较为接近（Grant *et al*.，2004；Buckley *et al*.，2009），尤其是资源整合和资源重构这两大构念经常被混用。综观现有研究，鲜有学者专门对资源整合与资源重构进行全面、系统的比较与鉴别。

本书在系统回顾相关文献的基础上,从起源、内涵与构成维度、分析层次、测量等四个方面,对"资源整合"与"资源重构"这两个重要构念进行了较为深入的比较分析。据此,明晰了本书涉及的核心构念资源重构的内涵、构成维度、分析层次与测量方法。在此基础上,本书从"重构"的角度,基于项目层面,确认了其内涵包含的成分,即资源重组、资源重置,弥补了以往研究通常只将资源重构作为一个整体概念进行分析的欠缺。此外,本书结合实地调研所获结果,产生了资源重构的测度题项,在此基础上与相关学术界专家及企业界代表进行深入沟通,讨论测度的内容效度。通过探索性因子分析、信度分析对量表的内部结构进行检验,并通过验证性因子分析、信度分析对量表的信度、聚合效度、区分效度进行评价,最终确定资源重构的量表(Churchill,1979;Hinkin,1995;陈晓萍等,2008)。这不但为资源基础观视角下的相关研究奠定了良好的概念基础,同时也能激发其他学者对辨析资源(知识)相关构念的内涵、外延等研究的兴趣并启发其思路。

其三,识别出资源重构在知识型服务机构与制造企业绩效之间的中介机制,比较了资源重组、资源重置的中介效应大小,弥补了资源基础观、资源依赖理论、知识基础观对于解释知识型服务机构作用于制造企业绩效的机制的不足,深化了现有关于资源到绩效转化机理的相关研究。

本书基于资源基础观、资源依赖理论,将制造企业—知识型服务机构互动视为制造企业向知识型服务机构获取资源的过程,表现为制造企业对知识型服务机构的一种资源依赖。资源基础观与资源依赖理论能有效解释制造企业为什么要与知识型服务机构互动、该互动行为与制造企业绩效之间形成了怎样的关系这两大基本问题。但是,资源基础观与资源依赖理论对于资源到竞争优势的转化过程却缺乏详细而具体的交代。服务创新研究领域的不同学者基于知识基础观,围绕知识型服务机构对绩效作用机制,提出了多种多样的知识活动,包括知识提供、知识转变(Nonaka,1994;Hertog et al.,1998a)、知识重组(Müller et al.,2001)、知识创造(Nonaka et al.,1995)、知识获取、知识积累(Caloghirou et al.,2004)等,但大多缺乏实证研究的支持,研究结果较为分散,也未得到一致的结论。本书通过理论推演与探索性多案例分析,深入剖析了制造企业—知识型服务机构互动对制造企业绩效的中介机制,识别出了资源重构(包括资源重组与资源重置)的中介效应,弥补了资源基础观、资源依赖理论、知识基础观对于解释知识型服务机构作用于制造企业绩效的机制的不足。

另外,现有研究大多关注的是资源对绩效的影响(Isobe et al.,2008),却鲜有研究能够清晰地区别资源重组、资源重置对绩效的不同效应,也几乎没有研究能够同时检验这两种资源活动对绩效的影响。本书在识别出资源重构这一中介机制的基础上,进一步分析与比较了互补型与辅助型互动模式下,资源重组、资源重置在制造企业—知识型服务机构互动与制造企业绩效关系中的中介效应的差异,研究发现:制造企业—知识型服务机构的互补型互动通过资源重组作用于制造企业绩效的效果要大于其通过资源重置作用于制造企业绩效的效果;制造企业—知识型服务机构的辅助型互动通过资源重置作用于制造企业绩的效果要大于其通过资源重组作用于制造企业绩效的效果。因此,本书不但更为深入地剖析了制造企业—知识型服务机构互动对制造企业绩效的作用机制,体现了资源重组、资源重置在资源转化为绩效过程中的动态性(Capron et al.,2001),而且同时识别了资源重组、资源重置在其中的不同作用效应,深化了现有关于资源到绩效转化机理的相关研究。

其四,通过备择假设揭示了先前互动经历正向影响制造企业—知识型服务机构互动与资源重构关系的机制,丰富了吸收能力理论、路径依赖理论对于先前互动经历在制造企业—知识型服务机构互动与资源重构关系中调节作用的解释。

吸收能力理论与路径依赖理论均能为先前互动经历在制造企业—知识型服务机构互动与资源重构关系中的调节作用给出解释,但是两大理论所得出的结论却并不相同(Cohen et al.,1990;Rosenberg,1990;Rothaermel et al.,2006)。本书依据吸收能力理论,提出若制造企业拥有与知识型服务机构互动的先前经历越多,则企业越具备理解、解释与评价知识的能力,从而能够更容易地重构从知识型服务机构中获取的资源,据此提出先前互动经历正向调节制造企业—知识型服务机构的互补型互动与资源重构关系的假设。此外,本书依据路径依赖理论,提出先前互动经历有利于企业能力的积累与期望的形成,同时会引发企业的路径依赖与锁定行为(Cohen et al.,1990;Vergne et al.,2010),不利于企业对新知识的重构,据此提出先前互动经历负向调节制造企业—知识型服务机构的互补型互动与资源重构关系的假设。基于这两大备择假设,本书通过多元线性回归分析对先前互动经历的调节作用进行检验。研究结果显示,在现阶段,中国制造企业的先前互动经历在制造企业—知识型服务机构的互补型互动强度与资源重组关系中发挥了正向的调节作用。这一研究结果揭示了不同情境下理论解释的适用程度。吸收能力理论适合在我国制造企业与知识型服务机构互动不足的情况下使用,而路径依赖理论有望在其他发达国家或地区中制造企业与知识型服务机构有效互动的情境下起到解释作用。因此,本书丰富了吸收能力理论与路径依赖理论对先前互动经历在制造企业—知识型服务机构互动与资源重构关系中的调节作用的解释。

8.2.2 实践启示

8.2.2.1 对制造企业的启示

(1)制造企业应该增强与知识型服务机构互动的意识

制造业与服务业之间的互动发展关系已被各国或地区的发展事实所证实(魏江等,2010),制造企业通过与服务机构的合作,不仅能促进服务机构的发展,这些服务机构由于能力的提升或规模经济的形成反过来还能对制造企业起到更好的推动作用(吕政等,2006)。本书的研究结论也证实了制造企业—知识型服务机构互动是加速制造企业增强资源重组、资源重置活动、提升创新绩效与运营绩效的有效方式。因此,制造企业通过与知识型服务机构互动,不但有利于其自身发展,同时也有利于知识型服务机构的培育成长,尤其是我国目前较之国外而言,知识型服务机构的发展仍处于初级阶段,迫切需要通过制造业来带动发展。同时,知识经济的时代瞬息万变,制造企业应转变封闭式观念,调整企业发展战略,从"内生型"发展模式向依赖于外部知识型服务机构的"外向型"发展模式转变。制造企业应该意识到,与知识型服务机构互动并不是制造企业能力不足的问题,而是企业具备强大的资源重构能力的表现,因为企业能够通过不断获取外部互补性或辅助性资源(知识)来实现内在能力的重构激活。

然而,制造企业也应该认识到与知识型服务机构互动存在着挑战。由于我国正处于经济转型时期,知识产权保护制度仍在不断完善之中,因此制造企业与知识型服务机构的互动一方面能带来可观的效益,另一方面也不可避免地存在着核心知识外泄的风险。正因如此，一部分制造企业不愿意与外部机构构建起联盟或者合作关系。本书的研究结论启发制造企业应该意识到企业与知识型服务机构之间互动合作的重心并不是如何躲避知识外泄的风险，而是要发展一种良好的外部合作关系，制造企业在与知识型服务机构互动过程中，不应只围绕服务而互动，同时要注重与知识型服务机构构建起良好的社会关系，以此来提升知识型服务机构对客户（制造）企业的忠诚度，企业得以将内部部分的核心资源交由外部更为专业化的服务机构来承担，通过资源的重组与重置来探索更具竞争性的发展机会。

（2）制造企业应该理解并恰当管理与知识型服务机构之间的互动过程

制造企业在与知识型服务机构互动时，企业管理者需要识别出互动中所涉及的产品（服务）、信息、资金、关系中哪些方面更为重要（Hakansson，1982），并相应增加在这些方面的互动投入，如互动时间的加长或者互动频率的增加。企业需要确定合适的人员作为"守门人"直接与外部服务机构接触，并根据互动项目的需要，选择不同部门、不同层级的员工参与项目的实施。另外，企业与不同类型知识型服务机构互动时，应柔性调整应对策略。若制造企业是为了弥补内部资源的欠缺、获取自身经验领域之外的资源而与知识型服务机构进行互动，企业在该过程中应该加大学习力度，通过"干中学"、"用中学"等方式加强对资源的消化、吸收，同时企业还需要对内部的人员、设备、组织结构等进行调整，以便与外部所获取的异质性资源较好对接；若制造企业是为了节约内部成本、获取自身经验领域之内的资源而与知识型服务机构进行互动，企业可相对减少投入的精力，如不太需要投入很多资源来展开学习，企业内部的人员、设备、组织结构也无须做大变动。总体而言，制造企业需要根据不同的互动目的，来恰当地管理互动过程，明确互动中所投入的精力，最大化互动项目所带来的边际效应。

（3）制造企业应该选择合适的模式与知识型服务机构进行互动

制造企业的类型或其主要产品所处的生命周期，会在一定程度上影响制造企业对知识型服务的需求，如高技术性制造企业通常对知识密集度高的服务产生主要需求（魏江等，2010），因此制造企业应该在审视自身资源的基础上，明确企业与知识型服务机构互动的目的是什么，从知识型服务机构中要获取怎样的资源。在此基础上,充分考虑知识型服务机构的特性,合理选择知识型服务机构的类型,开展互补型互动或辅助型互动。由于互补型互动主要是通过重新组合新、旧资源来产生新的资源组合,进而提升企业的竞争力,辅助型互动则是通过优化企业的资源配置来影响企业绩效,因此,制造企业要基于不同的过程机理来选择合适的模式进行互动,通过互补型互动实现企业内部新资源的再生,通过辅助型互动优化企业内部资源的配置。此外,制造企业也可以基于多个目的,同时展开与多个知识型服务机构之间的辅助型互动与互补型互动,在协调、统筹安排好企业内部人员、资金、技术等方面资源的基础上,做到既能优化内部资源的配置,又能促进新资源的再生。

8.2.2.2 对知识型服务机构的启示

(1)知识型服务机构应明确知识提供者和知识传播者的双重身份

当知识型服务机构发挥着知识传播者作用时,制造企业通过与知识型服务机构互动,所获取的知识(资源)可能并非直接来自于知识型服务机构本身,而是经由知识型服务机构的传递而获取。当知识型服务机构发挥着知识提供者作用时,制造企业通过与知识型服务机构互动,能够直接从知识型服务机构处获取所需知识(资源)。因此,知识型服务机构要明确自身定位,在为制造企业提供自身无形服务与有形资源的同时,也要注重传播一些外围的信息,激发制造企业产生新的想法和行动,这正是很多制造企业选择使用外部服务的一个重要且不可忽视的原因。

(2)知识型服务机构要能够准确地理解制造企业使用服务的过程

知识型服务机构在与制造企业互动的过程中要调整自身的行为,并能确定合适的人员直接与制造企业接触。由于不同制造企业对同一种服务的使用目的不同,因此,知识型服务机构纵然是提供同样内容的服务,也要根据不同制造企业的具体需求,确定所提供服务的专业化程度,在互动中逐步深入地理解制造企业需求,并能够定制化地为制造企业提供契合其真正需求的服务或资源。

(3)知识型服务机构要把握尺度,提升知识产权保护意识

知识型服务机构发挥着桥梁作用,因此,知识产权问题尤其显得重要且敏感。知识型服务机构应该严肃对待互动过程中涉及的知识产权问题,这不仅

是维护客户企业(制造企业)利益的根本前提,同时也是增强自身服务有效性的问题,更是提升自身声誉、打造竞争优势的关键。知识型服务机构在与不同客户企业合作互动中,绝不可将其他客户企业的方案直接照搬照抄(MacPherson *et al.*,2010),更不允许将先前客户的信息外泄。同时,知识型服务机构要能够最大限度地将自身所掌握的信息等资源贡献给每一位客户,这并不是直接将自己所有的先前客户的资源告知对方,而是通过整合客户与自身资源,定制化地为客户企业提供服务产品,尽可能为每一家客户企业提供最全面、最可靠的信息,这也是制造企业要通过与知识型服务机构互动来获取资源的关键原因之一。

8.3　研究局限与未来展望

8.3.1　研究局限

鉴于研究条件以及研究者时间、精力的约束,本书仍存在较多局限和不足之处,主要表述如下:

(1)样本数量、范围与来源方面

从样本数量方面看,本书共搜集了 323 份有效样本,其中 90 份样本用于探索性因子分析,233 份问卷用于多元线性回归分析与结构方程模型的构建,由于本书又进一步分析了不同模式下制造企业—知识型服务机构互动对绩效的作用路径,因此是在 233 份样本中进一步分别筛选了互补型互动模式与辅助型互动模式的样本。由于互补型与辅助型互动模式各自的样本数量在前期总样本发放阶段不易直接识别,最终得到满足互补型互动模式的样本为 90 份,而满足辅助型互动模式的样本为 108 份。本书在第 7 章路径分析中采用了结构方程分析法,而采用 AMOS 进行结构方程分析的样本容量数至少为 100—150(Ding *et al.*,1995),本书由于样本的限制,研究结果的理想性受到了一定程度的影响。

从样本范围方面看,由于受研究者地理区域的限制,本书的样本虽主要来自于浙江、湖北、广东、上海、北京等省市,但总体而言,浙江省的样本占多数,因此可能会在一定程度上影响研究的外在效度。

从样本来源方面看,本书主要是选用大样本问卷调查来搜集数据,属于一手数据,由于二手数据不易获取且缺失较多,因此本书没有采用二手数据的交叉或者联合运用,数据获取来源较为单一。

(2)变量测度的准确性、可操作性方面

本书主要采用主观的李克特七点量表对创新绩效、运营绩效进行测度,虽然问卷的题项是在严格的文献归纳基础上形成的,且所得数据也通过了信度、效度的检验,但若创新绩效、运营绩效能够同时结合客观数据,将能在一定程度上提升绩效测度的准确性。

另外,本书虽然单独在第3章采用验证性的多案例分析对制造企业—知识型服务机构互动模式的识别维度进行了提炼与修正,同时采用独立样本 T 检验对 90 份预测问卷样本划分点的合理性与可行性进行分析,在一定程度上大大提升了互动模式识别的科学性与规范性,然而本书在对 233 份大样本进行互动模式划分时,仍有 35 份问卷不能归入互补型或者辅助型互动模式,因此,本书在互动模式识别中所选用的表述语句可能在可操作性方面仍有不足,被试可能在区分这两种模式时仍存在一定的模糊性。

8.3.2　未来展望

针对本书所存在的研究局限与不足,同时借鉴其他研究视角,未来的研究可以在以下几个方面进行拓展:

(1)样本数据、变量测度的进一步完善

本书只采用了一手数据,而没有使用其他来源的二手数据进行交叉验证,未来研究可考虑多手数据综合使用,使得主观数据与客观数据相结合、一手数据与二手数据相结合,不但可以更多地避免共同方法偏差,同时也提高了变量测度的准确性;而在变量测度的可操作性方面,可以在更大程度上征求实践界人士的意见,并增加预测的样本数据与次数,便于更大程度上提高问卷语句的可理解性与可操作性。

(2)情境二元性思想在互动模式分析中的应用

本书只将传统的结构二元性思想应用于互动模式的分析中,即只非此即彼地分析了互补型互动或辅助型互动模式下制造企业—知识型服务机构互动到绩效的作用路径（Gibson *et al.*，2004），而忽视了在同一互动项目中，也同时并存着互补与辅助的互动成分，因此如何平衡、协调这两类看似对立的互动成分亟须制造企业正确与妥善处理。未来研究可以考虑借鉴情境二元性思想，通过案例分析法来剖析同一互动项目中，制造企业同时对互补型互动与辅助型互动的不同处理方式对资源重构、项目绩效的不同影响，据此提出对制造企业而言更具实际意义的启示。

（3）制造企业—知识型服务机构互动模式、互动水平的动态演化分析

本书只分析了横截面上制造企业与知识型服务机构互动对制造企业绩效的作用机理，而未进行纵向分析，因此只是一个时间点上的静态分析。未来研究可以从制造企业层面分析互动模式，并结合时间序列，纵向分析制造企业在初始、发展和成熟的不同阶段中，选择互补型互动模式和辅助型互动模式的倾向度，以及分析该互动模式下互动过程的特征，从而揭示制造企业与知识型服务机构互动模式与互动水平特征的动态演化轨迹。

（4）知识型服务机构之间的网络化合作机理分析

本书只分析了制造企业与知识型服务机构之间一对一的互动对制造企业绩效的影响机理，另外，互动的主体属于不同的产业。由于同一产业内部的合作往往要更强于不同产业内部之间的合作，因此未来研究可以分析同一产业内部知识型服务机构之间的合作，并可拓展到一对多、多对多的网络化合作研究。在本书的基础上，可考虑以企业为分析单元，分析知识型服务机构网络化合作的互补程度与辅助程度对其绩效的影响机理，以及如何平衡这两种类型的网络化合作方式来达到对绩效的最优提升效果，同时也可分析服务业网络对知识型服务机构的培育问题。

（5）技术型服务机构与专业服务机构对制造企业绩效的不同作用路径分析

本书只将服务机构类型作为控制变量，因此忽略了不同服务机构类型在互动机理中的作用。技术型服务机构（T-KIBS）与专业服务机构（P-KIBS）是两类具有迥异特征的知识型服务机构，它们与制造企业互动，很有可能会通过不同的作用机制来影响企业绩效，而且，不同类型的制造企业在其主要产品的不同生命周期阶段，也会与不同类型的知识型服务机构进行互动，因此未来研

究可以考虑分析制造企业与不同类型服务机构互动时的作用机理与路径,进而对现有研究进行丰富、补充与拓展。

(6)跨情境研究的进一步拓展

本书没有限定特定的研究情境,对实践启示难免会显得宽泛而不聚焦,在未来的研究中,可以考虑选择能真切反映经济社会特征的研究情境做进一步的深入分析,如转型经济情境、企业的网络化发展情境、企业所处的特色区域经济所形成的研究情境等,甚至可以将该模型放在发达国家中进行应用和对比检验,如芬兰、瑞典等服务业发达的国家中制造企业与服务机构的合作互动研究。

参考文献

蔡莉,尹苗苗.新创企业学习能力、资源整合方式对企业绩效的影响研究[J].管理世界,2009(10):1—16.

陈建龙,王建冬,胡磊,等.一论知识服务的概念内涵——基于产业实践视角的考察[J].图书情报知识,2010,3:11—16.

陈劲,陈钰芬.开放创新体系与企业技术创新资源配置[J].科研管理,2006,27(3):1—8.

陈晓萍,徐淑英,樊景立.组织与管理研究的实证方法[M].北京:北京大学出版社,2008.

董保宝,葛宝山,王侃.资源整合过程、动态能力与竞争优势:机理与路径[J].管理世界,2011,3:92—101.

侯杰泰,温忠麟,程子娟.结构方程模型及其应用[M].北京:教育科学出版社,2004.

李怀祖.管理研究方法论[M].西安:西安交通大学出版社,2004.

李剑力.探索性创新、开发性创新与企业绩效关系研究——基于冗余资源调节效应的实证分析[J].科学学研究,2009,27(9):1418—1427.

蔺雷,吴贵生.服务创新[M].北京:清华大学出版社,2007:181—182.

刘顺忠.知识密集型服务业在知识系统中作用机理研究[M].北京:科学出版社,2008:65—67.

鲁若愚,陈力.企业知识管理中的分享与整合[J].研究与发展管理,2003,15(1):16—20.

吕政,刘勇,王钦.中国生产性服务业发展的战略选择——基于产业互动的研究视角[J].中国工业经济,2006(8):5—7.

马庆国.管理统计—数据获取,统计原理,SPSS工具与应用研究[M].北京:科学出版社,2002:263—326.

王铜安.重大技术装备制造型企业技术整合的机理研究[D].博士学位论文,浙江大学,2008.

魏江,陶颜,王琳.知识密集型服务业的概念与分类研究[J].中国软科学,2007(1):33—41.

魏江,张帆.基于动态能力观的企业科技人员知识存量激活模式研究[J].科研管理,2007,28(1):42—46.

魏江,周丹.我国生产性服务业与制造业互动需求结构及发展态势[J].经济管理,2010:32(8),17—25.

魏江,周丹.生产性服务业与制造业融合互动发展——以浙江省为例.北京:科学出版社,2011.

吴明隆.结构方程模型:AMOS 的操作与应用[M].重庆:重庆大学出版社,2009.

吴明隆.问卷统计分析实务——SPSS 操作与运用[M].重庆:重庆大学出版社,2010:158—188.

章威.基于知识的企业动态能力研究:嵌入性前因及创新绩效结果[D].博士学位论文,浙江大学,2009.

赵修卫.组织学习与知识整合[J].科研管理,2003,24(3):52—57.

郑素丽.组织间资源对企业创新绩效的作用机制研究[D].博士学位论文,浙江大学,2008.

AHUJA G, KATILA R. Technological acquisitions and the innovation performance of acquiring firms: A longitudinal study[J]. *Strategic Management Journal*, 2001, 22:197-220.

AI-LAHAM A, AMBURGEY T L. Knowledge sourcing in foreign direct investments: An empirical examination of target profiles [J]. *Management International Review*, 2005, 45 (3):247-275.

ALBORS J, HERVAS J L, MARQUEZ P, *et al*. Application of the KISA concept to innovation dynamics and its impact on firms' performance[J]. *Management Research News*, 2008, 31 (6):404-417.

AMBROSINI V, BOWMAN C, SCHOENBERG R. Should acquiring firms pursue more than one value creation strategy? An empirical test of acquisition performance[J]. *British Journal of Management*, 2011, 22:173-185.

ANDERSON J C, GERBING D W. Structural equation modeling in practice: A review and recommended two-step approach[J]. *Psychological Bulletin*, 1988, 103 (3):411-423.

ANTONELLIC. Localized technological change, new information technology and the knowledge-based economy: The european evidence[J]. *Journal of Evolutionary Economics*, 1998, 8:177-198.

ARMISTEAD C G, MAPE J. The impact of supply chain integration on operating performance[J]. *Logistics Information Management*, 1993, 6 (4):9-14.

ASLESEN H W, ISAKSEN A. New perspectives on knowledge-intensive services and innovation [J]. *Geografiska Annaler: Series B, Human Geography*, 2007, 89 (1):45-58.

AXELSSON B, WYNSTRA F. *Buying Business Services*[M]. Chichester: Wiley, 2002:212-218.

BALS L, HARTMANN E, RITTER T. Barriers of purchasing department' involvement in marketing service procurement[J]. *Industrial Marketing Management*, 2009, 38:892-902.

BARKEMA H G, VERMEULEN F. International expansion through start-up or acquisition: A learning perspective[J]. *Academy of Management Journal*, 1998, 41 (1):7-26.

BARNEY J. Firm resources and sustained competitive advantage[J]. *Journal of Management*, 1991, 17 (1):99-120.

BARON R M, KENNY D A. The moderator-mediator variable distinction in social psychological research: Conceptual, strategic, and statistical considerations[J]. *Journal of Personality and Social Psychology*, 1986, 51 (6):1173-1182.

BARRINGER B R, HARRISON J S. Walking a tightrope: Creating value through interorganizational relationships [J]. *Journal of Management*, 2000,

26 (3):367-403.

BESSANT J, RUSH H. Building bridges for innovation: The role of consultants in technology transfer[J]. *Research Policy*, 1995, 24:97-114.

BETTENCOURT L A, OSTROM A L, BROWN S W, *et al*. Client coproduction in knowledge-intensive business services [J]. *California Management Review*, 2002, 44 (4):100-128.

BIERLY P, CHAKRABARTI A. Generic knowledge strategies in the U. S. pharmaceutical industry[J]. *Strategic Management Journal*, 1996, 17 (Winter Special Issue):123-135.

BILDERBEEK R, HERTOG P D, MARKLUND G, *et al*. Services in innovation: Knowledge intensive business services(kibs) as co-producers of innovation[R]. SETP group, 1998.

BOWMAN C, AMBROSINI V. How the resource-based and the dynamic capability views of the firm inform competitive and corporate level strategy[J]. *British Journal of Management*, 2003, 14:289-303.

BOYDB. Corporate linkages and organizational environment: A test of the resource dependence model[J]. *Strategic Management Journal*, 1990, 11 (6):419-430.

BRETTEL M, HEINEMANN F, ENGELEN A, *et al*. Cross-functional integration of R&D, marketing, and manufacturing in radical and incremental product innovations and its effects on project effectiveness and efficiency[J]. *Journal of Product Innovation Management*, 2011, 28:251-269.

BRITO C, NOGUEIRA M. Capabilities exchange through business interaction: An empirical investigation of a client-IT supplier relationship[J]. *Journal of Purchasing & Supply Management*, 2009, 15:227-239.

BUCKLEY P J, GLAISTER K W, KLIJN E, *et al*. Knowledge accession and knowledge acquisition in strategic alliances: The impact of supplementary and complementary dimensions [J]. *British Journal of Management*, 2009, 20:598-609.

CALOGHIROU Y, KASTELLI I, TSAKANIKAS, A. Internal

capabilities and external knowledge sources: Complements or substitutes for innovative performance? [J]. *Technovation*, 2004, 24:29-39.

CAPRON L, DUSSAUGE P, MITCHELL W. Resource redeployment following horizontal acquisitions in Europe and North America, 1988-1992 [J]. *Strategic Management Journal*, 1998, 19:631-661.

CAPRON L, HULLAND J. Redeployment of brands, sales forces, and general marketing management expertise following horizontal acquisitions: A resource-based view[J]. *The Journal of Marketing*, 1999, 63 (2):41-54.

CAPRON L, MITCHELL W. Bilateral resource redeployment and capabilities improvement following horizontal acquisitions[J]. *Industrial and Corporate Change*, 1998, 7 (3):453-484.

CAPRON L, MITCHWLL W, SWAMINATHAN A. Asset divestiture following horizontal acquisitions: A dynamic view[J]. *Strategic Management Journal*, 2001, 22:817-844.

CARAYANNOPOULOS S, AUSTER E R. External knowledge sourcing in biotechnology through acquisition versus alliance: A KBV approach[J]. *Research Policy*, 2010, 39:254-267.

CARTER J R, ELLRAM L M. The impact of inter-organizational alliances in improving supplier quality[J]. *International Journal of Physical Distribution & Logistics Management*, 1994, 24 (5):15-23.

CHEN I J, PAULRAJ A. Towards a theory of supply chain management: The constructs and measurements[J]. *Journal of Operation Management*, 2004, 22:119-150.

CHESBROUGH H. The era of open innovation [J]. *MIT Sloan Management Review*, 2003, 44 (3):35-41.

CHIRICO F, SALVATO C. Knowledge integration and dynamic organizational adaptation in family firms[J]. *Family Business Review*, 2008, (21):169-181.

CHRISTENSEN J F. Asset profiles for technological innovation[J]. *Research Policy*, 1995, 24:727-745.

CHURCHILL G A. A paradigm for developing better measures of marketing constructs[J]. *Journal of Marketing Research*, 1979, 16 (1):64-73.

COHEN J, COHEN P, WEST S G, *et al*. *Applied Multiple Regression/ Correlation Analysis for the Behavioral Science (Third ed.)* [M]. New Jersey: Lawrence Erlbaum Associates, Publishers, 2003:64-99.

COHEN M D, BACDAYAN P. Organizational routines are stored as procedural memory: Evidence from a laboratory study [J]. *Organization Science*, 1994, 5 (4):554-568.

COHEN W M, LEVINTHAL D A. Absorptiva capacity: A new perspective on learning and innovation[J]. *Administrative Science Quarterly*, 1990, 35: 128-152.

CONSOLI D, ELCHE-HORTELANO D. Variety in the knowledge base of knowledge intensive business services[J]. *Research Policy*, 2010, 39: 1303-1310.

CONTRACTOR F J, KUMAR V, KUNDU S K, *et al*. Reconceptualizing the firm in a world of outsourcing and offshoring: The organizational and geographical relocation of high-value company functions[J]. *Journal of Management Studies*, 2010, 47 (8):1417-1433.

DAMANPOUR F, SZABAT K A, EVAN W M. The relationship between types of innovation and organizational performance[J]. *Journal of Management Studies*, 1989, 26 (6):587-601.

DAS T K, TENG B S. A resource-based theory of strategic alliances[J]. *Journal of Management*, 2000, 26 (1):31-61.

DAVENPORT T H, PRUSAK L. *Working Knowledge: How Organization Manage What They Know* [M]. Boston: Harvard Business School Press, 1998:84-106.

DE BOER M, VAN DEN BOSCH F A J, VOLBERDA H W. Managing organizational knowledge integration in the emerging multimedia complex[J]. *Journal of Management Studies*, 1999, 36 (3):287-418.

DELIOS A, HENISZ W J. Political hazards, experience, and sequential entry strategies: The international expansion of Japanese firms, 1980-1998[J].

Strategic Management Journal，2003，24:1153-1164.

DEVARAJ S, KRAJEWSKI L, WEI J C. Impact of ebusiness technologies on operational performance: The role of production information integration in the supply[J]. *Journal of Operation Management*，2007，25:1199-1216.

DEWAR R D, DUTTON J E. The adoption of radical and incremental innovations: An empirical analysis[J]. *Management Science*，1986，32 (11): 1422-1433.

DIERICKX I, COOL K. Asset stock accumulation and sustainability of competitive advantage[J]. *Management Science*，1989，35 (12):1504-1511.

DING L, VELICER W F, HARLOW L L. Effects of estimation methods, number of indicators per factor, and improper solutions on structural equation modeling fit indices [J]. *Structural Equation Modeling: A Multidisciplinary Journal*，1995，2 (2):119-143.

DOLOREUX D, FREEL M, SHEARMUR R. *Knowledge-Intensive Business Services -Geography and Innovation* [M]. Ashgate: Farnham，2010: 123-143.

DOWELL G, KILLALY B. Effect of resource variation and firm experience on market entry decisions: Evidence from U. S. Telecommunication firms' international expansion decisions[J]. *Organization Science*，2009，20 (1):69-84.

DUANMU J L, FAI F M. A processual analysis of knowledge transfer: From foreign MNEs to Chinese suppliers[J]. *International Business Review*，2007，16:449-473.

DUNCAN R B. *The Ambidextrous Organization: Designing Dual Structures for Innovation*[M]//RALPH H K, LOUIS R P, DENNIS S. The management of organization design, Volume 1: Strategies and implementation, New York: North Holland，1976:167-188.

DUNN S C, SEAKER R F, WALLER M A. Latent variables in business logistics research: Scale development and validation[J]. *Journal of Business Logistics*，1994，15 (2):145-172.

EDVARDSSON B, GUSTAFSSON A, ROOS I. Service portraits in

service research: A critical review[J]. *International Journal of Service Industry Management*, 2005, 16 (1):107-121.

EISENHARDT K. M. Building theories from case study research[J]. *Academy of Management Review*, 1989, 14 (4):532-550.

EISENHARDT K M. Better stories and better contructs: The case for rigor and comparative logic[J]. *Academy of Management Review*, 1991, 16: 620-627.

EISENHARDT K M, GRAEBNER M E. Theory building from cases: Opportunities and challenges[J]. *Academy of Management Journal*, 2007, 50 (1):25-32.

EISENHARDT K M, MARTIN J A. Dynamic capabilities: What are they? [J]. *Strategic Management Journal*, 2000, 21:1105-1121.

ELFRING T, BAVEN G. Outsourcing technical services: Stages of development[J]. *Long Range Planning*, 1994, 27 (5):42-51.

ELLRAM L M, TATE W L, BILLINGTON C. Understanding and managing the services supply chain[J]. *Journal of Supply Chain Management*, 2004, 40 (4):17-32.

ENNEN E, RICHTER A. The whole is more than the sum of its parts-or is it? A review of the empirical literature on complementarities in organizations [J]. *Journal of Management*, 2010, 36 (1):207-233.

FIGUEIREDO P N. The role of dual embeddedness in the innovative performance of mne subsidiaries: Evidence from Brazil [J]. *Journal of Management Studies*, 2011, 48 (2):417-440.

FLEMING L. Recombinant uncertainty in technoligical search [J]. *Management Science*, 2001, 47 (1):117-132.

FOWLER F J. *Survey Research Methods*[M]. CA: Sage Publications, Inc. , 2002.

FRANCIS D, BESSANT J. Targeting innovation and implications for capability development[J]. *Technovation*, 2005, 25:171-183.

FROHLICH M T, WESTBROOK R. Demand chain management in

manufacturing and services: Web-based integration, drivers and performance [J]. *Journal of Operation Management*, 2002, 20:729-745.

GADREY J, GALLOUJ F. The provider-customer interface in business and professional services[J]. *The Service Industries Journal*, 1998, 18 (2): 1-15.

GADREY J, GALLOUJ F. *Productivity, Innovation and Knowledge in Services: New Economic and Socio-economic Approaches* [M]. Cheltenham: Edward Elgar, 2002:256-284.

GALLOUJ F, WEINSTEIN O. Innovation in services[J]. *Research Policy*, 1997, 26:537-556.

GALUNIC D C, RODAN S. Resource recombinations in the firm: Knowledge structures and the potential for schumpeterian innovation[J]. *Strategic Management Journal*, 1998, 19:1193-1201.

GARCIA R, CALANTONE R, LEVINE R. The role of knowledge in resource allocation to exploration versus exploitation in technologically oriented organizations[J]. *Decision Sciences*, 2003, 34 (2):323-349.

GEBING D W, ANDERSON J C. An updated paradigm for scale development incorporating unidimensionality and its assessment[J]. *Journal of Marketing Research*, 1988, 25 (2):186-192.

GHISELLI E E, CAMPBELL J P, ZEDECK S. *Measurement Theory for the Behavioral Science*[M]. San Francisco: Freeman, 1981.

GIBSON C B, BIRKINSHAW J. The antecedents, consequences, and mediating role of organizational ambidexterity[J]. *Academy of Management Journal*, 2004, 47 (2):209-226.

GRAND S, KROGH G V, LEONARD D, *et al*. Resource allocation beyond firm boundaries: A multi-level model for open source innovation[J]. *Long Range Planning*, 2004, 37:591-610.

GRANT R M. Prospering in dynamically-competitive environments: Organizational capability as knowledge integration[J]. *Organization Science*, 1996a, 7 (4):375-387.

GRANT R M. Toward a knowledge-based theory of the firm [J]. *Strategic Management Journal*, 1996b, 17:109-122.

GRANT R M. *The Knowledge-based View of the Firm* [M]. New York: Oxford University Press, 2006.

GRANT R M, BADEN-FULLER C. A knowledge accessing theory of strategic alliances[J]. *Journal of Management Studies*, 2004, 41 (1):61-84.

GRECO J. Outsourcing: The new partnership[J]. *Journal of Business Strategy*, 1997, 18 (4):48-54.

HAKANSSON H. *International Marketing and Purchasing of Industrial Goods: An Interaction Approach*[M]. Wiley: Chichester, 1982.

HA RRIGAN, K. R. & NEWMAN, W. H. Bases of interorganization cooperation: Propensity, power, persistence[J]. *Journal of Management Studies*, 1990, 27 (4):417-434.

HARRISON J S, HOSKISSON M A, H R E, *et al*. Synergies and post-acquisition performance: Differences versus similarities [J]. *Journal of Management*, 1991, 17 (1):173-190.

HARRISON J S, HOSKISSON M A, H. R. E, *et al*. Resource comple-mentarity in business combinations: Extending the logic to organizational alliances[J]. *Journal of Management*, 2001, 27:679-690.

HAUKNES J. Services in innovation-innovation in services[R]. STEP group, 1998.

HAYWARD M L A, BOEKER W. Power and conflicts of interest in professional firms: Evidence from investment banking[J]. *Administrative Science Quarterly*, 1998, 43 (1):1-22.

HELFAT C E, PETERAF M A. The dynamic resource-based view: Capability lifecycles[J]. *Strategic Management Journal*, 2003, 24 (10):997-1010.

HENDERSON R M, CLARK K B. Architectural innovation: The reconfiguration of existing product technologies and the failure of established firms[J]. *Administrative Science Quarterly*, 1990, 35 (1):9-30.

HENDRIKS P. Why share knowledge? The influence of ict on the motivation for knowledge sharing[J]. *Knowledge and Process Management*, 1999, 2:91-100.

HERTOG P D. Knowledge-intensive business services as co-producers of innovation[J]. *International Journal of Innovation Management*, 2000, 4 (4): 491-528.

HERTOG P D, BILDERBEEK R. Conseptualizing(service) innovation and the knowledge flow between KIBS and their clients[R]. STEP group, 1998a.

HERTOG P D, BILDERBEEK R. The new knowledge infrastructure: The role of technology-based knowledge-intensive business services in national innovation systems[R]. STEP group, 1998b.

HESS A M, ROTHAERMEL F T. When are assets complementary? Star scientists, strategic alliances, and innovation in the pharmaceutical industry[J]. *Strategic Management Journal*, 2011, 32 (8):895-909.

HINKIN T. A review of scale development practices in the study of organizations[J]. *Journal of Management*, 1995, 21 (5):967-988.

HIPP C. Knowledge-intensive business services in the new mode of knowledge production[J]. AI & Society, 1999, 13:88-106.

HSU L L. SCM system effects on performance for interaction between suppliers and buyers[J]. Industrial Management & Data Systems, 2005, 105 (7):857-875.

HUGHES M, PERRONS R K. Shaping and re-shaping social capital in buyer-supplier relationships[J]. *Journal of Business Research*, 2011, 64: 164-171.

HUNG H F, KAO H P, CHU Y Y. An empirical study on knowledge integration, technology innovation and experimental practice [J]. *Expert Systems with Applications*, 2008, 35 (1/2):177-186.

INKPEN A. Learning knowledge acquisition and strategic alliances[J]. European Management, 1998, 16 (2):223-229.

ISOBE T, MAKINO S, MONTGOMERY D B. Technological capabilities and firm performance: The case of small manufacturing firms in Japan[J]. *Asia Pacific Journal of Management*, 2008, 25:413-428.

JANSEN J J P, BOSCH F A J V D, VOLBERDA H W. Exploratory innovation, exploitative innovation, and performance: Effects of organizational antecedents and environmental moderators[J]. *Management Science*, 2006, 52 (11):1661-1674.

JIANG B. Outsourcing effects on firms' operational performance[J]. *International Journal of Operations & Production Management*, 2006, 26 (12):1280-1300.

JIANG X, LI Y. An empirical investigation of knowledge management and innovative performance: The case of alliances[J]. *Research Policy*, 2009, 38:358-368.

JOHNSEN T, PHILLIPS W, CALDWELL N, *et al*. Centrality of customer and supplier interaction in innovation[J]. *Journal of Business Research*, 2006, 59:671-678.

KARIM S. Modularity in organizational structure: The reconfiguration of internally developed and acquired business units [J]. *Strategic Management Journal*, 2006, 27:799-823.

KARIM S. Business unit reorganization and innovation in new product markets[J]. *Management Science*, 2009, 55 (7):1237-1254.

KARIM S, MITCHELL W. Path-dependent and path-breaking change: Reconfiguring business resources following acquisitions in the U. S. medical sector, 1978-1995[J]. *Strategic Management Journal*, 2000, 21:1061-1081.

KARIM S, MITCHELL W. Innovating through acquisition and internal development: A quarter-century of boundary evolution at Johnson & Johnson [J]. *Long Range Planning*, 2004, 37:525-547.

KEIL T, MAULA M, SCHILDT H, *et al*. The effect of governmance modes and relatedness of external business development activities on innovative performance [J]. *Strategic Management Journal*, 2008, 29:895-907.

KIM J Y, FINKELSTEIN S. The effects of strategic and market complementarity on acquisition performance: Evidence from the U. S. Commercial banking industry, 1989-2001[J]. *Strategic Management Journal*, 2009, 30: 617-646.

KNUDSEN M P. The relative importance of interfirm relationships and knowledge transfer for new product development success[J]. *Journal of Product Innovation Management*, 2007, 24:117-138.

KOGUT B, ZANDER U. Knowledge of the firm, combinative capabilities, and the replication of technology[J]. *Organization Science*, 1992, 3 (3):383-397.

KOTABE M. Global procurement of service activities by service firms[J]. *International Marketing Review*, 2004, 21 (6):615-633.

KRAAIJENBRINK J, WIJNHOVEN F, GROEN A. Towards a kernel theory of external knowledge integration for high-tech firms: Exploring a failed theory test[J]. *Technological forcasting & Social Change*, 2007, 74: 1215-1233.

LARBI-APAU J A, MPS, MPHIL, *et al*. Performance-based measurement: Action for organizations and HPT accountability[J]. *Performance Improvement*, 2010, 49 (1):7-17.

LARSEN J N. Knowledge, human resources and social practice: The knowledge-intensive business service firm as a distributed knowledge system[J]. *The Service Industries Journal*, 2001, 21 (1):81-102.

LAURSEN K, SALTER A. Open for innovation: The role of openness in explaining innovation performance among U. K. manufacturing firms[J]. *Strategic Management Journal*, 2006, 27:131-150.

LAW K S, WONG C S, MOBLEY W H. Toward a taxonomy of Multidimensional constructs[J]. *Academy of Management Review*, 1998, 23 (4):741-755.

LEE K R, SHIM S W, JEONG B S. KISA in innovation of the software sector in Korea[J]. *International Journal of Service Technology and*

Management, 2006, 7 (2):146-153.

LI H L, TANG M J. Vertical integration and innovation performance: The effects of external knowledge sourcing modes[J]. *Technovation*, 2010, 30:401-410.

LI J J, POPPO L, ZHENG K. Do managerial ties in China always produce value? Competition, uncertainty, and domestic vs. foreign firms[J]. *Strategic Management Journal*, 2008, 29:383-400.

LIAO S H, FEI W C, CHEN C C. Knowledge sharing, absorptive capacity, and innovation capability: An empirical study of Taiwan's knowledge-intensive industries[J]. *Journal of Information Science*, 2007, 33 (3):340-359.

LIEBESKIND J P. Knowledge, strategy, and the theory of the firm[J]. *Strategic Management Journal*, 1996, 17 (Winter Special Issue):93-107.

LIN Z, YANG H, ARYA B. Alliance partners and firm performance: Resource complementarity and status association[J]. *Strategic Management Journal*, 2009, 30 (9):921-940.

LUCA L M D, ATUAHENE-GIMA K. Market knowledge dimensions and cross-functional collaboration: Examining the different routes to product innovation performance[J]. *Journal of Marketing*, 2007, 71:95-112.

MÜLLER E, DOLOREUX D. What we should know about knowledge-intensive business services[J]. *Technology in Society*, 2009, 31:64-72.

MÜLLER E, ZENKER A. Business services as actors of knowledge transformation: The role of KIBS in regional and national innovation systems[J]. *Research Policy*, 2001, 30:1501-1516.

MACHLUP F. *The Production and Distribution of Knowledge in the United States*[M]. Princeton University Press, 1962.

MACHUCA J A D, DEL MAR GONZALEZ-ZAMORA M, AGUILAR-ESCOBAR V G. Service operations management research[J]. *Journal of Operations Management*, 2007, 25 (3):585-603.

MACPHERSON A, VANCHAN V. The outsourcing of industrial design services by large U. S. manufacturing companies[J]. *Regional Science*

Review, 2010, 33 (1):3-30.

MAKRI M, HITT M A, LANE P J. Complementary technologies, knowledge relatedness, and invention outcomes in high technology mergers and acquisitions[J]. *Strategic Management Journal*, 2010, 31:602-628.

MARCH J G. Exploration and exploitation in organization learning[J]. *Organization Science*, 1991, 2 (1):71-87.

MARTINEZ-FERNANDEZ M C, SOOSAY C, KRISHNA V V, *et al*. Knowledge intensive service activities in innovation of the tourism industry in Australia[R]. Australian Expert Group in Industry Studies (AEGIS), 2005.

MCEVILY S, CHAKRAVARTHY B. The persistence of knowledge-based advantage: An empirical test for product performance and technological knowledge[J]. *Strategic Management Journal*, 2002, 23:285-305.

MILES I. Knowledge intensive business services: Prospects and policies[J]. *Foresight*, 2005, 7 (6):39-63.

MILES I, KASTRINOS N, FLANAGAN K, *et al*. *Knowledge-intensive Business Services—Users, Carriers and Sources of Innovation* [M]. The university of Manchester, 1995.

MILGROM P, ROBERTS J. Complementarities and systems: Understanding Japanese economic organization. *Estudios Economicos*, 1994, 9 (1):3-42.

MOWERY D C, OXLEY J E, SILVERMAN B S. Strategic alliances and interfirm knowledge transfer[J]. *Strategic Management Journal*, 1996, 17:77-91.

MURRAY J Y, KOTABE M. Sourcing strategies of U. S. service companies: A modified transaction-cost analysis[J]. *Strategic Management Journal*, 1999, 20:791-809.

NARASIMHAN R, JAYARAM J. Causal linkages in supply chain management: An exploratory study of North American manufacturing firms[J]. *Decision Sciences*, 1998, 29:579-605.

NEELY A, FILIPPINI R, FORZA C, *et al*. A framework for analysing business performance, firm innovation and related contextual factors: Perceptions of managers and policy makers in two european regions[J]. *Integrated Manufacturing Systems*, 2001, 12 (2):114-124.

NELSON R R, WINTER S. An Evolutionary Theory of Economic Change[M]. Cambridge, MA: Harvard University Press, 1982.

NEWBERT S L. Value, rareness, competitive advantage, and performance: A conceptual-level empirical investigation of the resource-based view of the firm[J]. *Strategic Management Journal*, 2008, 29:745-768.

NIE W, KELLOGG D L. How professors of operations management view service operations[J]. *Production and Operations Management*, 1999, 8(3):339-355.

NONAKA I. A dynamic theory of organizational knowledge creation[J]. *Organization Science*, 1994, 5 (1):14-37.

NONAKA I, TAKEUCHI H. *The Knowledge-creating Company: How Japanese Companies Create the Dynamics of Innovation*[M]. London, UK: Oxford University Press, 1995.

O' REILLY III C A, TUSHMAN M L. Ambidexterity as a dynamic capability: Resolving the innovator's dilemma[J]. *Research in Organizational Behavior*, 2008, 28:185-206.

OLIVER C. Determinants of interorganizational relationships: Integration and future directions[J]. *Academy of Management Review*, 1990, 15 (2): 241-265.

PARMIGIANI A, MITCHELL W. Complementarity, capabilities, and the boundaries of the firm: The impact of within-firm and interfirm expertise on concurrent sourcing of complementary components [J]. *Strategic Management Journal*, 2009, 30:1065-1091.

PENROSE E G. *The Theory of the Growth of the Firm* [M]. New York: Wiley, 1959.

PFEFFER J, SALANCIK G R. *The External Control of Organizations: A Resource Dependence Perspective* [M]. New York: NY, Harper and Row, 1978.

PODSAKOFF P M, ORGAN D W. Self-reports in organizational research: Problems and prospects[J]. *Journal of Management*, 1986, 12 (4): 531-544.

POLANYI M. *Personal Knowledge: The Tacit Dimension* [M]. London: Routledge & Kegan, Paul, 1966.

PRAJOGO D I. The relationship between innovation and business performance: A comparative study between manufacturing and service firms [J]. *Knowledge and Process Management*, 2006, 13 (3):218-225.

PRIEM R L, BUTLER J E. Is the resource-based "view" a useful perspective for strategic management research? [J]. *Academy of Management Review*, 2001, 26 (1):22-40.

PRIETO I M, REVILLA E, RODRI GUEZ-PRADO B. Building dynamic capabilities in product development: How do contextual antecedents matter? [J]. *Scandinavian Journal of Management*, 2009, 25:313-326.

RAJALA R, WESTERLUND M, RAJALA A. Knowledge-intensive service activities in software business[J]. *International Journal of Technology Management*, 2008, 41 (3/4):273-290.

RAVASI D, VERONA G. Organising the process of knowledge integration: The benefits of structural ambiguity [J]. *Scandinavian Journal of Management*, 2001, 17:41-66.

REAGANS R, MCEVILY B. Network structure and knowledge transfer: The effects of cohesion and range[J]. *Administrative Science Quarterly*, 2003, 48 (2):240-267.

ROMIJN H, ALBALADEJO M. Determinants of innovation capability in small electronics and software firms in southeast England[J]. *Research Policy*, 2002, 31:1051-1067.

ROSENBERG N. Why do firms do basic research (with their own money)? [J]. *Research Policy*, 1990, 19 (2):165-174.

ROTHAERMEL F T, A. HITT M, JOBE L A. Balancing vertical integration and strategic outsourcing: Effects on product portfolio, product success, and firm performance[J]. *Strategic Management Journal*, 2006, 27:1033-1056.

ROTHAERMEL F T, BOEKER W. Old technology meets new technology: Complementarities, similarities and alliance formation [J]. *Strategic Management Journal*, 2008, 29:47-77.

RUNGTUSANATHAM M, SALVADOR F, FORZA C, *et al*. Supply-chain linkages and operatioanl performance: A resource-based-view perspective[J]. *International Journal of Operations & Production Management*, 2003, 23 (9):1084-1099.

SALANCIK G R. Interorganizational dependence and responsiveness to affirmative action: The case of women and defense contractors[J]. *Academy of Management Journal*, 1979, 22 (2):375-394.

SALVADOR F, FORZA C, RUNGTUSANATHAM M, *et al*. Supply chain interactions and time-related performances: An operations management perspective [J]. *International Journal of Operations & Production Management*, 2001, 21 (4):461-475.

SAMPSON R G. R&D alliances and firm performance: The impact of technological diversity and alliance organization on innovation[J]. *Academy of Management Journal*, 2007, 50 (2):364-386.

SCHURR P H, HEDAA L, GEERSBRO J. Interaction episodes as engines of relationship change[J]. *Journal of Business Research*, 2008, 61: 877-884.

SHETH J N. Organizational buying behavior: Past performance and future expectations[J]. *The Journal of Business & Industrial Marketing*, 1996, 11 (3/4):7-24.

SIMSEK Z. Organizational ambidexterity: Towards a multilevel understanding [J]. *Journal of Management Studies*, 2009, 46 (4):597-624.

SIRMON D G, HITT M A. Managing resources: Linking unique resources, management, and wealth creation in family firms [J]. *Entrepreneurship Theory and Practice*, 2003, 27 (4):339-358.

SIRMON D G, HITT M A, IRELAND R D. Managing firm resources in dynamic environments to create value: Looking inside the black box[J]. *Academy of Management Review*, 2007, 32 (1):273-292.

SOFKA W, GRIMPE C. Specialized search and innovation performance-evidence across Europe[J]. *R&D Management*, 2010, 40 (3):310-323.

SPENDER J C. Limits to learning from the west: How western management advice may prove limited in eastern europe [J]. *The International Executive*, 1992, 34 (5):389-410.

SPENDER J C. Making knowledge the basis of a dynamic theory of the firm[J]. *Strategic Management Journal*, 1996, 17 (Winter Special Issue): 45-62.

STOCK J R, ZINSZER P H. The industrial purchase decision for professional services[J]. *Journal of Business Research*, 1987, 15:1-16.

STRAMBACH S. Knowledge-intensive business services (KIBS) as drivers of multilevel knowledge dynamics [J]. *International Journal of Services Technology and Management*, 2008, 10 (2/3/4):152-174.

SUBRAMANIAM M. Integrating cross-border knowledge for transnational new product development[J]. *Journal of Product Innovation Management*, 2006, 23:541-555.

SUBRAMANIAM M, YOUNDT M A. The influence of intellectual capital on the types of innovative capabilities[J]. *Academy of Management Journal*, 2005, 48 (3):450-463.

SUBRAMANIAN A M, CHAI K H, MU S. Capability reconfiguration of incumbent firms: Nintendo in the video game industry[J]. *Technovation*, 2011, 31:228-239.

SUNDBO J, GALLOUJ F. Innovation in services[R]. STEP group, 1998.

SZULANSKI, G. Exploring internal stickness: Impediments to the transfer of best practice within the firm[J]. *Strategic Management Journal*, 1996, 17 (Special Issue: Knowledge and the Firm):27-43.

SZULANSKI G. The process of knowledge transfer: A diachronic analysis of stickiness[J]. *Organizational Behavior and Human Decision Processes*, 2000, 82 (1):9-27.

TANRIVERDI H, N VENKATRAMAN. Knowledge Relatedness and the Performance of Multibusiness Firms[J]. *Strategic Management Journal*, 2005, 26:97-119.

TEECE D, PISANO G. The dynamic capabilities of firms: An introduction[J]. *Industrial and Corporate Change*, 1994, 3 (3):537-556.

TEECE D J. Technology transfer by multinational firms: The resource cost of transferring technological know-how[J]. *The Economic Journal*, 1977, 87:242-261.

TEECE D J. Profiting from technological innovation: Implications for integration, collaboration, licensing and public policy[J]. *Research Policy*, 1986, 15 (6):285-305.

TEECE D J. Explicating dynamic capabilities: the nature and microfoundations of (sustainable) enterprise performance[J]. *Strategic Management Journal*, 2007, 28:1319-1350.

TEECE D J, PISANO G, AHUEN A. Dynamic capabilities and strategic management[J]. *Strategic Management Journal*, 1997, 18 (7):509-533.

TOIVONEN M. Future prospects of knowledge-intensive business services (KIBS) and implications to regional economies[J]. *ICFAI Journal of Knowledge Management*, 2006, 4 (3):15-36.

TONI A D, NASSIMBENI G. Buyer-supplier operational practices, sourcing policies and plant performances: Results of an empirical research [J]. *International Journal of Production Research*, 1999, 37 (3):597-619.

TORDOIR P. *The Professional Knowledge Economy: The Management and Integration of Professional Services in Business Organizations* [M]. Boston: Kluwer Academic Publishers, 1995:139-143.

TSAI W, GHOSHAL S. Social capital and value creation: The role of intrafirm networks[J]. *Academy of Management Journal*, 1998:41 (4), 464-476.

VACHON S, HALLEY A, BEAULIEU M. Aligning competitive priorities in the supply chain: The role of interactions with suppliers[J]. *International Journal of Operations & Production Management*, 2009, 29 (4):322-340.

VALK V D, WYNSTRA F, AXELSSON B. An empirical investigation of interaction processes between buyers and sellers of business services[J]. *IMP Journal*, 2008, 2 (22):3-24.

VALK W V D. Service procurement in manufacturing companies: Results of three embedded case studies[J]. *Industrial Marketing Management*, 2008, 37:301-315.

VALK W V D, WYNSTRA F, AXELSSON B. Effective buyer-supplier interaction patterns in ongoing service exchange[J]. *International Journal of Operations & Production Management*, 2009, 29 (8):807-833.

VALMINEN K, TOIVONEN M. Seeking efficiency through productisation: A case study of small KIBS participating in a productisation project[J]. *The Service Industries Journal*, 2012, 32 (2):273-289.

VEN A H. V. D. Central problems in the management of innovation[J]. *Management Science*, 1986, 32 (5):590-607.

VERGNE J P, DURAND R. The missing link between the theory and empirics of path dependence: Conceptual clarification, testability issue, and methodological implications[J]. *Journal of Managment Studies*, 2010, 47 (4): 736-959.

VERONA G, RAVASI D. Unbundling dynamic capabilities: An exploratory study of continuous product innovation [J]. *Industrial and Corporate Change*, 2003, 12 (3):577-606.

WAGNER S M, R KRAUSE D. Supplier development: Communication approaches, activities and goals[J]. *International Journal of Production Research*, 2009, 47 (12):3161-3177.

WARD P T, BICKFORD D J, LEONG G K. Configurations of manufacturing strategy, business strategy, environment and structure[J]. *Journal of Management*, 1996, 22 (4):596-626.

WARD P T, MCCREERY J K, RITZMAN L P, et al. Competitive priorities in operations management[J]. *Decision Sciences*, 1998, 29 (4): 1035-1046.

WEIGELT C. The impact of outsourcing new technologies on integrative capabilities and performance[J]. *Strategic Management Journal*, 2009, 30: 595-616.

WERNERFELT B. A resource-based view of the firm[J]. *Strategic Management Journal*, 1984, 5 (2):171-180.

WIKLUND J, SHEPHERD D. Knowledge-based resources, entrepreneurial orientation, and the performance of small and medium-sized businesses[J]. *Strategic Management Journal*, 2003, 24:1307-1314.

WIKLUND J, SHEPHERD D A. The effectiveness of alliances and acquisitions: The role of resource combination activities[J]. *Entrepreneurship Theory and Practice*, 2009, 1:193-212.

WINDRUM P, TOMLINSON M. Knowledge-intensive services and international competitiveness: A four country comparison[J]. *Technology Analysis & Strategic Management*, 1999, 11 (3):391-408.

WOOD P. Knowledge-intensive services and urban innovativeness[J]. *Urban Studies*, 2002, 39 (5/6):993-1002.

WOOD P, BRYSON J, KEEBLE D. Regional patterns of small firm development in the business services: Evidence from the united kingdom[J]. *Environment and Planning*, 1993, 25:677-700.

WU L Y. Applicability of the resource-based and dynamic-capability views under environmental volatility[J]. *Journal of Business Research*, 2010, 63:27-31.

WYNSTRA F, AXELSSON B, VALK W V D. An application-based classification to understand buyer-supplier interaction in business service[J]. *International Journal of Service Industry Management*, 2006, 17 (5):474-496.

YAM R C M, LO W, TANG E P Y, et al. Analysis of sources of innovation, technological innovation capabilities, and performance: An empirical study of hong kong manufacturing industries[J]. *Research Policy*, 2011, 40:391-402.

YIN R K. *Case Study Research-design and Method* [M]. Thousand Oaks,CA: Sage,1994.

ZAHRA S A, NIELSEN A P. Sources of capabilities, integration and technology commercialization[J]. *Strategic Management Journal*, 2002, 23:377-398.

ZHANG W Y, ZHANG S, CAI M, *et al*. A new manufacturing resource allocation method for supply chain optimization using extended genetic algorithm[J]. *International Advanced Manufacturing Technology*, 2011, 53:1247-1260.

ZHANG Y, LI H. Innovation search of new ventures in a technology cluster: The role of ties with service intermediaries [J]. *Strategic Management Journal*, 2010, 31:88-109.

ZHAO Z J, ANAND J. A multilevel perspective on knowledge transfer: Evidence from the chinese automotive industry[J]. *Strategic Management Journal*, 2009, 30:959-983.

附　录

附录 1:访谈提纲

一、开放式访谈内容

1. 贵企业是否与外部机构有过合作经历或正在合作? 请简要介绍合作对象、合作内容、合作过程、合作结果。

2. 贵企业的合作对象中是否包括知识型服务机构? 若是,合作目的是什么? 若否,原因是什么?

3. 贵企业挑选合作的知识型服务机构主要是看重它们哪些方面的表现? (例如经验、声誉、价格等)

4. 贵企业与知识型服务机构的合作项目,企业是否可凭借自身力量独立完成? 若是,合作的原因是什么? 若否,合作的目的是什么?

二、半结构化访谈内容

1. 贵企业与知识型服务机构的合作情况

请问贵企业是否与知识型服务机构开展过或者目前正在开展一些合作项目? 主要是跟哪一家知识型服务机构(以下称为 A 机构)有过合作? a. 管理咨询公司;b. 高校、研究所等技术研发机构;c. 信息、软件公司(帮助企业进行网站、ERP 构建等);d. 营销策划公司(帮助企业进行广告、产品宣传、市场调研等)。

2.请根据以下对于该互动合作项目的特点的描述,将贵企业与 A 机构的互动模式进行归类

(1)辅助型互动模式的特点:

a.贵企业从该知识型服务机构中获取的资源都在企业原有经验领域之中(关键特点);

b.贵企业与知识型服务机构合作互动的目的是为了降低内部开发成本,以便有更多的精力来发展核心业务;

c.贵企业在与知识型服务机构的合作互动项目中,不太涉及学习行为;

d.贵企业在与知识型服务机构的合作互动项目中,不太需要在人员、设备、组织结构方面做调整。

(2)互补型互动模式的特点:

a.贵企业从 A 机构中获取的资源不在企业原有经验领域之中(关键特点);

b.贵企业与 A 机构合作互动的目的是为了弥补内部资源、能力等的欠缺;

c.贵企业在与 A 机构的合作互动项目中,涉及较高程度的学习行为;

d.贵企业在与 A 机构的合作互动项目中,需要在人员、设备、组织结构方面做较大幅度的调整。

您认为贵企业与 A 机构的合作互动模式属于哪一种?

A 互补型互动模式　　　　　 B 辅助型互动模式

3.在项目中,贵企业与 A 机构的互动水平

(1)贵企业参与该项目的是哪些人员? 他们属于什么部门,是什么职位?

(2)在项目中,双方时隔多久会接触、沟通、讨论? 每次接触、沟通、讨论的时间持续多长? 主要是围绕哪些内容来沟通、讨论?

(3)在项目中,贵企业主要进行以下哪些方面的信息交流?

a.仅限于服务本身;b.服务之外的其他相关信息;c.资金问题;d.为构建社会关系、积累社会资本的相关信息。

4. 贵企业与 A 机构的合作互动绩效情况

(1)项目的完成情况如何？ 是否按期交付？ 是否达到了预期的目标？

(2)该项目对贵企业创新、运营方面产生了哪些影响？ 成效如何？（例如新产品开发、新产品市场推广、企业生产成本、企业产品质量、企业产品的运送速度、企业产品变换的弹性等）

5. 在项目中,贵企业的资源重构情况

请问贵企业与 A 机构进行互动的过程中,贵企业是如何处理从 A 机构获取的资源的？ 可以从以下角度展开描述：

a. 贵企业因此而发生的内部管理办法、技术、设备等资源的增加、减少、重组情况如何？ 例如用新的管理办法、技术、设备等代替旧的一套,或者将新的理念融入原有的管理办法、技术、设备中等。

b. 贵企业因此而发生的内部管理办法、技术、设备等资源的配置情况如何？（例如废弃了旧的管理办法、技术、设备等,或者为相应的部门配备管理办法、技术、设备等）

附录 2：调查问卷

制造企业—知识型服务机构互动对制造企业绩效的作用机理调查问卷

尊敬的女士/先生：

您好！非常感谢您在百忙之中抽出时间来参与此次问卷调查。本问卷旨在调查与研究制造企业通过与知识型服务机构合作对自身绩效的作用机理，为促进服务业与制造业互动发展提供对策建议。您的填写将对此研究有非常大的贡献。

我们承诺：

贵企业提供的信息会受到严格保密，仅将所得信息用于科学研究，不会用于任何商业用途。敬请您根据个人的真实感受和想法安心作答。非常感谢您的合作。祝您身体健康，工作顺心如意！祝贵企业事业蒸蒸日上！

联系人：周丹

邮箱：doriszhou05@126.com

答题前请先阅读填写说明

请您在适当的选项上用"√"，选择一个最符合您在一般情形下的最直接的想法、感觉或行为的选项。如果您做的是电子版，请将相应的数字的颜色改成红色，或做上任何标识均可。

1. 知识型服务机构指主要依赖于专业知识，与客户有较明显互动特征的公共或私营机构。典型的知识型服务机构如技术研发服务机构、信息服务机构、管理咨询服务机构、营销服务机构。

2. 互动是指企业与知识型服务机构之间相互沟通、影响、应对、决定与产生对彼此行为的反映等。

一、以下是基本信息。请依据您所在企业的情况填入信息或在相应的
"□"上打"√"。

　　＊企业名称：＿＿＿＿＿＿＿＿＿＿

　　企业所在地：＿＿＿＿＿省＿＿＿＿＿市

　　＊企业成立年份：＿＿＿＿＿＿年

　　企业当前员工数：＿＿＿＿＿＿

　　＊企业去年销售收入＿＿＿＿＿＿＿万元

　　＊企业主导业务所处行业（单选）：□通信设备、计算机及其他电子设备制
造业　□交通运输设备制造业　□医药制造业　□塑料制品业　□通用设
备制造业　□皮革、毛皮、羽毛（绒）及其制品业　□农副食品加工业　□纺织
业　□其他,请注明＿＿＿＿＿＿＿＿＿＿＿

二、请您回忆过去三年中,您亲身参与的或印象最为深刻的是企业与哪一
家知识型服务机构（以下以"A知识型服务机构"来表示）的合作经历,请根据
实际情况,在相应的选项中打"√"。

　　＊这次合作中,A知识型服务机构提供的是以下哪一种服务？（单选）

　　□技术研发服务

　　□软件系统开发、数据库管理等信息服务

　　□战略规划、商业规划等管理咨询服务

　　□营销策划、市场调查、广告等营销服务

　　＊针对A知识型服务机构提供的服务或资源,企业内部在过去三年中,
在互动之外,相对于同行而言,在这块相关领域中的投入程度如何？

　　□非常少　□少　　□比较少　　□一般　　□比较多　　□多
□非常多

　　＊这次项目之前,企业与其他同类型知识型服务机构合作的项目数量为：

　　□从来没有　□1个　□2—3个　□4—5个　□6—7个　□8—9个
□10个及以上

三、以下是对本企业与A知识型服务机构的互动模式的识别。请您依据
实际情况,在相应的数值上打"√"。

互补型互动模式	完全不符合←→完全符合						
我们与外部知识型服务机构合作的目的是学习全新的管理知识、技术信息	1	2	3	4	5	6	7
我们从外部知识型服务机构获取的服务或有形资源是企业之前从来没有做过的或者具备的	1	2	3	4	5	6	7
我们从外部知识型服务机构获取服务或有形资源需要经历边干边学、边用边学的过程	1	2	3	4	5	6	7
我们需要大幅度调整内部人员、设备、组织结构等，从而能够更好地从外部知识型服务机构中获取服务或有形资源	1	2	3	4	5	6	7
辅助型互动模式	完全不符合←→完全符合						
我们与外部知识型服务机构合作的目的是节约成本	1	2	3	4	5	6	7
我们从外部知识型服务机构获取的服务或有形资源是企业之前就做过的或者具备的	1	2	3	4	5	6	7
我们从外部知识型服务机构获取服务或有形资源不太需要经历学习的过程	1	2	3	4	5	6	7
我们甚至不需要调整内部任何的人员、设备、组织结构就能较好地从外部知识型服务机构中获取服务或有形资源	1	2	3	4	5	6	7

四、以下是对企业与 A 知识型服务机构合作状况的描述。请依据本项目的实际情况，在相应的数值上打"√"。

互动强度	完全不符合←→完全符合						
我们因为服务、产品问题而长时间与对方联络、沟通	1	2	3	4	5	6	7
我们为了交换相关信息而长时间与对方联络、沟通	1	2	3	4	5	6	7
我们为了解决项目牵涉的资金问题而长时间与对方联络、沟通	1	2	3	4	5	6	7
我们为了建立良好的社会关系而长时间与对方联络、沟通	1	2	3	4	5	6	7
互动深度	完全不符合←→完全符合						
我们从高层到基层不同层次的人员围绕服务、产品问题参与到了与对方的联络、交流和合作中	1	2	3	4	5	6	7
我们从高层到基层不同层次的人员为了交换相关信息而参与到了与对方的联络、交流和合作中	1	2	3	4	5	6	7
我们从高层到基层不同层次的人员为了解决项目牵涉的资金问题而参与到了与对方的联络、交流和合作中	1	2	3	4	5	6	7
我们从高层到基层不同层次的人员为了构建良好的社会关系而参与到了与对方的联络、交流和合作中	1	2	3	4	5	6	7

五、以下是对本项目中所发生的资源重构现象的描述。请您依据实际情况,在相应的数值上打"√"。

资源重置	完全不符合←→完全符合						
我们废弃了内部永久无用的管理办法、技术、设备等资源	1	2	3	4	5	6	7
我们废弃了内部暂时无用的管理办法、技术、设备等资源	1	2	3	4	5	6	7
我们废弃了内部低效益的管理办法、技术、设备等资源	1	2	3	4	5	6	7
我们接触到了对内部更有用的管理办法、技术、设备等资源	1	2	3	4	5	6	7
我们拥有灵活的、多样化的获取管理办法、技术、设备、资金等各种资源的渠道	1	2	3	4	5	6	7
我们针对不同任务目标为不同部门、项目配备人员、技术、设备、资金等资源	1	2	3	4	5	6	7
我们能根据外部环境的变化为各部门配备合适的人员、技术、设备、资金等资源	1	2	3	4	5	6	7
我们能有效地将所获取的服务或有形资源融入现有管理体系、技术体系等资源体系中	1	2	3	4	5	6	7
我们能将所获取的服务或有形资源与原有的资源相结合开发应用全新的运营、管理模式和技术、设备资源等	1	2	3	4	5	6	7
我们能调整内部组织结构从而使所获取的服务或有形资源与企业原有的资源相融合	1	2	3	4	5	6	7
我们将所获取的服务或有形资源及时地替代内部相应的管理体系和各种技术、设备等资源	1	2	3	4	5	6	7

六、以下是对本互动项目的绩效的评估。请您依据实际情况,在相应的数值上打"√"。

互动项目的绩效	完全不符合←→完全符合						
通过该项目企业开发出较多的新产品/新工艺/新服务	1	2	3	4	5	6	7
通过该项目企业申请到了很多新的专利	1	2	3	4	5	6	7
通过该项目企业缩短了新产品的开发周期	1	2	3	4	5	6	7
通过该项目企业缩短了新产品的市场推广周期	1	2	3	4	5	6	7
通过该项目企业降低了生产成本	1	2	3	4	5	6	7
通过该项目企业提升了产品的质量/功能	1	2	3	4	5	6	7
通过该项目企业增加了业务流程的柔性	1	2	3	4	5	6	7
通过该项目企业加快了产品的传递速度	1	2	3	4	5	6	7

————————本问卷到此结束，再次烦劳您检查一遍有无漏答的题目————————

　　衷心感谢您的热心参与和积极合作！如果您对我们的研究结果感兴趣，您可以将自己的电子邮箱留下，我们会将本书最终的研究结论反馈给您！您的电子邮箱是_____

索　引

178,179,182,190

Y

业务单元重组　38

运营绩效　33,118,127,154

Z

知识基础观　34

知识型服务机构　14,15,16,17,
18,24,30,31,32,83

知识整合　65

知识转移　24

知识转移视角　24

职能型重构　37

制造企业—知识型服务机构互动
前言2,8,20,26,27,44,85,
111,113,117,118,120,122,
125,126,143,145,147,153,

155,185,186,189,190

专业服务业　18

资源基础观　34,60

资源深化　37

资源拓展　37

资源整合　61,62,63,64,65,66

资源重构　前言2,8,35,36,38,
39,40,41,61,62,63,64,66,
68,70,92,94,95,98,100,102,
104,107,110,118,120,121,
145,147,154,155,185,186,
188,190

资源重置　前言2,107,119,154,
155,156,157,179,185,189

资源重组　前言2,119,154,155,
156,157,177,178,185,189

资源组合　65

图书在版编目(CIP)数据

知识型服务业与制造业互动:机理与路径 / 周丹,魏江著. —杭州:浙江大学出版社,2015.5
ISBN 978-7-308-14661-6

Ⅰ.①知… Ⅱ.①周…②魏… Ⅲ.①知识产业－服务业－研究②知识产业－制造工业－研究 Ⅳ.①F719②F407.4

中国版本图书馆 CIP 数据核字(2015)第 092137 号

知识型服务业与制造业互动:机理与路径

周 丹 魏 江 著

责任编辑	杨利军
责任校对	金佩雯
封面设计	项梦怡
出版发行	浙江大学出版社
	(杭州市天目山路 148 号 邮政编码 310007)
	(网址:http://www.zjupress.com)
排 版	浙江时代出版服务有限公司
印 刷	杭州日报报业集团盛元印务有限公司
开 本	710mm×1000mm 1/16
印 张	15
字 数	234 千
版 印 次	2015 年 5 月第 1 版 2015 年 5 月第 1 次印刷
书 号	ISBN 978-7-308-14661-6
定 价	42.00 元